G. von Marees

Militärische Klassiker des In- und Auslandes

Sechstes Heft: Napoleon I.

G. von Marees

Militärische Klassiker des In- und Auslandes
Sechstes Heft: Napoleon I.

ISBN/EAN: 9783743369757

Hergestellt in Europa, USA, Kanada, Australien, Japan

Cover: Foto ©ninafisch / pixelio.de

Manufactured and distributed by brebook publishing software (www.brebook.com)

G. von Marees

Militärische Klassiker des In- und Auslandes

Vorwort.

Napoleon ein militärischer Klassiker?! Eine Sammlung militärischer Klassiker ohne Napoleon?! Das Letztere schien unmöglich. Es blieb daher nur die Frage übrig, welche Schriften Napoleon's am geeignetsten für die vorliegende Sammlung wären.

Unzweifelhaft hat Napoleon jedem denkenden Soldaten klassische Lehren hinterlassen; aber diese Lehren sind mit blutigem Griffel in ganz Europa, von Corunna bis Moskau und von Malta bis Danzig eingegraben, nicht mit der Feder auf Papier niedergelegt.

Die vollständige und zugleich möglichst zuverlässige Sammlung alles dessen, was Napoleon geschrieben, ist auf Befehl des Kaisers Napoleon III. veröffentlicht worden: sie enthält 28 Bände mit Briefen, Dekreten, kurzen Memoires und Berichten, 4 Bände sind aufserdem mit den Diktaten Napoleon's auf St. Helena angefüllt.

Die erstere stärkere Abtheilung, im praktischen Leben und aus dem praktischen Bedürfnifs unmittelbar entstanden, enthält keine rein theoretischen Aufsätze: zu deren Abfassung fehlte dem grofsen Manne Neigung wie Mufse. Eine sehr grofse Menge einzelner Lehren, in klassischer Kürze ausgesprochen, findet sich darin zerstreut wie Goldkörner im Flufssande. Dieselben zu sammeln schien bedenklich: aus dem Zusammenhange gerissen sind sie meistens nicht ohne Weiteres verständlich und scheinen sich oft zu widersprechen. Der Sammler müfste sie gruppiren und weitläufig kommentiren. Dann aber würde die Sammlung nicht den Geist Napoleon's wiedergeben, sondern den Geist des Sammlers, in dem Napoleon sich bespiegelt.

Die Diktate von St. Helena umfassen gröfstentheils Darstellungen der Ereignisse, welche unter Napoleon's Leitung oder im Zusammenhange mit seinen Thaten stattfanden. So geistreich dieselben geschrieben sind, so sind sie doch von der eigenthümlichen Richtung des Geistes und Charakters dieses eminent praktischen Genius überall beeinflufst. Gewohnt, die Ereignisse zu beherrschen, betrachtete Napoleon dieselben auch in seiner praktischen Thätigkeit so, wie sie seinen Zwecken gemäfs in Gegenwart und Zukunft sein sollten; dies tritt in den Zeiten, wo die Ereignisse sich diesem gebieterischen Willen nicht mehr fügen wollten, so schlagend hervor, dafs Napoleon sich hier nicht selten in willkürlicher Selbsttäuschung befangen zeigt. Es ist aber nicht wunderbar, dafs bei den Rückblicken von St. Helena aus auch die Vergangenheit in gleicher Weise reflektirt erscheint. Eine klassische Objektivität kann dabei schwer bestehen.

Auch unter den Diktaten finden sich rein theoretische Lehrschriften, abgesehen von einem Entwurfe für die Organisation der Armee und einem Versuche über Feldbefestigung — die beide aber nur auf einzelne Seiten ihres Gegenstandes eingehen und sich dann in ermüdende Details vertiefen — trotz des bekannten Versprechens, welches Napoleon dem Marschall St. Cyr im Jahre 1813 gab, nicht vor.

Es sind daher für diese Sammlung drei Schriften ausgewählt worden, welche die Anschauungen Napoleon's in der Form kritischer Bemerkungen zu den Aeufserungen oder Thaten Anderer wiedergeben, in denen viele wichtige Fragen der Kriegswissenschaft aufgeworfen und von Napoleon, dem Besitzer der gröfsten Kriegserfahrung, beantwortet worden sind.

Die erste dieser Schriften bezieht sich auf ein Werk des französischen Ingenieur-Generals Rogniat*), welches im Jahre 1816 erschien. Ueber den Verfasser spricht sich Napoleon selbst ziemlich scharf im Eingang seiner Bemerkungen aus. Es wird ihm nicht schwer, mehrfach sonderbare Vorschläge jenes Theoretikers „ad absurdum" zu führen; doch läfst sich nicht leugnen, dafs auch manche Anschauungen des gröfsten Feldherrn seiner Zeit vor dem Richterstuhle der heutigen Kriegswissenschaft einen sehr schweren Standpunkt haben würden. Dafs aber die gesammten Aussprüche, dem Geiste eines Napoleon entstammend, so weit es sich um objektive Ansichten über einzelne Heereseinrichtungen handelt, das lebhafteste Interesse verdienen, bedarf wohl kaum der Erwähnung. Sobald der Kaiser jedoch den Standpunkt theoretischer Abwägungen verläfst und auf die Beurtheilung seiner eigenen Thaten zu sprechen kommt, verläfst ihn leider der Standpunkt sachlicher Objektivität derartig, dafs der wissenschaftliche Werth seiner Anschauungen ganz in den Hintergrund gedrängt wird. Aus diesem Grunde sind in dieser Sammlung von den Bemerkungen zu dem Rogniat'schen Werke alle die fortgelassen, welche sich auf Napoleon's eigene Thaten beziehen. Rogniat hat übrigens, als nach Napoleon's Tode die Auslassungen desselben zum ersten Male der Oeffentlichkeit übergeben worden waren, durch eine im Jahre 1823 erschienene Antwort sich selbst gegen die Angriffe des Kaisers vertheidigt.

Einem ähnlichen Stoffe, wie die Bemerkungen zu den „Betrachtungen über die Kriegskunst", wendet sich die zweite der ausgewählten Schriften Napoleon's zu. Sie lehnt sich an das durch Tempelhoff's Bearbeitung in Deutschland sehr bekannte Werk des General Lloyd über den siebenjährigen Krieg und behandelt einige der Einleitung jenes Werkes entnommene organisatorische Fragen.

Als dritte Schrift Napoleon's ist endlich seine kritische Schilderung des siebenjährigen Krieges aufgenommen, über welche an der betreffenden Stelle noch eine kurze Vorbemerkung folgen wird.

---

*) Die Abschnitte, welche Napoleon dem Rogniat'schen Werke entlehnt und seinen Bemerkungen vorherschickt, sind im Texte des vorliegenden Heftes etwas eingerückt.

Rücksichtlich der Form der Darstellung wurde danach gestrebt, aufser den Gedanken auch den Styl und die Ausdrücke des Verfassers möglichst getreu wiederzugeben. Napoleon's Styl war nicht klassisch; er sagt selbst (Memoiren der Frau von Remusat): „Es giebt gewisse Regeln, deren Nothwendigkeit ich nicht empfinde. Zum Beispiel das, was man im Styl gut oder schlecht nennt, bleibt ohne Eindruck auf mich. Ich bin nur für die Macht des Gedankens empfänglich." Der Drang, seine energischen Gedanken auch energisch wiederzugeben, liefs Napoleon oft sogar die Regeln der Sprache verachten. Nur in einer Beziehung hat eine durchgehende Aenderung Platz gegriffen; die von Napoleon gebrauchten altfranzösischen Maafse sind in die heute überall bekannten umgewandelt worden, wobei der Abrundung wegen eine Toise = 2 Meter, eine Lieue = $4^{1}/_{2}$ Kilometer oder = $^{3}/_{5}$ geographische Meilen angenommen sind.

Berlin im November 1880.

Boie,
Major im Generalstabe.

Achtzehn Bemerkungen

zu dem Werke:

Betrachtungen über die Kriegskunst.

I. Organisation und Ergänzung der Heere. — II. Infanterie. — III. Kavallerie. — IV. Artillerie. — V. Schlachtordnung. — VI. Festungen. — VII. Ueber den methodischen und den Invasions-Krieg. — VIII. Die Aushebungen unter Napoleon und unter Ludwig XIV. — IX. Schlacht bei Eylau. — X. Schlacht bei Jena. — XI. Schlacht bei Efslingen. — XII. Schlacht an der Moskwa. — XIII. Rückzug aus Rufsland. — Feldzug 1805. — XIV. Feldzug von 1813. — XV. Schlacht bei Belle-Alliance. — XVI. Ehrenlegion. — XVII. Vergleich zwischen dem Marsche Napoleon's im Jahre 1800 und dem Hannibal's. — XVIII. Schlufsbetrachtungen.

Dieses Werk ist in vierzehn Kapitel eingetheilt, welche einen Band von 600 Seiten ausmachen. Der Verfasser hat keine Uebung in der Führung eines höhern Kommandos; er ist nur äufserlich bekannt mit dem Dienste der Infanterie, der Kavallerie, der Artillerie, mit dem des Generalstabes. Er war 1809 in Spanien Oberstlieutenant im Geniekorps; er leitete mehrere Belagerungen von festen Plätzen in Catalonien, Aragonien und Valencia. Der Marschall Suchet empfahl ihn als einen guten Ingenieur; auf seinen Vorschlag erhielt derselbe den Rang eines Brigade-Generals, eines Divisions-Generals und den Baronstitel. 1813 in dem Feldzuge in Sachsen führte er die Geschäfte des ersten Ingenieuroffiziers. Er rechtfertigte die gute Meinung nicht, welche der Marschall Suchet sich über ihn gebildet hatte; er hatte weder hinreichende Erfahrung noch Gründlichkeit. Was für den ersten Ingenieuroffizier einer Armee, welcher alle Arbeiten seiner Waffe entwerfen, vorschlagen und leiten soll, vor Allem nöthig ist, das ist ein gesundes Urtheil. Dieses Werk enthält viele falsche Ansichten, welche geeignet sind, die Kriegskunst Rückschritte machen zu lassen.

I. Organisation und Ergänzung der Heere.

(Seite 70.) Der Gebrauch stehender Heere, welche dem Fürsten beständig zu Gebote standen und die zeitweiligen, ungeordneten Aushebungen ersetzen sollten, wurde in ganz Europa allgemein, und legte man den Dörfern die Verpflichtung auf, zur Bildung und Ergänzung derselben jährlich eine gewisse Anzahl Menschen zu stellen. Diese Soldaten oder Milizleute (milites) wurden durch das Loos aus der ganzen Bevölkerung ausgewählt. — —

(S. 72.) Welcher gemeinen und verabscheuungswürdigen Mittel bedienten sich nicht die Werber, um unbesonnene junge Leute in ihre Netze zu locken?

(S. 75.) Aber dieses Wort „Konskription" macht die Menge scheu! Gut, wechseln wir dies schreckliche Wort! Nehmen wir ein anderes, z. B. „Miliz". — — —

(S. 79.) Hier drängt sich eine wichtige Frage auf, nämlich die, bis zu welchem Alter es sich für das Heer und den Staat empfiehlt, die Soldaten bei der Fahne zu behalten. Im Alter von dreifsig Jahren wenn das Wachsthum des Mannes beendet ist, fangen seine Glieder an, ihre Geschmeidigkeit zu verlieren; er wird bald plump, schwerfällig — —

(S. 83.) Die Engländer, dasjenige Volk, welches die besten bürgerlichen und militärischen Einrichtungen besitzt — —

---

1) Die unfreiwilligen Aushebungen sind stets in Gebrauch gewesen, in Republiken und Monarchien, bei den Alten wie in neuerer Zeit. Die Russen und Polen heben die Menschen aus, wie man in andern Ländern die Pferde aushebt, weil die Bauern dort Leibeigne sind. In Deutschland hat jedes Dorf seinen Gutsherrn, welcher die Rekruten bestimmt, ohne auf deren Rechte oder Wünsche Rücksicht zu nehmen. In Frankreich hat man für die Ergänzung des Heeres stets auf dem Wege der Loosung gesorgt, was unter Ludwig XIV, Ludwig XV, Ludwig XVI hiefs „für die Miliz loosen" und unter dem Kaiser Napoleon „für die Konskription loosen". Die bevorrechteten Stände waren von der Loosung für die Miliz befreit; von der Loosung für die Konskription war Niemand befreit.¹) Letztere war eine Miliz ohne Vorrechte, was sie für die bevorrechteten Stände ebenso widerwärtig machte, als es die Miliz für die Masse des Volkes war. Die Konskription war die gerechteste, mildeste, für das Volk vortheilhafteste Art des Verfahrens. Ihre Gesetze wurden unter dem Kaiserreich so vervollkommnet, dafs man durchaus nichts daran ändern darf, nicht einmal den Namen, wenn man nicht fürchten will, auf einen Weg zu gerathen, der zum Verderben der Sache führt. Die Departements, welche 1814 von Frankreich abgetrennt wurden, haben als eine Wohlthat erbeten und erreicht, dafs sie den Gesetzen über die Konskription unterworfen blieben, weil sie dadurch der Willkür, den Un-

---

¹) Von der Loosung war zwar Niemand befreit, doch fand durch die Gestattung der Stellvertretung eine thatsächliche Befreiung der wohlhabenden Stände statt.

gerechtigkeiten und Nörgeleien der österreichischen und preufsischen Gesetze über diese Sache entgingen.²) Die illyrischen Provinzen, seit langem an die österreichische Rekrutirung gewöhnt, hörten nicht auf, die Gesetze der französischen Konskription zu bewundern, und als sie unter das Scepter ihres früheren Herrschers zurückkehrten, setzten sie es durch, dafs jene Gesetze mafsgebend blieben.

2) Während der ersten zehn Jahre der Revolution ergänzten sich die Heere durch die Requisition, welche alle Bürger vom 18. bis zum 25. Lebensjahre umfafste; es gab dabei weder Loosung noch Stellvertretung. Die Gesetze der Konskription beriefen nur die jungen Leute ein, welche in ihr 20. Lebensjahr eintraten; sie waren nur verpflichtet, fünf Jahre zu dienen, was den Vortheil hatte, eine gröfsere Zahl Soldaten auszubilden, die dann für kritische Momente zur Vertheidigung des Landes bereit standen. Es wäre gut, die Dienstzeit auf zehn Jahre zu verlängern, also bis zum 30. Lebensjahre, wovon fünf Jahre im stehenden Heere und fünf in der Reserve. Vom 25. bis zum 50. Lebensjahre steht der Mann in seiner vollen Kraft, es ist dies also das günstigste Alter für den Krieg. Man mufs mit allen Mitteln den Soldaten zum Verbleiben im Dienst anregen;³) man würde dies erreichen, wenn man die alten Soldaten sehr auszeichnete, indem man sie in drei Klassen theilt, von denen die erste 50, die zweite 75, die dritte 100 Centimes erhielte. Es ist eine grofse Ungerechtigkeit, wenn man einen Veteran nicht besser bezahlt als einen Rekruten.

Eine Million Seelen liefert jedes Jahr 7—8000 Rekruten, etwa $1/_{140}$ der Bevölkerung;⁴) die Hälfte davon ist für die Bedürfnisse der Verwaltung, der Kirche und der Künste nothwendig.⁵) Eine jährliche Aushebung von 3500 Mann giebt in zehn Jahren 30000 Mann unter Abzug der Gestorbenen; 15000 Mann würden die Linie, 15000 die Reserve-Armee bilden. Von den 15000 Mann der Linie würde man 6000 Mann zwölf Monate, weitere 4000 Mann drei Monate und 5000 Mann vierzehn Tage lang bei den Fahnen behalten, was 7000⁶) Mann für das ganze Jahr gleichkommen würde; das hiefse also, $1/_{140}$ der Bevölkerung würde der Landwirthschaft entzogen. Die 15000 Mann der Reserve-Armee würden in keiner Weise ihrer Thätigkeit entzogen noch aus ihrer Heimath abberufen, ausgenommen im Kriege.

---

²) Das preufsische Gesetz vom 3. September 1814, welches in einem grofsen Theile der von Frankreich zurückgegebenen Departements die Wehrpflicht regelte, ist doch von der französischen Konskription sehr wesentlich verschieden.

³) In einer Armee, die sich nicht in dauerndem Kriegszustande befindet, die vielmehr nur als Schule für die durch sie hindurchgehenden Rekruten anzusehen ist, erscheint das Verbleiben vieler alter Soldaten im Dienste nicht so sehr wünschenswerth, namentlich nicht bei der Infanterie, da die Marschirfähigkeit doch schon lange vor dem 50. Jahre bedeutend abnimmt.

⁴) In Preufsen wurden in langjährigem Durchschnitte nur 0,389 %, also $1/_{260}$ der Bevölkerung jährlich als diensttüchtig anerkannt.

⁵) Da die Hälfte der Rekruten zu Gunsten der Verwaltung, der Kirche und der Künste vom Dienste befreit bleiben soll, so mufs diese Befreiung bestimmte Stände, die wohlhabenden und gebildeten treffen.

⁶) Genauer 7200 Mann.

3) Die militärischen Einrichtungen der Engländer sind fehlerhaft: 1) sie bewirken die Ergänzung ihres Heeres nur mit Geld, wenn sie nicht, was öfter geschieht, den Inhalt ihrer Gefängnisse in ihre Regimenter ausleeren; 2) ihre Disziplin ist grausam; 3) die Schulbildung, die Gattung ihrer Soldaten ist eine solche, dafs nur mittelmäfsige Unteroffiziere aus ihnen hervorgehen können, was sie nöthigt, ihre Offiziere aufser allem Verhältnisse zu vermehren; 4) jedes ihrer Bataillone schleppt Hunderte von Weibern und Kindern mit sich; keine Armee hat soviel Gepäck; 5) die Offizierstellen sind käuflich; man kauft Lieutenantsstellen, Kompagnien und Bataillone; 6) ein Offizier ist zugleich Major in der Armee und Hauptmann in seinem Regiment, eine Sonderbarkeit, die jedem militärischen Geiste durchaus widerspricht.

II. Infanterie.

(S. 93.) Aber der gröfste Fehler unserer Bataillone ist, dafs sie nur eine Gattung Infanterie haben. Früher hatten wir zwei Arten: die Pikeniere, welche stehenden Fufses kämpften, und die Arkebusiere, zum Tirailliren bestimmt — —

(S. 96.) Auf folgende Art setze ich mein Bataillon zusammen, das ich Kohorte nenne, um darauf hinzuweisen, dafs ich die römische Organisation im Auge habe. Die Kohorte hat in Linie keine andere natürliche Eintheilung als nach Gliedern; ich nehme also diese, durch das Beispiel der alten römischen Legion geheiligte, Eintheilung an, und bilde aus jedem Gliede eine Linien-Kompagnie, wodurch ich für jede Kohorte drei Linien-Kompagnien erhalte, weil wir in Linie uns in drei Gliedern aufstellen. Die erste Kompagnie, zusammengesetzt ohne Rücksicht auf die Gröfse aus den tapfersten, den am besten ausgebildeten und am meisten kriegsgewohnten Soldaten, bildet das erste Glied, welches am meisten der Gefahr ausgesetzt ist und den Andern als Beispiel dienen soll; ich behalte für sie den schönen Namen der Grenadiere bei, der durch so viele Thaten verherrlicht ist und so ruhmreiche Erinnerungen zurückruft. Die zweite Kompagnie, durch eine zweite Auswahl zusammengestellt, wird in das dritte Glied gestellt; und schliefslich die dritte Kompagnie, aus den jüngsten und den am wenigsten tapfern Soldaten bestehend, wird im zweiten Gliede, von zwei ausgewählten Gliedern eingeschlossen, gezwungen sein, ihre Pflicht zu thun.

(S. 99.) Neben diesen drei Linien-Kompagnien errichten wir eine vierte Kompagnie leichter Truppen, für die wir die Bezeichnung als Voltigeurs beibehalten, welche ihre Art Dienst sehr gut bezeichnet; denn es ist gewifs, man mufs zwei Arten Infanterie schaffen, die eine, welche sich in Massen oder Linien aufstellt, um den Stofs und die Last des Kampfes auszuhalten und den Feind niederzuwerfen, die andere, um gegen ihn aufzuklären, ihn zu necken und zu verfolgen. Das ist eine unbestreitbare Wahrheit für Jeden, der einen Krieg mitgemacht hat.

(S. 166.) Die Ausbildung der leichten Truppen und die der Linien-Truppen darf sich ebensowenig gleichen als ihr Dienst. Wozu sollte es nützen, den Voltigeuren langsame und regelmäfsige Bewegungen und Linien-Evolutionen beizubringen, wenn sie nie in Linie auftreten noch davon Gebrauch machen sollen? Ueben wir sie vielmehr zu laufen, zu springen, zu schwimmen, alle Hindernisse zu überwinden, sich in allen Falten des Terrains zu decken, sich vor den Linien aufzulösen, sich in vollem Laufe zu sammeln, um gegen die Kavallerie geschlossene Abtheilungen zu bilden, sich unter unsere Legions-Kavallerie zu mischen und mit ihr gemeinsam zu kämpfen, hinter ihr aufzusitzen und vor Allem in jeder Lage mit gröfster Geschicklichkeit zu schiefsen; das ist die Ausbildung, welche der Natur ihres Dienstes entspricht.

(S. 168.) Die Voltigeure sind bestimmt einzeln zu kämpfen und zu marschiren; es ist daher unnöthig ihnen einen Gleichschritt zu geben und sie zu lehren, wie sie mit Regelmäfsigkeit und Zusammenhang wie eine Linien-Truppe sich bewegen sollen. Es genügt sie daran zu gewöhnen, dafs sie sich gegen Kavallerie rasch zu Kreisen vereinigen und hinter den Linien sammeln. Im erstern Falle müssen sie sich im Laufe sammeln, sich schnell ohne bestimmte Ordnung um ihre Offiziere gruppiren und einen vollen Kreis bilden, welcher nach allen Seiten dem Gegner Feuer und Bajonette entgegenstellt; das ist die schnellste und vielleicht die beste Art einen kleinen Trupp gegen die Kavallerie zu formiren — —

(S. 200.) Ein Theil der Voltigeure des ersten Treffens wird vor der Front der Kohorten aufgelöst werden. Die Zahl dieser Schützen mufs mit der Ausdehnung der Linie im Verhältnifs stehen, so dafs 3—4 Fufs auf den Mann kommen; soviel Raum ist nöthig, damit sie sich frei bewegen können. Dieser Dienst wird kaum eine halbe Kompagnie jeder Kohorte in Anspruch nehmen; die übrigen Voltigeure werden sich hinter der Kohorte in Abtheilungen aufstellen, wo sie in Reserve verbleiben, bereit die ersten Schützen abzulösen, für welche nach zwei Stunden ihrer gefährlichen und anstrengenden Thätigkeit Ruhe nöthig sein wird. Diese Reserve von Voltigeuren wird man verwenden, um die Verwundeten der Linie aufzusammeln und sie auf die Verbandplätze zu bringen, um Ersatz an Patronen aus den Munitionswagen zu holen, kurz zu allen Verrichtungen, welche ein Verlassen der Fahne erfordern, so dafs die Soldaten der Linie, da sie keinen Vorwand mehr haben ihre Glieder zu verlassen, sich daran gewöhnen werden, dieselben nie zu verlassen und unerschütterlich auf ihrem Posten zu bleiben: das wird ein Mittel sein die Linie dicht und ohne Lücke zu erhalten. Die Voltigeure des zweiten Treffens werden sich beiden Flügeln ihrer in Kolonne stehenden Kohorte anhängen, oder man wird sie, wenn die Kolonnen Karrés formiren, den vier Ecken anhängen, in den Räumen, welche die Facen von Feuer entblöfst lassen — —

(S. 212.) Die Schützen können vom gröfsten Nutzen sein, indem sie die Annäherung an die feindlichen Linien erleichtern und deren Feuer ablenken oder in Unordnung bringen; sie dürfen sich nicht fürchten 4—600 m vorzulaufen, um sich in deren Bereich festzusetzen und sie mit ihrem Feuer zu belästigen, um so sicherer als jene sich nicht rächen können, denn mit ein wenig Einsicht und Uebung werden sie sich alle decken. Die einen ducken sich in einen Graben, die andern legen sich in eine Furche; diese verbergen sich hinter Bäumen, jene verstecken sich in Hecken und Gebüschgruppen — —

(S. 214.) Der Gegner wird ohne Zweifel seine Kavallerie vortreiben, um diese unbequemen Schützen zu vertreiben und zu züchtigen; aber unsere Schützen wissen sich dagegen zu sichern; sie sammeln sich in vollem Laufe, vereinigen sich und bilden kleine Feuerkreise, denen man um so schwerer beikommen kann, als jeder Soldat, mit einem doppelläufigen Gewehr ausgerüstet, zwei Schufs abgeben kann — —

(S. 123.) Unsere Taktik zerlegt aufserdem die Glieder oder Kompagnien einer Kohorte in acht und in sechszehn Theile, wodurch die Zahl der Sergeanten und Korporale, welche diese Abtheilungen kommandiren müssen, bestimmt wird. Dieselben Unteroffiziere müssen stets mit dem Befehl derselben Abtheilungen betraut sein, um ihre Eigenliebe für die Sorgfalt in der Ausbildung und Disziplin der ihnen unterstellten Soldaten zu interessiren — —

(S. 193.) Nach meiner Legions-Organisation, welche ich den Leser sich zurückzurufen bitte, bilden die Grenadiere das erste Glied, die dritte Kompagnie das zweite, und die zweite Kompagnie das dritte. Die drei Hauptleute stellen sich jeder auf den rechten Flügel seiner Kompagnie oder seines Gliedes; die drei Lieutenants nehmen die entsprechenden Plätze auf dem linken Flügel ein. Die Kohorte wird so von diesen sechs Offizieren eingerahmt sein, welche durch ihre unmittelbare Gegenwart den Schwankungen und Unordnungen zuvorkommen und sie verhindern, die in kritischen Momenten gewöhnlich auf den Flanken anfangen, diesen schwachen Punkten jeder Schlachtordnung. Sie stehen mit ihren Soldaten auf gleicher Linie, beleben sie und ermuthigen sie durch ihr Beispiel. Die sechs Unterlieutenants stellen sich in gleichen Abständen hinter der Kohorte auf um die Ordnung zu erhalten und zu verhindern, dafs irgend ein Soldat seinen Posten verlasse. Die Sergeanten und Korporale nehmen jeder auf dem rechten Flügel seiner Abtheilung ihren Platz — —

(S. 169.) Man mufs die Voltigeure üben, sich unter die leichte Kavallerie zu mischen und mit ihr gemeinsam zu kämpfen — — Wir theilen diese Voltigeure in Abtheilungen von der Stärke unserer Legions-Schwadronen, zu 76 Mann; jede Abtheilung ist einer Schwadron zugetheilt, welche sie bei allen Bewegungen im Laufschritt begleitet, um die Defileen zu erstürmen oder zu vertheidigen. Diese beiden Waffen beschützen sich gegenseitig und jede sucht dasjenige Terrain auf, welches ihr für den Kampf günstiger ist, ohne daſs sie indessen aufhöre zur gegenseitigen Unterstützung nahe genug zu bleiben. Der Voltigeur muſs sich üben, hinter seinem Reiter auf das Pferd zu springen, damit die Infanterie-Abtheilungen sich ebenso schnell als die Kavallerie von einem Punkte zum andern begeben können. Man muſs ihn daran gewöhnen, sein Gewehr am Riemen über den Rücken zu hängen und hinter dem Reiter aufzuspringen, indem er die Hände leicht auf den Rücken des Pferdes legt. — —

Der gröſsere Theil dieser Uebungen hat zur Voraussetzung, daſs die Voltigeure keinen Tornister tragen; diese Last würde ihnen ihre ganze Beweglichkeit und Gelenkigkeit nehmen und stets der Schnelligkeit ihrer Bewegungen Eintrag thun. Ich möchte, daſs man ihre Tornister auf Packpferde bei jeder Kohorte lüde; dazu würden neun für die Cohorte nöthig sein — — —

(S. 310.) Wir bilden unsere Avantgarde aus der Legions-Kavallerie der vier Legionen des Armeekorps, mit einer gleichen Zahl von Voltigeuren — —

(S. 121.) Von den militärischen Instrumenten will ich nur ein Wort sagen und zwar um die Trommel womöglich abschaffen zu lassen, ein barbarisches Instrument, das durch seinen unangenehmen eintönigen Klang jedes etwas empfindliche Ohr müde, taub und traurig macht — —

(S. 146.) Die römischen Legionssoldaten bedeckten sich mit Schutzwaffen. Unsere modernen Infanteristen erscheinen dagegen ohne Schutz im Kampfe — — Dieser Mangel an Schutzwaffen ist für unsere Infanteristen sehr unheilvoll; jeder Schuſs, der sie aus noch so groſser Ferne erreicht, setzt sie auſser Gefecht; durch die leichteste Berührung werden sie verwundet — —

(S. 147.) Es ist leicht Küraſse von sehr erträglichem Gewicht zu machen, undurchdringlich für Säbel, Bajonett und Lanze, und widerstandsfähig gegen die Kugel auf 200 m. Ich bin überzeugt, daſs ein Bruststück aus doppeltem Büffelleder gut gefüttert und gesteppt ebenso undurchdringlich ist als ein eiserner Küraſs, dem es auſserdem sehr vorzuziehen wäre in Hinsicht der Leichtigkeit und Schmiegsamkeit — — Sein Gewicht würde 8—9 Pfund nicht überschreiten — —

(S. 150.) Die Voltigeure bedürfen des Küraſses weniger als die Linien-Soldaten, weil sie nicht dazu bestimmt sind stehenden Fuſses zu kämpfen und mit dem Gegner handgemein zu werden; sie kämpfen nur aus der Ferne — —

(S. 123.) Die Offiziere der Kompagnie, mit Ausnahme des Chefs derselben, werden nach der Reihe mit dem innern Dienste, welcher jetzt ausschlieſslich in den Händen des Feldwebels liegt, verantwortlich betraut. Dadurch wird man die Unredlichkeiten der Unteroffiziere unterdrücken — —

(S. 262.) Es sei mir zum Schlusse dieses Kapitels erlaubt, gegen einen Gebrauch mich auszusprechen, welcher für die Gesundheit und Erhaltung der Truppen sehr schädlich bei uns durch den Revolutionskrieg eingeführt ist: nämlich den Soldaten ohne Zelt lagern zu lassen. Es ist dies eine Hauptursache des furchtbaren Verbrauchs an Menschen, wie er im Laufe der letzten Kriege vorgekommen ist, in welchen man durchschnittlich rechnen kann, daſs ein Infanterist nicht mehr als zwei Feldzüge aushielt. Unsere unglücklichen Soldaten kommen oft, nachdem sie bei Regenwetter einen beschwerlichen Marsch im Schmutze gemacht haben, mitten in der Nacht auf einem vom Wasser durchweichten Boden an, der ihnen gar keinen Schutz gewährt. Sie haben weder die Zeit noch die nöthigen Materialien um sich Hütten zu bauen; sie bringen die Nacht bei kaltem, regnerischem Wetter zu ohne ein Auge zu schlieſsen; und nachdem sie eine traurige Existenz, in der jeder Augenblick durch die Leiden, welche eine fortdauernde Nässe ihnen zufügt, bezeichnet wird, einige Zeit hingeschleppt haben, schwächt sich ihr Körper, sie werden krank und gehen elend zu Grunde — —

---

1) Die Römer hatten zwei Arten Infanterie: die leichtbewaffnete, welche eine Wurfwaffe führte, die schwerbewaffnete, welche ein kurzes Schwert hatte. Nach der Erfindung des Pulvers behielt man noch zwei Gattungen Infanterie bei: die Arkebusiere, welche die Leichtbewaffneten und bestimmt waren, aufzuklären und den Feind zu beunruhigen; die Pikeniere, welche die Stelle der Schwerbewaffneten vertraten. Seit 150 Jahren, als Vauban aus allen europäischen Heeren die Lanze und die Pike verschwinden lieſs, ist die ganze Infanterie leicht bewaffnet, die ganze bestimmt zu tirailliren, aufzuklären, den Feind zu beschäftigen; es giebt nur noch eine einzige Gattung Infanterie. Wenn es in jedem Bataillon eine Kompagnie Chasseurs gab, so geschah dies, um sie der Grenadier-Kompagnie gegenüber zu stellen. Das Bataillon bestand aus neun Kompagnien; eine einzige Elite-Kompagnie schien nicht ausreichend. Wenn der Kaiser Napoleon Voltigeur-Kompagnien schuf, die mit dem Dragoner-Gewehr bewaffnet waren, so geschah es um die Chasseur-Kompagnien zu ersetzen. Er setzte sie aus Menschen von weniger als fünf Fuſs Gröſse zusammen, um die Konskriptions-Klasse von 4 Fuſs zehn Zoll bis fünf Fuſs nutzbar zu machen. Diese Schaffung erlaubte eine groſse Zahl alter Soldaten zu belohnen, welche, weil sie nicht fünf Fuſs groſs waren, in die Kompagnien der Grenadiere nicht eingestellt werden konnten, welche aber durch ihre Tapferkeit die Einstellung in eine Eliten-Kompagnie verdienten. Es war eine sinnreiche Idee, die Zwerge und die Riesen einander gegenüberzustellen. Wenn er in seiner Armee Leute von verschiedenen Farben gehabt hätte, würde er Kompagnien von Schwarzen und Weiſsen zusammengestellt haben; in einem Lande, in welchem etwa Buckelige ge-

wöhnlich und zahlreich vorkämen, würde es sich empfehlen Kompagnien von Buckeligen zu bilden; wahrscheinlich würden sie, indem so ihre Eigenliebe angeregt würde, sehr tapfer sein und ihr Leben gerne opfern.

Vor den Revolutionskriegen setzte sich die französische Armee aus Linien-Regimentern und Jäger-Bataillonen zusammen: die Jäger, aus den Cevennen, dem Vivarais, den Alpen, Corsika, den Pyrenäen stammend, bildeten in der Revolutionszeit Halbbrigaden leichter Infanterie. Nie aber war es die Absicht zwei verschiedene Infanterien zu schaffen, denn sie wurden in gleicher Weise körperlich und geistig ausgebildet und bewaffnet. Diese Jäger-Bataillone ergänzten sich aus Gebirgsbewohnern oder den Söhnen von Forsthütern, was sie um so geeigneter machte an der Grenze in den Alpen und Pyrenäen verwendet zu werden; und wenn sie bei den Armeen im Norden waren, entsendete man sie mit Vorliebe, um einen Berg zu erklettern oder einen Wald abzusuchen. Dadurch waren sie nur um so besser geeignet, wenn sie einmal in der Schlachtlinie standen, dort den Platz eines Linien-Bataillons auszufüllen, da sie dieselbe Instruktion, dieselbe Bewaffnung, dieselbe Ausbildung hatten. Die Staaten heben oft in Kriegszeiten unregelmäfsige Truppen aus, unter der Bezeichnung von Frei-Bataillonen oder Legionen, welche aus feindlichen Ueberläufern ergänzt oder aus Leuten von einer besondern Geistesrichtung zusammengestellt werden; dadurch aber bekommt man nicht zwei Gattungen Infanterie, weil es nur eine giebt und nur eine geben kann: den Musketier, weil die Muskete die furchtbarste Waffe ist, welche die Menschen erfunden haben.

Wenn es möglich wäre, dass die Infanterie nie als Schützen verwendet würde und nur den Linien-Dienst thäte, so würde sie den Gebrauch des Feuers sich nie aneignen oder ihn sogar verlernen; ganze Feldzüge würden vergehen, ohne dass sie einen Schufs abgäbe; aber das ist nicht möglich. In der That, werden denn, wenn die Voltigeur-Kompagnie zur Avantgarde, der Bagage, als Patrouille entsendet ist, die andern Kompagnien des Bataillons auf die Aufklärung verzichten? Werden sie denn die Kugeln der feindlichen Schützen bis in ihre Glieder schlagen lassen? Wenn eine Kompagnie des Bataillons entsendet wird, soll sie dann darauf verzichten, sich Aufklärung zu verschaffen, oder soll ihr etwa eine Sektion der Voltigeur-Kompagnie zugetheilt werden? Diese Voltigeur-Kompagnie bildet nur den vierten Theil des Bataillons; sie kann dem Bedarf an Schützen an einem Schlachttage nicht genügen; sie würde hierfür nicht besser genügen, wenn sie die Hälfte des Bestandes, nicht einmal, wenn sie drei Viertheile desselben ausmachte. An einem entscheidenden Tage wird die ganze Linie nach einander zu Schützen aufgelöst, zuweilen sogar zwei Mal. Man mufs die Schützen alle zwei Stunden ablösen, weil sie müde werden, weil ihre Gewehre in Unordnung gerathen und verschleimen.[7]

Ferner aber, wenn die Voltigeure keiner Ordnung, keiner Taktik be-

---

[7] Gegen diese Regel dürfte heute Widerspruch sich erheben; die damalige Bewaffnung dürfte mehr zu ihrer Aufstellung beigetragen haben, als die Rücksicht auf die Ermüdung der Leute.

dürfen, nicht einmal zu wissen brauchen, wie man in geschlossener Linie marschirt, werden sie denn nie Veranlassung haben ihre Front zu wechseln, sich in Kolonnen zusammenzufalten, einen Rückzug en échiquier zu machen? Wenn es genügt, dafs sie „laufen können, sich ihrer Beine bedienen können, um sich einem Kavallerie-Angriffe zu entziehen", wie will man sie dann vereinigen, um aus ihnen die Avantgarde der Armee zu bilden? wie verlangen, dass sie sich auf 600 m. von der Linie entfernen, gemischt unter die Abtheilungen der Legions-Kavallerie? Es ist nicht nothwendig einem Soldaten zu lehren, wie er laufen, springen, sich hinter einem Baume decken soll; aber man mufs ihn daran gewöhnen, wenn er von seinem Führer getrennt ist, sein kaltes Blut zu bewahren, sich nicht durch einen leeren Schrecken beherrschen zu lassen, sich stets mit den andern in Verbindung zu halten und sich durch Feuer zu unterstützen, sich zu je vier und vier zusammenzuziehen, ehe die Flankeure der feindlichen Kavallerie sie zusammenhauen können, sich zu je acht und acht, je sechszehn und sechszehn zu vereinigen, ehe die Eskadron sie attakiren kann und so ohne Uebereilung, indem sie öfters Front machen, sich an das Soutien heranzuziehen, bei dem sich der Hauptmann befindet, welcher mit dem dritten Theile seiner Schützen auf Schufsweite entfernt in Linie formirt bleiben mufs; dieser mufs dann ein Karré formiren oder eine Frontveränderung vornehmen oder seinen Rückzug antreten, indem er, wenn er zu sehr gedrängt wird mit dem Kommando: „Rechts um kehrt! Feuer!" Front machen läfst; dann auf ein einfaches Trommelsignal das Feuer einstellen lassen, den Rückzug wieder antreten und so zum Bataillonskommandeur stofsen, der seinerseits mit einem Theile seiner Leute in Reserve geblieben sein mufs; alsdann mufs er auf Zugabstand sich hinter die Kolonne setzen und so zurückgehen. Auf das Kommando: „Halt! Zug rechts und links einschwenken! zweigliedriges Feuer!" das Bataillons-Karré formiren und die Attake der Kavallerie abschlagen. Auf das Kommando zur Fortsetzung des Rückmarsches das Karré wieder auflösen, die Kolonne formiren u. s. w., oder kaltblütig einen Rückzug en échiquier ausführen bis in die bezeichnete Stellung, indem er den rechten oder den linken Flügel versagt.

Das ist es, was die Schützen verstehen müssen; und, wenn es zwei Gattungen Infanterie geben könnte, die eine um als Schützen aufgelöst zu werden, die andere um geschlossen zu bleiben, müfste man die am besten ausgebildeten zu Schützen nehmen. In der That manoeuvriren die Voltigeur-Kompagnien, welche öfter als Schützen aufgelöst werden als die andern, am besten in der ganzen Armee, weil sie am häufigsten die Nothwendigkeit davon empfunden haben. Solche Nutzanwendungen machen, das heifst die griechischen und lateinischen Schriftsteller sehr schlecht verstanden haben; man würde seine Zeit besser angewendet haben, wenn man sich mit einem Voltigeur-Korporal oder einem alten Sergeanten von den Grenadieren unterhalten hätte, sie würden gesundere Gedanken ausgesprochen haben.

2) Bis zu dieser Stunde ist ein Bataillon, ob es nun aus mehr oder weniger Kompagnien besteht, stets so in Linie aufgestellt worden, dafs es einen Offizier auf dem rechten Flügel, mehrere in der Mitte und einen auf

dem linken Flügel hat; so dafs ein Hauptmann stets seine gleichen Offiziere, seine gleichen Sergeanten unter seinen Befehlen hat, und diese wieder dieselben Korporale, dieselben Soldaten. Ganz unmöglich konnte man voraussetzen, dafs eines Tages kalten Blutes vorgeschlagen würde, eine Kompagnie in Linie in einem Gliede aufzustellen, so dafs sie sich auf eine Frontlänge von 120 m ausdehnte, mit ihrem Hauptmann auf dem rechten, ihrem Lieutenant auf dem linken Flügel; und hinter dieser ersten die dritte und die zweite Kompagnie aufzustellen, endlich die sechs Unterlieutenants als Schliefsende. Die drei Hauptleute, einer hinter dem andern stehend, werden durch einen einzigen Kanonenschufs getödtet, die drei Lieutenants durch einen zweiten. Wie soll der Hauptmann vom rechten Flügel her sich dem linken verständlich machen, wenn der in der Mitte aufgestellte Bataillons-Kommandeur damit schon Mühe hat? Wie sollen die Soldaten die Stimme ihres Hauptmanns erkennen, wenn alle drei Hauptleute auf demselben Punkte aufgestellt sind? Aber das Gliederfeuer wird hierdurch erleichtert. Nein! dieses Feuer (wenn es nützlich ist dasselbe anzuwenden) wird leichter auf das Kommando des Bataillons-Kommandeurs von statten gehen, weil er im Centrum sich befindet. Es kann vorkommen, dafs der Hauptmann der ersten Kompagnie kommandirt „vorwärts", der der dritten „stillgestanden", der der zweiten „rechtsumkehrt". Auf das Kommando: „Mit Divisionen rechts schwenkt" soll das Bataillon sich also in drei Theile zerlegen, deren jeder Offiziere, Unteroffiziere, Korporale, Soldaten aller drei Kompagnien enthalten würde? Auf das Kommando „Mit Zügen rechts schwenkt" soll man also in den sechs Abtheilungen Offiziere, Unteroffiziere und Soldaten aller drei Kompagnien haben; das wäre eine spafshafte Kolonne, in welcher jeder Zug von Mannschaften und Offizieren aller Kompagnien zusammengesetzt wäre. Wenn eine Kompagnie abgezweigt ist, stellt sie sich also in Linie in einem Gliede auf und der Rest des Bataillons in zwei Gliedern? Welcher Mifsklang! welche Unkenntnifs in der Ausbildung eines Zuges! Und das ist ein französischer General, welcher so seine Uniform dem Gelächter Europa's preisgiebt! Warum hat der Setzer, der sein Werk gedruckt hat, ihn nicht darauf aufmerksam gemacht? Denn wahrscheinlich hat doch dieser Setzer den Krieg mitgemacht oder mindestens in der Nationalgarde gedient.

3) 3000 Voltigeure sind bei der Avantgarde ohne in Bataillone eingetheilt zu sein; jeder Zug auf eigene Rechnung; jeder Hauptmann als Oberfeldherr. Aber in der That wie können sie auch in Bataillone eingetheilt sein, wenn sie weder zu manoeuvriren verstehen noch die Taktik kennen sollen, wenn jede Kompagnie der Kompagnie leichter Kavallerie zugetheilt sein soll, welche sie hinter sich aufs Pferd nehmen soll? Oh wahrhaftig man thut gut sie laufen zu lehren, sie werden es nöthig haben, wenn sie nicht schon am ersten Tage gefangen genommen oder getödtet werden. Wenn ein Zug von 50 Mann nicht mit Vortheil fechten kann ohne ausgebildet zu sein, so ist diese Nothwendigkeit für ein Bataillon noch viel gröfser und sie wächst noch für eine Brigade von 3000 Mann. Aber selbst wenn man sie als gut ausgebildet, manoeuvrirfähig, in Bataillone eingetheilt annimmt, so wird doch

diese Mischung mit der Kavallerie kein gutes Resultat haben; sie wird das Verderben der Kavallerie und der Infanterie hervorrufen. Wie würde die leichte Kavallerie manoeuvriren können, jeder mit einem Voltigeur hinter sich auf dem Pferde? Wie würde sie einen ernsten Widerstand leisten können ohne die Linien-Kavallerie? Die Arrieregarden und Avantgarden sind im Kriege ganze Tage in Bewegung. Unzweifelhaft könnte die Kavallerie, indem sie sich opfert, einen Mann auf dem Pferde hinter sich im Innern einer Stellung transportiren, damit der Infanterist schneller ankäme; aber sie so bei der Avantgarde oder Arrieregarde auf Märschen und bei Operationen marschiren zu lassen, das heifst nicht die leiseste Kenntnifs von dem Dienste dieser Waffen haben, das heifst nie einen Tag bei der Avantgarde zugebracht haben. Wenn das vortheilhaft und thunlich wäre, so würden alle Völker, alle grofsen Feldherrn es gethan haben.

4) Die Trommel ahmt den Kanonendonner nach; sie ist das beste aller Instrumente, sie ist nie verstimmt.

Die Schutzwaffen sind unzureichend, um die Kanonen-, Kartätsch- und Flinten-Kugeln abzuhalten; sie sind nicht allein unnütz, sondern sie haben auch den Uebelstand die Wunden gefährlicher zu machen. Die Bogen der Parther, welche sehr stark waren und von sehr geübten und kräftigen Männern gehandhabt wurden, schleuderten ihre Pfeile mit einer solchen Kraft, dafs sie die Schilde der Römer durchbohrten. Die alten Legionen wurden dadurch in Verwirrung gesetzt. Es war dies eine der Ursachen für die Niederlage des Crassus.

Die Schützen würden der Schutzwaffen mehr bedürfen als alle Mannschaften der Linie, weil sie öfter an den Feind herangehen und der Gefahr, von der Kavallerie zusammengehauen zu werden, mehr ausgesetzt sind. Aber, sagt man, man mufs sie nicht überlasten, sie können gar nicht zu beweglich sein. Also, selbst wenn die Schutzwaffen der Infanterie in geschlossener Linie nützlich wären, dürfte man sie ihnen doch nicht geben, weil alle Musketiere nothwendig den Schützendienst versehen und also zur leichten Infanterie gehören.

Es giebt keinen Kadetten, frisch von der Schule, der nicht schon die Idee gehabt hat, die Infanterie mit doppelläufigen Gewehren zu bewaffnen; es hat aber nur der Erfahrung eines Feldzuges bedurft, um ihn alle Unzuträglichkeiten fühlen zu lassen, welche für den Feldgebrauch daraus hervorgehen würden.

Fünf Dinge darf man nie vom Soldaten trennen: sein Gewehr, seine Patronen, seinen Tornister, Lebensmittel auf wenigstens vier Tage und sein Schanzzeug. Möge man diesen Tornister auf ein möglichst geringes Volumen einschränken; möge er nur ein Hemde, ein Paar Schuhe, eine Halsbinde, ein Taschentuch, ein Feuerzeug enthalten, sehr gut; aber möge er ihn stets bei sich haben, denn, wenn er sich einmal von ihm trennt, wird er ihn nicht mehr wiedersehen. Theorie und Praxis im Kriege sind verschieden. In der russischen Armee war es Gebrauch, dafs der Soldat unmittelbar vor dem Gefechte seinen Tornister ablegte. Man fühlt, welche Vortheile mit diesem Verfahren verbunden sind; die Glieder können dichter aufschliefsen; das

Feuer des dritten Gliedes kann ausgenutzt werden; die Leute sind leichter, freier, werden weniger müde; die Furcht seinen Tornister, in dem der Soldat seine ganze Habe unterzubringen gewohnt ist, zu verlieren, ist geeignet ihn in der Stellung festzuhalten. Bei Austerlitz fand man alle Tornister der russischen Armee in Reih und Glied geordnet auf den Höhen von Posoritz;[8]) sie waren dort auf der Flucht im Stiche gelassen worden. Trotz aller scheinbaren Gründe, die man für diesen Gebrauch anführen konnte, hat die Erfahrung die Russen bewogen ihn aufzugeben.

Die neun Tragpferde per Bataillon würden besser verwendet werden, um Lazareth-Utensilien, Patronen oder Lebensmittel zu tragen.

Die Kompagnie-Offiziere würden sich bloſsstellen, wenn sie sich in die Details der dem Soldaten zu machenden Abzüge mischten; sie würden Unteroffiziere werden. Der Feldwebel ist für diesen Dienst geeignet. Ist es denn unmöglich einen Feldwebel zu finden, der ein Ehrenmann ist? Denn, wenn der Offizier Miſsbräuche triebe, an wen könnte der Soldat sich dann wenden? Wie groſs wäre nicht der Widerwille eines Hauptmanns, Beschwerden eines Soldaten entgegenzunehmen gegen seinen Unterlieutenant, der seine Gesellschaft bildet, mit dem er iſst und und dessen Gleichen er ist! Wir wollen glauben, daſs kein Offizier niedrig genug wäre, die Unwissenheit des Soldaten zu miſsbrauchen; aber würde dieser, von Natur argwöhnisch, nicht Miſstrauen haben?[9]) Und würde das Gefühl tiefen Respektes, das er nach den Forderungen der militärischen Disziplin gegen seinen Offizier haben muſs, nicht getrübt werden?

Die Zelte sind durchaus nicht gesund; es ist besser, dass der Soldat biwakire, weil er mit den Füſsen am Feuer schläft, sich mit einigen Brettern oder etwas Stroh vor dem Winde schützt und weil die Nähe des Feuers rasch den Boden, auf dem er liegt, austrocknet. Das Zelt ist nothwendig für die höheren Offiziere, welche lesen, schreiben, die Karte zu Rathe ziehen müssen. Ein Zelt für den Bataillons-Kommandeur, ein's für den General würden nützlich sein; dies würde erlauben ihnen die Pflicht aufzuerlegen, daſs sie nie in einem Hause schlafen, ein so verhängniſsvoller Miſsbrauch, der so viele Katastrophen verschuldet hat. Nach dem Beispiele der Franzosen haben alle Völker Europa's die Zelte abgeschafft; und, wenn sie noch in den Lustlagern in Gebrauch sind, so geschieht es, weil sie sparsam sind und die Wälder, Strohdächer und Dörfer schonen. Der Schatten eines Baumes gegen Sonne und Hitze, der kärglichste Schutz gegen den Regen sind einem Zelte vorzuziehen. Das Mitführen der Zelte würde fünf Pferde per Bataillon erfordern, welche man besser verwendet, um Lebensmittel zu tragen. Die Zelte sind ein Gegenstand der Beobachtung für die Spione und die Generalstabsoffiziere des Feindes; sie geben Anzeichen über Eure Zahl und die Stellung, die Ihr einnehmt; dieser Uebelstand tritt alle Tage, jeden Augen-

---

[8]) Napoleon meint hier die Höhen am Posorzitzer Posthause und südlich davon.

[9]) Diese Befürchtung trifft wohl nur bei romanischer Bevölkerung und den aus der Revolutionszeit hervorgegangenen Mannschaften zu.

blick ein. Eine Armee, die in zwei oder drei Treffen biwakirt, lässt von Ferne nur Rauch sehen, den der Gegner mit atmosphärischem Nebel verwechselt. Es ist unmöglich die Feuer zu zählen; es ist sehr leicht die Zelte zu zählen. [10])

III. Kavallerie.

(S. 112.) Vergeblich hat man den Bedürfnissen der Infanterie abhelfen wollen durch Kavallerie-Korps, die von deren Generalen unabhängig sind; eine traurige Erfahrung hat nur zu oft das Fehlerhafte dieses Verfahrens gezeigt. Die Nebenbuhlerschaft und Eifersüchteleien beider Waffen verhindern, dafs sie sich unterstützen und rechtzeitig zu Hülfe kommen. — — Es giebt nur ein Mittel, dem zu entgehen, nämlich den Legionen Kavallerie zuzutheilen. — — Der Dienst der Legions-Kavallerie, welcher im Aufklären, Rekognosziren, Verfolgen, Hinterhaltlegen besteht, erfordert viel Schnelligkeit und wenig Ordnung. Diese Reiter müssen sich ausbreiten, zerstreuen, überall einschleichen, alles sehen, alles beobachten, sich an Einzelnkämpfe gewöhnen und auf die Schnelligkeit ihrer Pferde rechnen, sei es um einzuholen oder zu entfliehen. Sie würden ihr Geschäft sehr schlecht verrichten, wenn man sie gewöhnte beisammen zu bleiben. Mit einem Wort, es ist leichte Kavallerie, und nicht Linien-Kavallerie, die einen Theil der Legion ausmachen mufs.

(S. 171.) Ich habe schon gesagt, dafs die Legions-Kavallerie den Dienst leichter Truppen thun mufs; also pafst die Ordnung, die Uebereinstimmung, die Regelmäfsigkeit für sie ebensowenig wie für unsere Voltigeure. Ihre Ausbildung darf derjenigen unserer Husaren und Chasseurs nicht gleichen, denn diese verderben wir und verändern ihre Natur durch Linien-Exerciren. In der That, wenn wir sie daran gewöhnen, geschlossen zu bleiben und in Ordnung Schwadronen zu bilden, wie sollen wir es von ihnen erreichen können, dafs sie aufklären, rekognosziren, einen Landstrich absuchen, dafs sie die Bewegungen des Feindes beobachten und ausspähen, dafs sie sich ihm in den Rücken schleichen und seine Transporte beunruhigen, dafs sie Hinterhalte legen, die Flüchtlinge verfolgen und Gefangene machen, dafs sie den Marsch unserer Kolonnen verbergen und decken und dafs sie, mit einem Worte, die übrigen Pflichten der leichten Truppen erfüllen, denen sie nicht nachkommen können, als indem sie sich zerstreuen und einzeln kämpfen? Außerdem was sollen wir dabei gewinnen, wenn wir die Schnelligkeit und Lebhaftigkeit der leichten Kavallerie durch Ordnung und Regelmäfsigkeit verlangsamen und fesseln? Welchen Vortheil sollen wir

---

[10]) Die Richtigkeit und Wichtigkeit dieser Bemerkung wird Jedem, der feindliche Truppen unter Zelten hat lagern sehen, einleuchten.

darin finden, sie in Linie attakiren zu lassen? Würde sie dadurch dem Feinde schrecklicher werden? Ich glaube es nicht und aus alter und neuer Zeit bieten sich Beispiele in Menge dar, um meine Ansicht zu unterstützen. Aber ohne bis zu den Numidiern und Parthern zurückzugehen, diesen bei den Alten so berühmten Schwärmen unregelmäfsiger und ungeordneter Reiter, will ich mich begnügen, auf die türkischen Spahis und die Mameluken hinzuweisen, welche für die besten Reiter der Welt gelten, ohne andere Evolutionen zu kennen, als dafs sie sich stürmisch in Haufen schaaren und in Unordnung mit verhängten Zügeln attakiren. Ich berufe mich auf die Franzosen, welche in Egypten den Werth der Mameluken kennen gelernt haben, glänzten etwa unsere europäischen Schwadronen mit ihren abgezirkelten Bewegungen und ihren Attaken in Linie gegenüber dieser ungeordneten Miliz? Konnten sie ihr einen Augenblick widerstehen? Wurden sie nicht durchbrochen und zusammengehauen von den Mameluken, welche eher zu einer Uebung als zum Gefecht zu eilen schienen, so wenig Gefahr fanden sie bei dieser Art von Attaken? Was die französische Infanterie betrifft, so ist es, wenn es ihr gelang, so kühnen und so geschickten Reitern mitten auf den glatten Ebenen Egyptens zu spotten, ein unwiderlegbarer Beweis der Ohnmacht der Kavallerie, so gut sie auch sein mag, gegenüber einer guten Infanterie.

Die Husaren, welche die leichte Reiterei der Oesterreicher bilden, waren ursprünglich nur unregelmäfsige Schaaren ungarischer Bauern, ohne Sold und ohne Disziplin, welche in den Krieg zogen, um Beute zu machen. Sie zerstreuten sich von weitem, schlichen sich überall ein und kämpften stets einzeln; sie benutzten die unbetretensten Pfade; sie drangen in der Dunkelheit und dem Schweigen der Nacht bis mitten in das Lager, schlichen sich auf die Flanken und in den Rücken der Kolonnen; sie überfielen die Trains, die Transporte und die vereinzelten Posten und schliefslich beobachteten sie alle Bewegungen des Feindes, indem sie sich am Tage in Wäldern und Gebüschen verborgen hielten. Diese Art Miliz machte sich so furchtbar, dafs die Mehrzahl der Völker Europa's sie nachzuahmen suchten. Bald aber wollte man diese Schaaren zu regelmäfsigen Truppen machen; man bildete daraus glänzende Regimenter, geübt in allen Linien-Evolutionen, und von da an verloren die Husaren fast alle die Eigenschaften, welche sie so berühmt gemacht hatten. Die Kosaken, diese ausgezeichnete leichte Reiterei der Russen, sind heute das, was früher die ungarischen Husaren waren; wenn man aber unter dem Vorwande sie zu regelmäfsigen Soldaten zu machen, sie an die Geschlossenheit und die regelmäfsigen Bewegungen der Linien-Truppen binden will, werden sie fast alle ihre jetzigen Eigenschaften verlieren, um eine sehr mittelmäfsige Linien-Kavallerie zu werden.

Schliefsen wir aus allen diesen Beispielen, dafs die methodischen Bewegungen und die regelmäfsigen Evolutionen für die Kavallerie im Allgemeinen nicht unerläfslich sind, und dafs sie für die leichte

Kavallerie sogar schädlich sind, deren Schnelligkeit sie hemmen und deren Dienst sie stören. Es ist mit der Kavallerie nicht wie mit der Infanterie: bei dieser liegt die ganze Kraft und aller Werth in der Ordnung, der Disziplin und dem Zusammenhalt; die andere kann in Verwirrung und tumultuarisch sich bewegen, wenn sie sich nur schnell bewegt. Sogar von ihrer Unordnung selbst zieht sie im Gefecht Nutzen, um den Feind zu umzingeln, ihn von allen Seiten zu bedrohen, sich vor seinen Augen zu vervielfältigen, ihn durch die Schnelligkeit und Mannigfaltigkeit ihrer Schwenkungen zu verwirren, schließlich seine Einbildungskraft zu erschüttern und ihn in Schrecken zu versetzen — —

(S. 176.) Die Linien-Kavallerie der Franzosen, mit ihren dicken Zugpferden, belastet mit ungeheuren Sätteln, ist ohne Zweifel zu langsam und zu schwer, was auch einige Kavallerie-Offiziere dagegen sagen. Sie bilden sich ein, daß, wenn man ihren Schwadronen leichtere Pferde gäbe, sie die feindlichen Linien nicht mehr mit derselben Kraft attakiren könnten; aber sie täuschen sich, denn, da die Stoßkraft eines Körpers im Verhältnisse der Masse multiplizirt mit der Schnelligkeit steht, so folgt daraus, daß man durch die Schnelligkeit eines Pferdes gewinnen kann, was man an Masse verliert — —

(S. 201.) Die zehn Züge Legions-Kavallerie werden die Flanken der Infanterie in der Höhe des zweiten Treffens decken, wo sie über die Sicherheit der Flanken wachen können, ohne sich dem Kleingewehrfeuer ausgesetzt zu sehen. (Das zweite Treffen ist 300 m vom ersten entfernt.)

(S. 113.) Die Legions-Kavallerie der Römer bildete kaum den zwanzigsten Theil ihrer Legion. Die Römer waren durchaus keine Reiter, und suchte dies Volk stets sich bei den Bundesgenossen die fehlende Reiterei zu verschaffen. Die Flügel der Bundesgenossen, an Infanterie ebenso stark wie die Legionen, hatten das doppelte an Kavallerie, wodurch die Armee eines Konsuls ungefähr ein Eilftheil an Kavallerie erhielt. Dieses Verhältniß eines Eilftheiles scheint hinreichend um die Aufgabe der Legions- oder leichten Kavallerie zu erfüllen; es scheint unnöthig, über das streng Nothwendige hinaus eine Truppengattung zu vermehren, deren Einfluß auf den Gewinn einer Schlacht fast Null ist. So werden wir in der Organisation der Legion eine Abtheilung Kavallerie von 760 Pferden mitbegreifen; sie wird in zwei Theile zerfallen, welche wir, wie die Römer, Flügel nennen wollen, um zu bezeichnen, daß sie bestimmt sind, auf den Flanken der Infanterie zu deren Deckung umherzuschwärmen. Jeder Flügel wird in fünf Züge von je 76 Pferden getheilt werden, denen ihre geringe Stärke gestatten wird, sich mit viel Schnelligkeit, Lebhaftigkeit und Leichtigkeit zu bewegen, Vortheile, welche die starken Schwadronen nicht haben können. Außerdem wird die Zahl, da sie derjenigen der Kohorten gleich ist, gestatten, jeder isolirten Kohorte einen Zug zuzutheilen — —

(S. 125.) Die zehn Kohorten werden 180 Infanterie-Offiziere auf die

Legion geben. — — Zu dieser Zahl muſs man zwei Führer der beiden Kavallerie-Flügel hinzurechnen, welche den Rang als chef d'escadron bekleiden, zehn Hauptleute und ebensoviel Lieutenants, um die zehn Züge der Legions-Kavallerie zu führen. Man wird für die Kavallerie die gewandtesten und lebhaftesten Offiziere aus der Legion auswählen, denn der Dienst der leichten Kavallerie paſst sehr gut für diese lebhaften, stürmischen, leidenschaftlichen Offiziere, denen nie ein Zweifel kommt, weil sie nie ängstlich überlegen. Ihr hitziges Temperament muſs sie ohne Authören an den Feind führen, um Nachrichten über ihn zu erhalten, und oft müssen sie den Schleier leichter Truppen, mit denen der Gegner seine Bewegungen zu verbergen sucht, durchreiſsen — —

(S. 229.) Die Kavallerie ist bestimmt zwei sehr verschiedene Rollen zu spielen. Sie soll auf Märschen sich zerstreuen, um das Land zu durchstreifen, zu rekognosziren und zu verfolgen; in den Schlachten dagegen kann sie nur dann eine groſse Wirkung hervorrufen, wenn sie plötzlich in Masse auf die geschwächten und durchbrochenen Punkte der feindlichen Linien losstürmt. Fast alle Völker Europa's haben gefühlt, daſs so verschiedene Rollen zwei Gattungen Kavallerie erforderten, was sie bewog die leichte Kavallerie zu unterscheiden von der Linien-Kavallerie, die man gewöhnlich schwere Kavallerie nennt — —

(S. 247.) Bei den Römern war es Gebrauch, die Kavallerie auf die Flanken der Infanterie zu stellen, um sie zu schützen und zu decken; auch heute verfährt man ebenso, wenn die Flügel sich nicht an Terrainhindernisse lehnen. Aber die Legions-Kavallerie genügt für diese Rolle als „Flankeurs", und man muſs die ganze Linien-Kavallerie hinter dem Centrum oder den Flügeln in Reserve halten — —

(S. 313.) Die Mischung der Voltigeure mit der leichten Kavallerie ist wunderbar günstig für den Erfolg in diesen kleinen Avantgarden-Gefechten — —

(S. 314.) Unter der Regierung Ludwig's XIV. bestanden die französischen Avantgarden zum Theil aus Dragonern, einer doppelten Art leichter Truppen, welche zuweilen zu Pferde, öfter zu Fuſs kämpften. Diese Waffe, welche heute nur noch dem Namen nach existirt, leistete bei Avantgarden groſse Dienste; es ist indessen leicht einzusehen, daſs wir mit weniger Kosten die Dragoner durch die vorgeschlagene Mischung unserer Legions-Kavallerie und unserer Voltigeure ersetzen können. Unsere leichte Infanterie, auf den Pferden hinten aufgesessen, bewegt sich mit derselben Schnelligkeit wie die Dragoner und hat nicht wie diese den Uebelstand einen Theil der Soldaten als Pferdehalter dem Kampfe zu entziehen, und schlieſslich schlagen sie sich um so besser, wenn man von ihnen nie eine andere Art des Kampfes fordert. Was die Ersparung betrifft, so ist dieselbe merklich.

(S. 154.) Der Säbel unserer Legions-Kavallerie wird wie bei den Dragonern gerade sein, um sie dahin zu bringen lieber zu stoſsen als zu hauen; sie wird eine Lanze von zehn bis zwölf Fuſs Länge führen, deren Armriemen am linken Arme getragen wird, und einen sehr kurzen Karabiner, der am Sattelbogen hängt.

(S. 115.) Die Ausbildung unserer Dragoner ist lächerlich: sind sie zu Pferde, so sucht man sie zu überreden, daſs die Infanterie dem Ungestüm ihrer Attake nie widerstehen kann; sind sie zu Fuſs, so sagt man ihnen, sie seien gegen die Kavallerie unbesiegbar. So flöſst man ihnen, abwechselnd, Verachtung für beide Waffen ein.

(S. 228.) Ich werde mein Armeekorps aus vier Legionen und dazu einer Reserve von 3000 Pferden Linien-Kavallerie zusammensetzen, was im Ganzen über 36000 Mann ausmachen würde, die sich folgendermaſsen vertheilen: 22 800 Mann Linien-Infanterie, 7600 leichte Infanterie, 3000 Pferde Legions-Kavallerie, 3000 Linien-Kavallerie, ohne Artillerie und Pioniere zu rechnen. Nach Abzug der Rekonvaleszenten, der Kranken und Abkommandirten, die man auf ein Fünftheil annehmen kann, bleiben 30 000 Kombattanten. Man sieht, daſs die Kavallerie ein Sechstheil der Armee ausmacht — —

(S. 230.) Was die Linien-Kavallerie betrifft, so scheint es vortheilhaft davon nur ein Korps für jedes Armeekorps zu bilden, da sie groſse Erfolge nur erzielen kann, wenn sie vereint kämpft. In den Schlachten wird sie in Reserve gestellt unter den unmittelbaren Befehl des Oberfeldherrn, bereit im günstigen Moment vorzugehen. — — Wollten wir sie aber gleich im Beginne der Schlacht auf unberührte, kriegsgewohnte Infanterie attakiren lassen, so würde sie unfehlbar auf die übrige Armee zurückgetrieben werden, welcher sie dann ihre eigene Unordnung mittheilen würde — —

(S. 310.) Wir bilden unsere Avantgarde aus der Legions-Kavallerie der vier Legionen des Armeekorps, mit einer gleichen Zahl Voltigeure, die man erhält, wenn man von jeder Legion vier Kompagnien nimmt. Dieses leichte Korps aus 3000 Pferden, 3000 Voltigeuren und fünf leichten Geschützen bestehend, geht der Spitze der Kolonne um eine oder zwei Meilen voraus, indem es Theile nach vorwärts und nach den Seiten vortreibt und Beobachtungsposten auf den Wegen und hauptsächlichen Höhen rechts und links der Straſse zurückläſst, welche Posten erst, wenn sie durch die Flankeure der Kolonne abgelöſt sind, wieder zur Avantgarde stoſsen. — —

---

1. Soll die Leitung des Korps leichter Kavallerie von der des Infanterie-Korps abhängen? 2) Soll die leichte Kavallerie wie die Linien-Kavallerie in der Taktik ausgebildet werden, oder soll sie dienen wie die ungarische Insurrektion, die Mameluken, die Kosaken? 3. Soll sie bei der Avantgarde, der Arrieregarde, auf den Flügeln der Armee verwendet werden, ohne von Linien-Kavallerie unterstützt zu werden? 4. Soll man die Dragoner unter-

drücken? 5. Soll die schwere Kavallerie sämmtlich bei der Reserve sein? 6. Wieviel verschiedene Arten Kavallerie soll man in einer Armee haben? in welchem Verhältnifs? 7. Ist es nöthig, dafs die höheren Offiziere der Infanterie einzelne Reiter unter ihrem Befehle haben, welche für immer den Bataillonen zugetheilt sind und bei ihnen bleiben?

Die leichte Kavallerie soll auf weithin für die Armee Aufklärung schaffen; sie gehört also durchaus nicht zur Infanterie. Sie mufs ihre Deckung, ihre Unterstützung besonders von der Linien-Kavallerie erhalten. Zu allen Zeiten hat es eine nützliche Nebenbuhlerschaft und Wetteifer zwischen der Infanterie und Kavallerie gegeben. Die leichte Kavallerie ist nothwendig bei der Avantgarde, der Arrieregarde, auf den Flügeln der Armee; sie kann also nicht einem besondern Infanterie-Korps zugetheilt werden, um dessen Bewegungen zu folgen.[11]) Es würde natürlicher sein, die Leitung derselben mit der der Linien-Kavallerie zu verbinden, als sie von der der Infanterie abhängig zu machen, mit welcher sie viel weniger Verwandtschaft hat; sie mufs ihre besondere Leitung haben.

Die Kavallerie bedarf mehr Offiziere als die Infanterie; sie mufs besser ausgebildet sein. Es ist nicht allein die Schnelligkeit, welche ihren Erfolg sicher stellt; es ist die Ordnung, der Zusammenhalt, der gute Gebrauch ihrer Reserven. Wenn die leichte Kavallerie die Avantgarde bilden soll, so mufs sie doch in Schwadronen, Brigaden, Divisionen organisirt sein, damit sie manoeuvriren könne; denn die Avantgarden, die Arrieregarden thun nichts Anderes. Sie verfolgen, oder ziehen sich en échiquier zurück, setzen sich in mehrere Treffen oder ziehen sich in Kolonnen zusammen, bewirken schnell eine Frontveränderung, um einen ganzen Flügel oder eine ganze feindliche Armee zu überflügeln. Durch eine Verbindung aller dieser Evolutionen vermeidet eine an Zahl schwächere Avant- oder Arrieregarde zu lebhafte Scharmützel, ein allgemeines Gefecht, und hält doch den Feind hinreichend auf, um der Armee Zeit zum Herankommen zu verschaffen, der Infanterie zur Entwickelung, dem Oberfeldherrn zum Entwurf seiner Dispositionen, den Bagagen und Trains zum Abmarsch. Die Kunst eines Avantgarden- oder Arrieregarden-Generals besteht darin, dafs er ohne sich blofszustellen den Feind verfolge oder entferne, ihm die Spitze biete, seinen Marsch verlangsame und ihn nöthige auf eine Meile Marsch vier oder fünf Stunden zu verbrauchen. Die Taktik allein giebt die Mittel solche grofsen Resultate zu erreichen; sie ist der Kavallerie nothwendiger als der Infanterie, bei der Avantgarde oder der Arrieregarde wie in jeder andern Lage.

Die ungarische Insurrektion, welche wir in den Jahren 1797, 1805 und 1809 gesehen haben, war erbärmlich. Wenn diese leichten Truppen zur Zeit Maria Theresia's sich furchtbar machten, so geschah es durch ihre gute Organisation und besonders durch ihre grofse Zahl. Annehmen, dafs solche Truppen den Husaren von Wurmser, den Dragonern von Latour oder von

---

[11]) Napoleon unterscheidet hier die leichte Kavallerie bei unseren heutigen Kavallerie-Divisionen von einer noch leichteren Kavallerie, die den Dienst als Divisions-Kavallerie thun soll.

Erzherzog Johann [12]) überlegen wären, das heifst sich sonderbare Ansichten von diesen Sachen bilden. Aber weder die ungarische Insurrektion noch die Kosaken haben jemals die Avantgarden der österreichischen und russischen Armeen gebildet, weil, wer von einer Avantgarde spricht, von Truppen spricht, welche manoeuvriren. Die Russen achten ein ausgebildetes Kosaken-Regiment ebenso viel werth als drei nicht ausgebildete Regimenter. Alles an diesen Truppen ist verächtlich, mit Ausnahme des Kosaken selbst, der ein schöner Mann ist, kräftig, geschickt, findig, guter Reiter, unermüdlich. Er ist auf dem Pferde geboren, in bürgerlichen Kriegen grofs gezogen; er ist für die Ebene das, was der Beduine für die Wüste, der Barbet für die Alpen ist; er geht nie in ein Haus, schläft nie in einem Bette, wechselt stets mit Sonnenuntergang sein Biwak, um nicht die Nacht an einem Orte zu bleiben, wo der Gegner ihn gesehen haben könnte.

Zwei Mameluken boten drei Franzosen die Spitze, weil sie besser bewaffnet, besser beritten, besser geübt waren, zwei Paar Pistolen, einen Karabiner, einen Helm mit Visir, ein Panzerhemd, mehrere Pferde und mehrere Leute zu Fufs zu ihrer Bedienung hatten. Aber 100 französische Reiter fürchteten 100 Mameluken nicht; 300 fürchteten nicht mehr 400; 600 fürchteten nicht 900 und zehn Schwadronen warfen 2000 Mameluken über den Haufen, so grofs ist der Einflufs der Taktik, der Ordnung und der Evolutionen. Die Kavallerie-Generale Murat, Lasalle, Leclerc stellten sich den Mameluken in drei Treffen und einer Reserve gegenüber: im Moment, wo das erste Treffen im Begriff war überflügelt zu werden, ging das zweite vor, indem es Schwadronsweise rechts und links aufmarschirte; die Mameluken hielten sofort, um diese zweite Linie zu überflügeln, welche, sobald sie durch das dritte Treffen verlängert war, attakirte; sie konnten diesem Stofse nicht widerstehen und zerstreuten sich.

Es ist ein Widerspruch in sich, wenn man die leichte Kavallerie bis zu mehreren Tausenden vereinigen, sie dazu bestimmen will die Avant- oder Arrieregarde einer Armee zu bilden und doch nicht will, dafs sie in den Evolutionen der Linie ausgebildet sei. Die Bewegungen einer Avant- oder Arrieregarde bestehen nicht darin, dafs sie im Galop vor- oder zurückgeht, sondern dafs sie manoeuvrirt, und dazu bedarf sie guter leichter Kavallerie, guter Reserven von Linien-Kavallerie, vorzüglicher Infanterie-Bataillone, guter leichter Batterien. Es ist nöthig, dafs diese Truppen gut ausgebildet seien, dafs die Generale, die Offiziere und die Soldaten ihre Taktik gleichmäfsig gut verstehen, jeder nach dem Bedürfnisse seines Ranges und seiner Waffe.

Es ist anerkannt, dafs die Schwadron, um sich leicht bewegen zu können, etwa 100 Mann stark sein mufs, und dafs drei oder vier Schwadronen einen gemeinsamen Führer haben müssen.

Die ganze Linien-Kavallerie braucht nicht gepanzert zu sein. Die Dragoner, beritten auf Pferden von vier Fufs neun Zoll, bewaffnet mit einem

---

[12]) Die genannten Husaren und Dragoner waren österreichische reguläre Kavallerie-Regimenter.

geraden Degen, ohne Küraſs, müssen zur schweren Kavallerie gehören; sie müssen mit einem Infanterie-Gewehr mit Bajonett bewaffnet sein, den Chako der Infanterie tragen, die Hosen über den Halbstiefeln, Mäntel mit Aermeln und so kleine Mantelsäcke, daſs sie sie über die Schulter gehängt tragen können; aber die ganze leichte Kavallerie, die ganze schwere Kavallerie müssen mit einer Feuerwaffe versehen sein und in Zügen und Bataillonen exerciren können. 3000 Mann leichter Kavallerie oder 3000 Kürassiere [13]) dürfen nicht von 1500 Mann Infanterie aufgehalten werden, welche sich in einem Gehölz oder auf einem für Pferde ungangbaren Terrain aufgestellt haben; 3000 Dragoner dürfen es nicht von 2500 Mann Infanterie werden.

Turenne, Prinz Eugen von Savoyen, Vendome legten auf die Dragoner viel Werth und brauchten sie viel. Diese Waffe hat sich mit Ruhm bedeckt in Italien 1795, 1796, 1797, in Egypten, in Spanien. In den Feldzügen von 1806 und 1807 hat sich ein Vorurtheil gegen sie erhoben; das ist ungerecht. Dragoner-Divisionen waren bei Compiègne und bei Amiens zusammengezogen gewesen, um ohne Pferde mit der Expedition gegen England eingeschifft zu werden und dort zu Fuſs zu dienen, bis man sie im Lande beritten machen könnte. Der General Baraguay d'Hilliers, ihr erster Inspekteur, befehligte sie; er lieſs ihnen Kamaschen machen und stellte eine groſse Zahl Rekruten ein, die er nur in Infanterie-Evolutionen exerciren lieſs. Es waren keine Kavallerie-Regimenter mehr. Sie machten den Feldzug von 1806 zu Fuſs mit, bis man sie nach der Schlacht bei Jena mit Pferden beritten machte, die der preuſsischen Kavallerie abgenommen zu drei Viertheilen nicht dienst tauglich waren. Diese vereinten Umstände schadeten ihnen.

Die Dragoner sind nöthig, um die leichte Kavallerie bei der Avant- und Arrieregarde und auf den Flügeln der Armee zu unterstützen. Die Kürassiere sind wegen ihrer Kürasse zu diesem Dienst weniger geeignet; dennoch muſs man sie auch zur Avantgarde nehmen, doch nur um sie an den Krieg zu gewöhnen und in Athem zu halten. Eine Division von 1600 Dragonern eilt mit 1500 Pferden leichter Kavallerie schnell auf einen Punkt, sitzt dort ab, um eine Brücke zu vertheidigen oder den Ausgang eines Defilees oder eine Höhe, bis die Infanterie herankommt: welche Vortheile bietet diese Waffe nicht auf Rückzügen?

Am Rhein muſs die Kavallerie einer Armee den vierten Theil der Infanterie ausmachen: $1/24$ als Eclaireurs, $3/24$ als Chasseurs und Chevauxlegers $2/24$ als Linien-Kavallerie und Kürassiere. Die Eclaireurs sind Voltigeure auf Pferden von 4 Fuſs 6 Zoll Höhe, mit Lanzen bewaffnet; die leichte Kavallerie ist beritten auf Pferden von 4 Fuſs 7—8 Zoll Höhe; die Dragoner auf Pferden von 4 Fuſs 9 Zoll; die Kürassiere auf Pferden von 4 Fuſs 10—11 Zoll;*) so daſs man jede Gattung Pferde für die Remonten verwenden wird.

Die Eclaireurs bilden einen Theil des Bataillons; die Kleinheit ihrer

---

[13]) Also auch den Kürassieren will Napoleon eine brauchbare Schuſswaffe geben.

*) 4' 6" Pariser Maaſs ist gleich 1,46 m. — 4' 10—11" gleich 1,57—1,59 m.

Pferde macht sie wenig geeignet zu Kavallerie-Attaken. Ihre Zahl wird im Verhältnisse von $1/_{24}$ zur Infanterie stehen. Sie geben die Ordonnanzen für die Generale, Begleitmannschaften für die Transporte, ausgewählte Mannschaften um bei Gefangenen-Transporten die Gensdarmerie zu ersetzen, und die Strafeinquartierung. Es wird dann noch ein Zug übrigbleiben, um dem Bataillon Aufklärung zu verschaffen und einen wichtigen Punkt zu besetzen, wo es vortheilhaft ist dem Feinde zuvorzukommen. In Linie auf 20 m hinter den Schliefsenden aufgestellt, manoeuvriren sie mit dem Bataillon und ergreifen den günstigen Moment, um die feindliche Infanterie mit der Lanze anzufallen, über die Flüchtlinge herzufallen und Gefangene zu machen. Die Kleinheit ihrer Pferde wird die Kavallerie-Generale nicht in Versuchung führen und die Hülfsquellen dieser Waffe, ohnehin so dürftig in unseren Remonte-Gegenden, nicht beeinträchtigen.[14]

Bei der Eröffnung der Campagne werden die Eclaireur-Schwadronen für die schwere Kavallerie berittene Leute stellen im Verhältnifs von 10 oder 20 Prozent des wirklichen Standes des Regimentes, in welches diese Detachements einverleibt werden. Sie werden verwendet, um die Ordonnanzen für die Generale, die Begleitmannschaften für Transporte zu stellen. Die Eclaireurs werden die Pferde halten, wenn die Dragoner zu Fufs kämpfen.

Für eine Armee von 30000 Mann werden also 7600 Mann Kavallerie nötbig sein, nämlich: 1200 Eclaireurs, der Infanterie zugetheilt und unter den Befehlen der Generale dieser Waffe stehend, 2200 Chasseurs oder Husaren, 1800 Dragoner, 2400 Kürassiere.[15]

IV. Artillerie.

(S. 117.) Ist es aber nothwendig jeder Legion Artillerie zuzutheilen, und könnte man nicht alle Geschütze an die Queue der Armee verweisen, um es zu vermeiden, dafs man den Marsch der Truppen unterbreche und störe? Ich glaube man kann dies nur zum Theil thun. Die Legionen müssen einige Feuerschlünde haben, um für sich allein zu kämpfen und um das Gefecht zu beginnen und zu unterhalten, bis die Artillerie-Reserven auf dem Schlachtfelde eintreffen. Die ganze übrige Artillerie könnte bei der Reserve marschiren, hinter der Armee, um die Bewegung der Truppen nicht aufzuhalten und zu verlangsamen — —

---

[14] Als Divisions-Kavallerie will Napoleon somit eine Gattung Kavallerie verwendet sehen, welche zum Dienste im grofsen Ganzen ihrer Waffe nicht brauchbar ist, und in sehr geringer Zahl, namentlich unter Berücksichtigung der Abkommandirung zur schweren Kavallerie.

[15] Die Kavallerie bei den Infanterie-Divisionen soll sich also nur auf $4/_{19}$ der gesammten Kavallerie belaufen.

(S. 118.) Fünf Feuerschlünde per Legion scheinen mir ausreichend für die Rolle, welche sie bis zum Eintreffen der Reserve-Batterien zu spielen haben — —

(S. 119.) Eine halbe Artillerie-Kompagnie wird für die Bedienung der Legions-Batterie eingetheilt — —

(S. 236.) Ein feststehender Grundsatz, daſs die Quantität der Artillerie von der Qualität der Truppen abhängen muſs. Hat man schlechte Infanterie, welche zögert gegen den Feind vorzugehen und sich scheut ihn anzufassen, so sieht man sich gezwungen sein ganzes Vertrauen auf die Artillerie zu setzen und den Krieg mit Kanonenschüssen zu führen. Diese Waffe wird dann entscheidend für den Gewinn der Schlachten und die Infanterie erniedrigt sich zu einer Hülfswaffe ohne andere Bestimmung, als das Geschütz auf dem Marsche zu begleiten und auf dem Schlachtfelde zu decken. Von zwei schlechten Armeen, die sich eine Schlacht liefern, wird diejenige den Sieg davontragen, der es gelingt, mehr Geschütze in Thätigkeit zu setzen. Aber selbst in diesem Falle giebt es ein Verhältniſs, das nicht überschritten werden darf, weil über ein bestimmtes Maaſs hinaus die andern Waffen nicht mehr ausreichen, die Geschütze zu decken. Ich glaube, daſs das höchste Maaſs an Artillerie, welches bei einer Armee, sei sie so schlecht sie wolle, zu verwenden gestattet ist, im siebenjährigen Kriege erreicht wurde und in unserm Feldzuge von 1813 in Sachsen, wo wir die Eigenschaften, die unserer jungen Infanterie fehlten, durch die Masse der Kanonen zu ersetzen suchten — —

(S. 234.) Ich wünsche, daſs auſser den Legions-Batterien ein Armeekorps einen Reserve-Park von 35 Geschützen mit sich führe, wovon 15 Haubitzen und 20 12-Pfünder. Man würde an einem Schlachttage aus dieser ganzen Reserve nur eine einzige Batterie bilden gegen den Punkt der feindlichen Linie, den man über den Haufen werfen will — —

(S. 235.) Schlieſslich werden fünf leichte Geschütze bestimmt sein, mit der Avantgarde zu marschiren; sie werden von leichterem Kaliber, besser bespannt sein wie die übrigen und reitende Artilleristen haben, deren Pferde ein Kummet mit Zugtauen tragen, um sie gelegentlich an die Geschütze spannen zu können. Diese so organisirte leichte Artillerie kommt überall durch und geht schnell zur Verfolgung des Feindes vor.

Wir werden also 60 Geschütze für ein Armeekorps von 30 000 Mann haben; das ist, glaube ich, alles was ein offenes Terrain, das günstigste für die Artillerie, erfordert, eine gute Infanterie vorausgesetzt — —

Wenn diese Grundsätze angenommen würden, so würde daraus folgen: 1) daſs die Batterie aus zwei Haubitzen und drei 6-Pfündern bestehen würde; 2) daſs eine Armee von 40 000 Mann (die erwähnte Armee von vier Legionen hat diese Stärke) an Artillerie 60 Feuerschlünde haben würde ($1^{1}/_{2}$ Geschütze auf 1000 Mann); 3) daſs diese Artillerie folgendermaſsen zusammengesetzt wäre: $^{3}/_{12}$ an 6-Pfündern, $^{4}/_{12}$ an 12-Pfündern, $^{5}/_{12}$ an Haubitzen, das heiſst 15 6-Pfünder, 20 12-Pfünder und 25 Haubitzen auf 60 Feuerschlünde.

Die Batterie ist durch den General Gribeauval festgesetzt auf acht Feuerschlünde desselben Kalibers, 4-Pfünder, 8-Pfünder, 12-Pfünder oder Haubitzen von 6 Zoll, weil 1) eine Batterie sich in zwei oder vier Abtheilungen muss theilen können; 2) weil acht Feuerschlünde von einer Kompagnie von 120 Mann bedient werden können, die dann noch eine Abtheilung als Reserve bei den Wagen hat; 3) weil die für die Bedienung dieser acht Feuerschlünde nothwendigen Fahrzeuge von einer Train-Kompagnie bespannt werden können; 4) weil ein guter Hauptmann diese Zahl Geschütze überwachen kann; 5) weil die Zahl von Fahrzeugen, welche eine Batterie von acht Feuerschlünden bilden, einer Feldschmiede genug zu thun giebt und ein Vorrathswagen und zwei Vorrathslaffeten für dieselbe genügen. Bestände die Batterie aus weniger Feuerschlünden, so würde man um so mehr Feldschmieden, Vorrathswagen und Vorrathslaffeten nöthig haben.

Der Kaiser Napoleon hat die 4-Pfünder und 8-Pfünder abgeschafft; er hat sie durch 6-Pfünder ersetzt; die Erfahrung hatte ihm gezeigt, daſs die Infanterie-Generale die Geschütze von vierpfündigem und achtpfündigem Kaliber ohne Unterscheidung verwendeten, ohne auf die Wirkung, die sie hervorrufen wollten, Rücksicht zu nehmen. Er hat die Haubitze von 6 Zoll abgeschafft und sie durch die Haubitze von 5 Zoll 6 Linien ersetzt, weil zwei Ladungen des ersten Kalibers ebensoviel wiegen als drei Ladungen des letzteren; weil auſserdem die Haubitze von 5 Zoll 6 Linien gerade dasselbe Kaliber hat als die 24-Pfünder, welche in unsern Belagerungstrains und unsern Festungen so viel vorkommen. Er hat seine Fuſs-Batterien aus zwei Haubitzen von 5 Zoll 6 Linien und sechs 6-Pfündern zusammengesetzt oder aus zwei schweren Haubitzen von 5 Zoll 6 Linien und sechs 12-Pfündern; die der reitenden Artillerie aus vier 6-Pfündern und zwei Haubitzen; es wäre aber besser, daſs sie dieselbe Zusammensetzung hätten wie die ersteren, nämlich aus zwei Haubitzen von 5 Zoll 6 Linien und sechs 6-Pfündern. Seine Artillerie bestand aus $^{12}/_{20}$ an 6-Pfündern, $^{3}/_{20}$ an 12-Pfündern, $^{5}/_{20}$ an Haubitzen. Diese Veränderungen bestimmten das System des Herrn von Gribeauval näher; sie waren im Geiste desselben gemacht, er würde sie nicht verworfen haben; er hatte viel verbessert, viel vereinfacht; man müſste noch mehr verbessern, noch mehr vereinfachen.

Eine Ladung des 12-Pfünders wiegt ebensoviel als zwei Ladungen des 6-Pfünders; ist es also besser einen 12-Pfünder zu haben als zwei 6-Pfünder? Wenn es auch Verhältnisse giebt, in denen ein 12-Pfünder vorzuziehen wäre, so sind doch unter gewöhnlichen Verhältnissen zwei 6-Pfünder mehr werth. Ist es besser eine Haubitze zu haben oder zwei 6-Pfünder? Die Haubitze ist sehr nützlich, um ein Dorf in Brand zu schiefsen, eine Redoute zu bewerfen; aber ihr Feuer ist unsicher; nicht nur, dafs sie in den meisten Fällen nicht soviel werth ist als zwei 6-Pfünder, sondern sie kann auch nicht einen einzelnen ersetzen; man darf also davon nur eine beschränkte Zahl haben. Es ist viel, wenn man in seiner Artillerie-Ausrüstung ein Viertheil Haubitzen hat; dieselbe zusammenstellen wollen aus $5/12$ an Haubitzen, $4/12$ an 12-Pfündern und nur $3/12$ an 6-Pfündern, heifst alle Grundsätze der Artillerie-Wissenschaft verletzen.

Eine Artillerie von 120 Feuerschlünden, nach den Grundsätzen des Kaisers zusammengesetzt, würde 72 6-Pfünder, 18 12-Pfünder, 30 Haubitzen zählen, welche 15 Batterien bilden würden: sie würden erfordern 60 Feldschmieden, Vorrathswagen und Vorrathslaffeten bei den Abtheilungen, 360 sechspfündige, 90 zwölfpfündige, 150 Haubitz-Munitionswagen; in Allem 600 Fahrzeuge oder 5 Fahrzeuge per Geschütz, ausgerüstet mit 300 Schufs aufser dem Laffetenkasten. Eine Artillerie von 120 Feuerschlünden, nach den vorgeschlagenen Grundsätzen organisirt, würde 30 6-Pfünder, 40 12-Pfünder, 50 Haubitzen haben. Da die Batterien aus fünf Geschützen bestehen, würde man deren 24 haben, was 96 Feldschmieden, Vorrathswagen, Vorrathslaffeten bei den Batterien erfordern würde: im Ganzen 740 Fahrzeuge. Dies wären also 140 Fahrzeuge mehr als bei der ersterwähnten Artillerie. Welcher Zuwachs von Unbequemlichkeit! Die Zwölfpfünder besonders erschweren die Märsche, weil sie 30—37 Centner wiegen und aufserhalb der Chausseen schwer fortkommen; und dabei würde die Artillerie des Kaisers 90 Kanonen haben, diese vorgeschlagene nur 70. Aber mit den 740 Fahrzeugen, welche diese Artillerie nöthig hat, könnte man 148 Feuerschlünde der kaiserlichen Artillerie haben, nämlich: 90 6-Pfünder, 24 12-Pfünder, und 34 Haubitzen. Die vorgeschlagene Artillerie ist um ein Fünftheil kostbarer und schwerfälliger.[16])

Man sagt, dafs nach dem Beispiel der Römer die Legion eine Armee im Kleinen sein müsse, und doch nimmt man ihr das Nothwendigste, das wichtigste, die Artillerie. Was?! Eine Legion von 8—9000 Mann soll die Avant- oder Arrieregarde einer Armee bilden oder detachirt werden mit drei Kanonen und zwei Haubitzen. Wenn sie aber vor sich eine russische, preufsische oder österreichische Division von gleicher Stärke findet, so wird diese Division 30 Kanonen haben (nach der jetzigen Organisation): gewifs wird die Artillerie der Division sofort zum Schweigen gebracht oder demontirt, die Infanterie aus ihrer Stellung mit Kanonenschüssen vertrieben

---

[16]) Die Zahl von 740 Fahrzeugen für eine Artillerie von 120 Geschützen nach Rogniat ist schwer auszurechnen; denn da Napoleon seinen Geschützen ohne Unterschied des Kalibers nur je 5 Munitionswagen giebt, kann er für die Artillerie Rogniat's, die allerdings an schweren Kalibern reicher ist, keine andere Zahl pro Geschütz rechnen. Rogniat selbst rechnet für seine Artillerie von 60 Geschützen 400 Munitionswagen, wonach eine Artillerie von 120 Geschützen nebst Feldschmieden u. s. w. 896 Fahrzeuge haben müfste. Der Streit, ob man an leichten oder schweren Kalibern einen gröfseren Theil mitführen müsse, scheint auch durch Napoleon's Autorität noch nicht entschieden.

werden, oder wenn sie Stand hält, wird es um den Preis kostbaren Blutes geschehen.

Herr von Gribeauval, der den siebenjährigen Krieg in der österreichischen Armee mitgemacht hat und natürliches Verständnifs für die Artillerie besafs, hat festgesetzt, dafs die Artillerie-Ausrüstung im Verhältnifs von vier Geschützen auf das Bataillon von 1000 Mann stehen müsse, oder 36 Feuerschlünde für eine Division von 9000 Mann, oder 160 für eine Armee von 40000 Mann: die Artillerie des Kaisers zählte nur 120 Feuerschlünde für ein Armeekorps von 40000 Mann, das aus vier Infanterie-Divisionen, einer Division leichter Kavallerie, einer Dragoner-, einer Kürassier-Division bestand. Zwei Batterien waren jeder Infanterie-Division zugetheilt; drei waren in Reserve, und vier reitende Batterien waren eine der leichten Kavallerie, eine den Dragonern, zwei den Kürassieren zugetheilt.[17]

Die Kaiserliche Artillerie bedurfte zur Bedienung eines mit 300 Schufs ausgerüsteten Geschützes, eins in's andere gerechnet, 25 Pferde und 35 Mann; die vorgeschlagene Artillerie würde für ein Geschütz 45 Mann und 40 Pferde bedürfen; es wäre ein grofser Verlust an Menschen und Pferden, wenn man eine schwere, unbehülfliche, in Wirklichkeit weniger wirksame Artillerie hätte. Eine Batterie von acht Geschützen erfordert 280 Mann und 200 Pferde, was an Werth zwei guten Schwadronen Kavallerie gleichkommt; ein Armeekorps, welches 15 Batterien haben würde, würde also ebensoviel wie 24 Schwadronen haben, 3000 Pferde und 4200 Mann, den zehnten Theil der Armee; aber es würden nach den Grundsätzen des Verfassers der „Betrachtungen über die Kriegskunst" drei Achttheile mehr, nämlich 5790 Mann statt 4200 nöthig sein für eine Artillerie von derselben Anzahl Feuerschlünde, also der achte Theil der Armee.

Diejenigen, welche sich über die heutige Kriegführung eine Ansicht gebildet haben, indem sie die Alten studiren, werden sagen, es sei besser, 3000 Pferde oder 1000 Mann Infanterie mehr in der Armee zu haben als 120 Kanonen, oder nur 60 Feuerschlünde zu haben und 1500 Pferde und 500 Mann Infanterie mehr. Aber die Militärs wissen, dafs man in einer Armee Infanterie, Kavallerie, Artillerie in bestimmten Verhältnissen haben mufs und dafs diese Waffen sich nicht einander ersetzen können. Wir haben bei mehr als einer Gelegenheit gesehen, dafs der Feind die Schlacht gewonnen haben würde; er hatte schöne Stellungen mit starken Batterien besetzt, aus denen er die Angriffs-Kolonnen niedergeschmettert und zerstreut haben würde, wenn

---

[17] Nach dieser Angabe müfsten die Batterien der Kavallerie-Divisionen zur Zeit Napoleon's auch je 8 Geschütze gehabt haben, was faktisch nicht der Fall war. Napoleon sagt ja auch weiter oben, dafs sie nur 6 Geschütze hatten, und fügt hinzu, es wäre aber besser, wenn auch diese Batterien je 8 Geschütze hätten. Dies letztere würde 32 Geschütze auf die 6400 Reiter der Kavallerie-Korps ergeben, was einem Verhältnifs von 18 Geschützen bei den heutigen Kavallerie-Divisionen entsprechen würde. Vier Batterien zu je 6 Geschützen auf 6400 Reiter entsprechen dagegen $13\frac{1}{2}$ Geschützen auf 3600 Reiter. — Die vier Infanterie-Divisionen, an Infanterie zusammen 32000 Mann stark, hätten hiernach einschliefslich der Artillerie-Reserve nur 88 Geschütze.

sie nicht durch eine überlegene Artillerie unterstützt worden wären. Das gegenseitige Verhältniſs der drei Waffen bildet seit langem den Gegenstand der Ueberlegung groſser Feldherrn; die Erfahrung hat bewiesen, daſs vier Geschütze nöthig sind auf 1000 Mann, Infanterie, Kavallerie, Artillerie, Train, alles eingerechnet, was an Menschen für das Personal der Artillerie den zehnten Theil der Infanterie ausmacht.

Es sind phantastische Ideen, wenn man behauptet, sich auf die Geschütze zu stürzen, sie mit der blanken Waffe zu nehmen oder die Mannschaften durch Schützen niederschieſsen zu lassen; dies kann zuweilen vorkommen und haben wir nicht das Beispiel, wo Festungen durch einen Handstreich genommen wurden? Aber im Allgemeinen giebt es keine Infanterie, so tapfer sie auch sei, welche, ohne Artillerie, ungestraft 1000—1200 m weit gegen 16 oder 24 Kanonen vorgehen könnte, welche gut aufgestellt und von guten Kanonieren bedient sind. Ehe sie zwei Drittheile ihres Weges zurückgelegt hat, werden ihre Leute getödtet, verwundet oder zerstreut sein. Die Feld-Artillerie hat eine zu groſse Treffsicherheit erlangt, als daſs man dem zustimmen könnte, was Macchiavelli sagt, welcher, voll von griechischen und römischen Ideen, die Artillerie nur einmal durchfeuern lassen und dann sie hinter seine Schlachtlinie zurückschicken will.

Eine gute Infanterie ist ohne Zweifel der Kern eines Heeres; aber wenn sie lange gegen eine überlegene Artillerie kämpfen muſs, wird sie entmuthigt und ruinirt werden.

In den ersten Feldzügen des Revolutionskrieges war die Artillerie dasjenige, was Frankreich stets am besten hatte; ich wüſste kein einziges Beispiel dieses Krieges, wo zwanzig Kanonen, angemessen aufgestellt, von Infanterie allein mit dem Bajonett genommen wären. In dem Gefecht bei Valmy, in der Schlacht bei Jemmapes, in der bei Nördlingen, in der bei Fleurus im Jahre 1792 war unsere Artillerie der des Feindes überlegen, obgleich wir oft nur zwei Geschütze auf 1000 Mann hatten; es geschah aber, weil unsere Armee sehr zahlreich war. Es kann vorkommen, daſs ein General, welcher geschickter ist und besser zu manoeuvriren versteht als sein Gegner und eine bessere Infanterie in der Hand hat, während eines Theiles des Feldzuges Erfolge erringt, trotzdem seine Artillerie viel schwächer sein mag; aber an dem entscheidenden Tage einer allgemeinen Schlacht wird er seine geringere Stärke an Artillerie bitter empfinden und Gefahr laufen, in einem Momente Alles zu verlieren.

80 Fahrzeuge für den Train einer Armee von 40 000 Mann sind unzureichend; vier sind nothwendig für die Feldschmieden und die Reserve-Wagen; die übrig bleibenden 76 tragen 1520 Centner, das ist Mehl und Branntwein für die Armee auf zwei Tage. Die Erfahrung hat bewiesen, daſs eine Armee Lebensmittel auf einen Monat mit sich führen muss: auf zehn Tage bei den Mannschaften und auf Tragthieren, auf zwanzig Tage auf Wagen; es wären also 480 Wagen für den Train nöthig, 240 regelmäſsig organisirte, 240 requirirte. Zu diesem Zwecke würde man ein Train-Bataillon von sechs Kompagnien für jede Division nöthig haben, von denen jede Kom-

pagnie ihre Kadres für 80 Wagen hätte; von diesen würden nur 40 durch die Verwaltung geliefert und bespannt, 40 im Wege der Requisition beigetrieben werden.

V. Schlachtordnung.

(S. 201.) Hier ist nun die Schlachtordnung der Legion, wie wir sie uns nach den eben entwickelten Grundsätzen vorstellen müssen, indem wir dabei immer noch von den Formen und verschiedenen Zufälligkeiten des Terrains absehen, mit denen wir uns später beschäftigen werden.

Zunächst im ersten Treffen die fünf ersten Kohorten der Legion, nach der Nummer von rechts nach links in Linie aufgestellt, mit der Eliten-Kohorte beginnend, dem Beispiel und der Richtschnur der ganzen Legion. Die Kohorten mit einer Frontbreite von je 110 m haben zwischen einander je 10 m Intervalle; dies giebt 600 m für die ganze Ausdehnung der Linie.

Sodann, 300 m hinter dem ersten Treffen befinden sich die fünf letzten Kohorten, jede in sich in Divisions-Kolonne formirt und mit vollem Entwicklungs-Abstand von einander. Diese kleinen Kolonnen, in 47 Rotten 28 m breit und in vier Divisionen 28 m tief, lassen zwischen sich freie Räume von 92 m.

Die Voltigeure des ersten Treffens sind theils vor der Front der Schlachtlinie aufgelöst, theils hinter ihren Kohorten in Abtheilungen in der Nähe der Intervallen zwischen denselben aufgestellt; die des zweiten Treffens sind in Halb-Kompagnien auf den Flanken ihrer Kohorten aufgestellt.

Die Kavallerie hält sich auf den Flanken in der Höhe des zweiten Treffens in Reserve, und die Legions-Artillerie bildet 100 m vor einem der beiden Flügel eine einzige Batterie.

Ein römisches Heer lagerte stets in derselben Ordnung, wie es sich zur Schlacht aufstellte; es lagerte in einem Viereck von 600—800 m Seitenlänge. Es verwendete einige Stunden darauf, sich darin zu verschanzen; alsdann hielt es sich für unangreifbar. Handelte es sich darum, eine Schlacht zu liefern, so stellte es sich in drei Treffen mit je 100 m Abstand auf, die Kavallerie auf den Flügeln. Der Generalstabs-Offizier, welcher den Auftrag hatte, ein Lager abzustecken oder eine Armee in Schlachtordnung aufzustellen, machte eine rein mechanische Operation; er brauchte weder scharfen Blick für das Terrain, noch besondere Einsicht, noch Erfahrung. Bei den Neueren dagegen ist die Kunst, eine Stellung zu besetzen und darin zu lagern oder sich zu schlagen, so viel Erwägungen unterworfen, dafs sie Erfahrung, scharfen Blick und Einsicht erfordert. Es ist das Haupt-Geschäft für den Oberfeldherrn selbst, weil es mehrere Arten giebt, um in derselben Stellung ein Lager aufzuschlagen oder eine Schlachtordnung anzunehmen.

Soll eine neuere Armee ein zusammenhängendes Lager beziehen, oder soll sie in einzelnen Armeekorps oder Divisionen lagern? In welchem Abstande soll man die Avantgarde und die Vorposten lagern lassen? Welchen Hintergrund und welche Tiefe soll man dem Lager geben? Wo soll man die Kavallerie, die Artillerie, die Wagen hinlagern? Soll die Armee sich zur Schlacht in mehreren Treffen aufstellen, und welchen Abstand soll man denselben geben? Soll die Kavallerie hinter der Infanterie in Reserve oder auf den Flügeln stehen? Soll man gleich beim Beginne der Schlacht seine ganze Artillerie in Thätigkeit setzen, weil jedes Geschütz Vorrath hat, um sein Feuer 24 Stunden lang zu unterhalten, oder soll man die Hälfte in Reserve behalten? Die Beantwortung aller dieser Fragen ist von vielen Umständen abhängig: 1) von der Zahl der Truppen, aus denen die Armee besteht, von dem Verhältnifs, welches zwischen der Infanterie, Kavallerie und Artillerie besteht; 2) von der gegenseitigen Lage beider Armeen; 3) von ihrem moralischen Zustande; 4) von dem Zwecke, den man sich vorsetzt; 5) von der Natur des Schlachtfeldes; 6) von der Stellung, welche die feindliche Armee einnimmt, und dem Charakter ihres Führers. Man kann und darf nicht etwas Bestimmtes vorschreiben. Es giebt durchaus keine natürliche Schlachtordnung. Alle Vorschriften, die man darüber gäbe, würden mehr schädlich als nützlich sein. Selbst bei den Alten hatte das oft Mifsstände. Sempronius wurde an der Trebia und Varro bei Cannae geschlagen, obgleich sie zahlreichere Armeen als die ihres Gegners unter ihrem Befehle hatten, weil sie in Uebereinstimmung mit dem herkömmlichen Gebrauche der Römer, ihre Armee zur Schlacht in drei Treffen aufstellten, während Hannibal die seinige in einem einzigen Treffen aufstellte. Die karthaginiensische Kavallerie war an Zahl und an Qualität überlegen. Die römischen Armeen wurden zugleich in der Front angegriffen und in Flanke und Rücken gefafst; sie wurden gründlich geschlagen. Wenn die beiden römischen Konsuln die den Umständen angemessenste Schlachtordnung genommen hätten, so wären sie nicht überflügelt worden und vielleicht Sieger geblieben. Ihre Infanterie war mehr als doppelt so stark als die der Karthager.

Die Aufgabe, welche der Führer eines Heeres zu erfüllen hat, ist schwieriger bei den modernen Armeen, als sie bei den Heeren der Alten war. Auch ist es sicher, dafs sein Einflufs auf das Resultat der Schlacht wirksamer ist. In den Heeren der Alten lief der Oberfeldherr auf 160—200 m vom Feinde keine Gefahr und war doch angemessen aufgestellt, um die Bewegungen seiner Armee zu leiten. In den modernen Armeen befindet sich der Oberfeldherr auf 800—1000 m vom Feinde mitten im Feuer der feindlichen Batterien und sehr blofsgestellt; und doch ist die Entfernung schon so grofs, dafs mehrere Bewegungen des Feindes ihm entgehen.[18] Es giebt keine

---

[18] Die Steigerung dieser Verhältnisse durch die heutigen Waffen ist ohne weiteres klar.

Schlacht, in der er nicht genöthigt wäre, sich auf Gewehrschufsweite zu nähern. Die modernen Waffen haben um so mehr Wirkung, je angemessener sie aufgestellt sind; eine Batterie, welche in der Verlängerung überhöhend aufgestellt ist, den Feind schräge beschiefst, kann einen Sieg entscheiden. Die modernen Schlachtfelder sind viel ausgedehnter, was einen geübteren und durchdringenderen Ueberblick erfordert. Es erfordert viel mehr Erfahrung und militärische Einsicht, um eine moderne Armee zu leiten, als die Leitung einer Armee bei den Alten bedurfte.

VI. Von den Festungen.

(S. 479). Aber wenn man die Grenzen eines Reiches fast einzig durch Linien von Festungen abschliefsen will ohne die Beihülfe von Armeen, so sind die Ansichten über die Wirksamkeit dieses Mittels getheilt. — — Denken wir uns, um unseren Ansichten eine feste Grundlage zu geben eine Grenze in offenem Lande von 60 Meilen Ausdehnung, welche man gegen Unternehmungen des Feindes durch feste Plätze zu decken versuchen will. Das gegenwärtige System verlangt, dafs man drei Linien von Festungen hinter einander anlege, welche von einander einen Tagemarsch oder 3—4 Meilen entfernt sind. Alsdann erfordert die ganze Vertheidigung der Grenze 50—60 Festungen. Nehmen wir nur fünfzig an, um den niedrigsten Satz zu rechnen, und schätzen wir die Kosten des Baues auf 15 Millionen, eins in's andere gerechnet, einschliefslich der unentbehrlichen Hohlräume, so sehen wir dafs der Staat für eine einzige Grenze zu einer Ausgabe von 750 Millionen genöthigt ist — — — Wird aber dies Labyrinth von Festungen die einbrechenden Armeen zwingen Halt zu machen, um sich den unendlichen Verzögerungen eines Belagerungskrieges hinzugeben; oder wird es dieselben wohl nöthigen, stärkere Kräfte als die der Besatzungen zurückzulassen? Die Ueberlegung, aufgeklärt durch die Erfahrung, beweist das Gegentheil. Unsere 50 Festungen, mit durchschnittlich 6000 Mann Besatzungen, würden zu ihrer Vertheidigung 300 000 Mann in Anspruch nehmen, was ungefähr die Truppenzahl ist, welche die grofsen Staaten Europa's gewöhnlich auf den Beinen haben, so dafs man gegen die einbrechenden Armeen keine Armee mehr übrig behalten würde, und die andern Grenzen vollständig entblöfst wären. Aber die Vernunft und das Herkommen widersprechen dieser Verwendung der Streitkräfte gleichmäfsig, und man begnügt sich nur ein Drittheil von Besatzung in dieser grofsen Zahl von Festungen zu lassen, welche, weil sie rückwärts liegen oder von den Depots und Armeekorps des Feindes entfernt sind, nicht sofort von einer Belagerung bedroht erscheinen, und welche also gegen einen Handstreich zu schützen hinreicht. Man schlägt sogar zuweilen vor, um Linientruppen zu sparen, die Bewachung dieser Festungen den Einwohnern zu überlassen; dieses Ueberlassen scheint mir aber sehr gefährlich — —

(S. 482.) Wir können uns also nicht davon freimachen, mindestens 100 000 Mann der Bewachung unserer 50 Festungen zu opfern, und werden wir also 100 000 Mann weniger für die Schlachten haben, welche doch endgültig über das Schicksal der Reiche entscheiden.

Setzen wir bei dieser Sachlage voraus, daſs der Feind in mehreren Kolonnen zum Angriff unserer von einer dreifachen Barriere von Festungen vertheidigten Grenze vorgeht. Alle grofsen Strafsen, welche in das Innere führen, sind ohne Zweifel durch Festungen geschlossen; dann biegen diese Kolonnen, ohne sich mit der Belagerung derselben aufzuhalten, von der Strafse ab, umgehen auf Nebenwegen diese Festungen aufserhalb Kanonenschufsweite und dringen so zwischen die Festungen ohne andere Schwierigkeiten ein, als daſs sie genöthigt sind für 1—2 Meilen auf engen Wegen zu marschiren, welche Wege leicht auszubessern und zu verbreitern sind — —

(S. 484.) Ich weiſs, daſs man mit gutem Grunde die dreifache Stärke in Anschlag bringt, um eine Besatzung eingeschlossen zu halten; so daſs der Feind, wenn er es für nöthig hielte die Festungen, die er hinter sich läfst, einzuschliefsen, viel mehr Truppen als die Vertheidiger verbrauchen würde. Wir haben aber eben gesehen, daſs er nicht nöthig hat, sie einzuschliefsen; es genügt ihm sie sorgfältig zu beobachten, damit sie ihm nicht schaden können. Er kann seine aktive Armee mitten unter unsere Festungen führen, wenn diese sich selbst überlassen sind, und ohne Furcht über unsere dreifache Festungslinie hinaus vordringen, indem er nur die Vorsicht anwendet eine Beobachtungsarmee hinter sich zu lassen. Wenn er dann endlich aus diesem Gewirre von Festungen herauskommt, muſs er sich im Lande ausbreiten, um seine Bedürfnisse daraus zu ziehen; er muſs hier seine Depots errichten, eine Operationsbasis, eine Reserve-Armee, und mit einem Worte den Krieg führen fast als ob unsere Festungen nicht existirten, sobald sie sich aufserhalb des Kriegsschauplatzes der Armeen selbst befinden.

Diese Grenze von 60 Meilen, versehen mit 50 Festungen, ist keine phantastische Annahme; sie ist wirklich vorhanden, und wir können die Erfahrung eines ganz kürzlich stattgehabten Krieges zu Rathe ziehen, um zu lernen, was wir mit Recht von einer dreifachen Linie von Festungen erwarten dürfen, wenn diese sich selbst überlassen bleiben — —

(S. 488.) Auf dieser offenen Grenze von 60 Meilen, welche das gegenwärtige System mit 50 Festungen überladet, errichte ich deren nur fünf oder sechs, neun oder zwöf Meilen von einander entfernt; sie sollen die Hauptstrafsenknoten einnehmen und vor Allem die beiden Ufer der Flüsse, welches auch deren Richtung sei, um die Bewegungen der Armeen zu erleichtern. Sie müssen grofs sein, um die Bedürfnisse unserer kriegführenden Armeen befriedigen zu können, deren Stärke sich oft auf mehr als 100 000 Kombattanten erhebt — —

Wenn man für diese grofsen Depots, die man als die Anker des Staates ansehen kann, Ueberfälle fürchtet, wenn der Feldkrieg ihnen nur wenig Truppen zur Bewachung übrig läfst, so ist es leicht, sie von dieser Gefahr zu befreien durch die Anlage einer Citadelle, welche mit wenig Mannschaft leicht zu bewachen, die Wiedereinnahme und den Besitz der Stadt sicherstellt — —

(S. 490.) Zur Erfüllung dieser Bedingungen kenne ich kein besseres Mittel als die Anlage von vier kleinen Forts um jede Festung, welche ein ungeheures Viereck bilden würden, dessen Mittelpunkt die Festung einnähme. Diese Forts, nach allen Seiten geschlossen, würden auf den vortheilhaftesten Kuppen angelegt werden, ungefähr 2400—3000 m von den Werken der Festung und 4—6000 m von einander entfernt. Der Raum zwischen je zwei Forts würde ein Schlachtfeld bilden, welches eine Armee von 50—100 000 Mann aufzunehmen vermöchte und als uneinnehmbar angesehen werden könnte. Die Forts, mit schweren Geschützen ausgerüstet, würden die vollkommenste Flügelanlehnung bieten; was die Mitte betrifft, auf welche sie wegen der Entfernung wenig Einflufs haben würden, so könnte man diese durch Feldwerke verstärken, die man im Augenblicke des Bedarfs errichten und durch die Geschütze der Festung unterstützen würde. So würden die eine jede Festung umgebenden vier Forts rings umher ein weites verschanztes Lager bilden, welches vier Fronten oder vier verschiedene Schlachtfelder darböte; so dafs, von welcher Seite auch der Feind käme, wir ihm mit unserer Armee entgegentreten könnten — —

Etwa zwölf Meilen hinter diesen ersten Festungen errichte ich andere ähnliche, welche von einander neun bis zwölf Meilen Abstand haben und so fort bis zum Mittelpunkt des Königreiches — — Die Hauptpässe durch Gebirge und Wälder werden durch Forts oder geschlossene Batterien, die man nicht mit Festungen verwechseln darf, gedeckt — —

(S. 494.) Wie auch das Verfahren in den letzten Kriegen gewesen sein mag, wir werden uns wohl hüten, uns mit unseren 100 000 Mann, dem Marsche des Gegners mit 150 000 Mann gerade vorzulegen; das hiefse die Chancen des Krieges gegen uns bringen; denn geschähe es, um ihm eine Schlacht zu liefern, so würde die Ueberlegenheit der Zahl ohne Zweifel den Sieg an seine Seite fesseln; geschähe es um seine Fortschritte zu verlangsamen, indem wir uns von Stellung zu Stellung zurückziehen, so würden wir durch diese rückgängigen Bewegungen unsere Truppen entmuthigen, ohne dabei doch den erstrebten Vortheil zu erreichen, nämlich ihn zur Theilung seiner Kräfte zu zwingen. Seine Reserve-Armee, welche nach den aufgestellten Grundsätzen, seine erste Armee ersetzen soll, würde hinreichen die im Rücken gelassenen Festungen einzuschliefsen und zu beobachten, die

Bevölkerung zu unterwerfen und im Zaume zu halten, seine Verbindungen und seinen Unterhalt sicher zu stellen; so dafs wir Terrain verlieren würden ohne seine Feld-Armee zu nöthigen, dafs sie sich schwäche — —

Sobald er sich zwischen zwei unserer Grenzfestungen einschiebt, beeilen wir uns in die eine davon, welche im Stande ist eine Einschliefsung und Belagerung auszuhalten, 6—7000 Mann zur Vervollständigung der Besatzung zu werfen, und ziehen uns mit dem Reste der Armee von Stellung zu Stellung bis in das verschanzte Lager der andern Festung zurück. Was kann der Feind in dieser Sachlage thun? Geht er tollkühn in das Innere vor, ohne Rücksicht auf unsere Armee, die ihm in der Flanke steht? er stürzt sich in's Verderben; denn sobald er vorbei ist, gehen wir ihm in den Rücken und nehmen ihm alle seine Verbindungen mit seinen Depots und seiner Operationsbasis — — Entscheidet er sich dafür, eine Armee ebenso stark wie die unsrige zurückzulassen, um uns zu beobachten und in unserm Lager festzuhalten, und sodann mit den 50 000 Mann, die er mehr hat als wir, in das Innere des Landes einzudringen? Dieser Einbruch, welcher sehr bald vor unserer Reserve-Armee und der bewaffneten Bevölkerung zum Stehen kommen wird, verschafft ihm nicht nur keinen Vortheil, keine wirkliche und sichere Eroberung, sondern setzt ihn auch den gröfsten Gefahren aus — —

(S. 496.) Ueberzeugt von der Unmöglichkeit vorzurücken, wenn er unsere Vertheidigungs-Armee auf seiner Flanke oder in seinen Rücken läfst, wird er sich ohne Zweifel dafür entscheiden mit allen seinen Kräften auf sie loszugehen. Alsdann stellen wir uns, zurückgegangen in das verschanzte Lager einer unserer Grenzfestungen, zwischen zwei Forts zur Schlacht auf, auf der Seite des Vierecks, welche gegen den Angreifer hin liegt. Wir können uns dort als unbezwingbar ansehen, besonders wenn wir nicht versäumen zur Unterstützung unseres Centrums zwischen den beiden Forts, an welche die beiden Flügel angelehnt sind, einige Feldwerke zu errichten, die Arbeit einer Nacht, in der Art derjenigen, die im 9. Kapitel beschrieben sind.

Die Festung dient unserem Lager als sicherer Rückzugspunkt und bietet uns alle Hülfsquellen an Munition und Lebensmitteln, deren wir bedürfen. Aber diese Hülfsquellen sind nicht unerschöpflich; sie müssen ergänzt werden, was uns leicht ist, da wir die Verbindung mit den Festungen auf der dem Feinde entgegengesetzten Seite frei haben. Wollte der Angreifer uns dieser Verbindungen berauben, so kann er dies nur durchsetzen, wenn er uns von allen Seiten einschliefst; hierzu aber mufs er seine 150 000 Mann in vier Korps, eins auf jeder Seite des weiten 24 km im Umfange habenden Vierecks, das unsere vier Forts bilden, zerlegen — — Dies System der unter den Kanonen der Festungen angelegten verschanzten Lager scheint mir vortrefflich, um seinen Einbruch gleich im Beginne zum Halten zu bringen. Man wird mir ohne Zweifel einwenden, dafs er, da er gegen unsere Vertheidigungs-Armee nichts unternehmen kann, sich auf eine benachbarte Festung werfen wird um sie zu belagern; das ist es gerade, wohin ich ihn bringen wollte; ich wollte ihn nöthigen sich auf einen Belagerungskrieg einzulassen, der stets so langsam, so kostspielig, so gefährlich unter den Augen einer noch unberührten Vertheidigungs-Armee ist und so wenig fruchtbar an grofsen Resultaten — —

---

1) Sind die Festungen an der Grenze von Flandern nützlich oder schädlich gewesen? 2) Ist das vorgeschlagene neue System sparsamer? erfordert es weniger Besatzungen? ist es besser als das von Vauban oder Cormontaigne? 3) Soll eine Armee, um ihre Hauptstadt zu vertheidigen, sie decken, indem sie sich auf dieselbe zurückzieht? soll sie sich in einem an eine Festung angelehnten verschanzten Lager aufstellen, oder soll sie frei manoeuvriren, so dafs sie sich weder an die Hauptstadt noch an eine Festung mit dem Rücken drängen läfst?

Das Vertheidigungssystem der Grenze von Flandern ist zum grofsen Theile von Vauban entworfen; aber dieser Ingenieur war genöthigt, schon vorhandene Festungen mit aufzunehmen. Er hat neue errichtet, um Schleusen zu decken, Ueberschwemmungen weiter auszudehnen, oder wichtige Durchgänge zwischen grofsen Wäldern oder Gebirgen zu schliefsen. Es giebt auf dieser Grenze Festungen erster, zweiter, dritter, vierter Ordnung; sie können auf 4—500 Millionen geschätzt werden. Erbaut in hundert Jahren, würde das eine Ausgabe von 4 Millionen jährlich machen. 50 000 Mann Nationalgarden aus dem Innern genügen, um sie vor einem Handstreiche sicher zu stellen und sie über die Bedrohung mit einem Bombardement zu erheben; Lille, Valenciennes, Charlemont können ganzen Armeen Zuflucht gewähren, ebenso wie die verschanzten Lager von Maubeuge, von Cambrai. Vauban hat ganze Landstriche als verschanzte Lager eingerichtet, gedeckt durch Flüsse, Ueberschwemmungen, Festungen und Wälder; aber er hat sich nie angemafst, mit Festungen allein eine Grenze zu schliefsen. Er hat beabsichtigt, dafs diese so verschanzte Grenze einer schwächeren Armee gegen eine stärkere Armee Schutz gewähre; dafs sie derselben ein günstiges Operationsfeld gewähre, um Stand zu halten und die feindliche Armee am Vorrücken zu hindern, ferner günstige Gelegenheiten um anzugreifen, kurz die Mittel Zeit zu gewinnen, damit ihre Verstärkungen herankommen könnten.

Als Ludwig XIV. seinen Umschlag erfuhr, rettete dies System von Festungen die Hauptstadt. Der Prinz Eugen von Savoyen verlor mit der Eroberung von Lille einen ganzen Feldzug. Die Belagerung von Landrecies bot Villars die Gelegenheit, das Kriegsglück wechseln zu lassen. Hundert Jahre später, im Jahre 1793, retteten bei dem Verrathe Dumouriez' die Festungen von Flandern Paris; die Verbündeten opferten einen ganzen Feldzug um Condé, Valenciennes, le Quesnoy und Landrecies zu erobern. Ebenso nützlich war diese Festungslinie im Jahre 1814; die Verbündeten verletzten die Neutralität der Schweiz, verwickelten sich in die Pässe des Jura, um die Festungen zu vermeiden, und selbst, als sie dieselben so umgingen, mufsten sie sich zu deren Einschliefsung und Beobachtung um eine gröfsere Zahl von Streitkräften schwächen, als die Gesammtheit der Besatzungen betrug. Als der Kaiser über die Marne ging und in den Rücken der feindlichen Armee operirte, würden, wenn nicht der Verrath die Thore von Paris geöffnet hätte, die Festungen auf dieser Grenze eine grofse Rolle gespielt haben; die Armee Schwarzenberg's wäre genöthigt gewesen, sich zwischen sie zu werfen, was zu grofsen Ereignissen geführt hätte. Im Jahre 1815 wären sie ebenfalls von grofsem Nutzen gewesen; ohne die Empörung der französischen Kammern würde die englisch-preufsische Armee nicht gewagt haben, die Somme zu überschreiten, ehe nicht die österreichisch-russische Armee an der Marne angekommen gewesen wäre; diejenigen Festungen, welche treu blieben, haben auf die Bedingungen der Verhandlungen und auf das Benehmen der feindlichen Könige in den Jahren 1814 und 1815 Einflufs geäufsert.[19])

Man schlägt vor, an der Grenze von Flandern drei Linien zu errichten, welche 12 Meilen von einander entfernt, aus 18 Festungen von je mindestens 12 Bastionen bestehen sollen, mit 18 Citadellen und 72 Forts, welche zu je vier auf den vier Hauptpunkten dieser Festungen liegen; dies würde 36 Festungen von 12 Bastionen entsprechen, was eine beträchtlichere Masse von Werken ist, mehr Artillerie, mehr Besatzung erfordert als die 50 Festungen Vauban's. Dennoch wird dies System viel schwächer sein: 1) die einbrechende Armee wird auf zwei Märsche zwischen den Plätzen hindurchgehen können, statt dafs sie sonst auf 1—2 Meilen zwischen ihnen durchzukommen genöthigt war; 2) diese neuen Festungen können leichter überfallen werden, und werden also in jetzigem Zustande einer gröfseren Zahl Menschen zu ihrer Sicherheit bedürfen; 3) die vier Forts um jede derselben herum werden, da sie 2400 m von der Festung entfernt sind, am ersten Tage von derselben abgeschnitten und eingeschlossen werden; sie werden nicht mehr als fünf bis sechs Tage Widerstand leisten können; sie werden vorzügliche Dienste leisten, um die Circumvallations-Linie des Belagerers zu flankiren und zu decken; ehe noch die Belagerung angefangen hat, wird die Besatzung die Hälfte ihrer Artillerie und ihrer Magazine, und die Elite ihrer Bataillone verloren haben;[20]) 4) Eure Armee von 100000 Mann, zwischen zwei dieser Forts lagernd, wird den Feind nicht hindern, wenn er unter sonst gleichen Umständen 150000 Mann hat, in wenigen Tagen die beiden andern Forts zu nehmen, Euer Lager zu überwältigen und es auszuhungern. Man wird sechs Linien mit mehr als

---

[19]) Die Wirkung der französischen Festungen in den Feldzügen von 1814 und 1815 ist hier wohl bedeutend übertrieben. Der entschiedene Sieg der verbündeten Feld-Armeen bei Laon und Arcis 1814, bei Belle-Alliance 1815 schuf Situationen, in welchen die Festungen nicht mehr wirken konnten. Vergl. Napoleon's Bemerkung zur 44. Schlufsfolgerung.

[20]) Die von Rogniat verlangte Entfernung der Forts untereinander, 4—6000 m, und von der Festung, 2400 m, würde heute im Verhältnifs der Schufsweite der neueren Waffen auf mindestens 1200 und 5000 m anzunehmen sein.

42 Festungen, welche 84 andern entsprechen, nöthig haben, um an der Rhein-Grenze dieses System durchzuführen.

Aber diese Fragen sind müfsig; die Festungen von Flandern, am Rhein, an der Mosel, den Alpen sind vorhanden. Aber Ihr fühlt das Bedürfnifs, Paris zu decken; nun gut, errichtet ohne weiter zu zögern Befestigungen im Herzen dieser Hauptstadt, welche vierzehn Mal ihr Heil der Stärke ihrer Mauern verdankt hat.

2) Aber soll man eine Hauptstadt vertheidigen, indem man sie direkt deckt, oder indem man sich in ein verschanztes Lager im Rücken des Feindes einschliefst? Das erstere Mittel ist das sicherere; es erlaubt den Uebergang über die Flüsse, die Pässe zu vertheidigen, sich selbst Stellungen im freien Felde zu schaffen, sich durch alle seine Truppen aus dem Innern zu verstärken, sich in einer guten Stellung ein gutes Schlachtfeld vorzubereiten, während der Feind sich unmerkbar schwächt. Es wäre ein schlechtes Mittel, sich in ein verschanztes Lager einschliefsen zu lassen; man würde Gefahr laufen, darin überwältigt oder wenigstens eingeschlossen und dazu gebracht zu werden, dafs man sich durchschlagen müsse, um sich Brod und Fourage zu verschaffen. Um eine Armee von 100 000 Mann zu versorgen, sind täglich 4—500 Wagen nöthig; die eingedrungene Armee, um ein Drittheil stärker, würde das Eintreffen der Transporte verhindern; ohne dieses weite verschanzte Lager hermetisch fest einzuschliefsen, würde sie es aushungern; die Zufuhren wären so schwierig, dafs bald eine Hungersnoth ausbrechen würde. [21])

Es bleibt ein drittes Mittel, nämlich zu manoeuvriren, ohne sich mit dem Rücken an die zu vertheidigende Hauptstadt drängen, noch sich in ein verschanztes Lager im Rücken einschliefsen zu lassen; man braucht dazu eine gute Armee, gute Generale und einen guten Anführer. Im Allgemeinen liegt in der Idee den Weg zu der Hauptstadt, die man vertheidigen will, frei zu lassen die Idee einer Detachirung und hängen damit die Uebelstände zusammen, welche mit jeder Versplitterung vor einer schon überlegenen Armee verbunden sind.

Als nach der Schlacht von Smolensk im Jahre 1812 die französische Armee gerade auf Moskau marschirte, deckte General Kutusof diese Stadt in aufeinanderfolgenden Bewegungen, bis er in dem verschanzten Lager von Moshaisk angekommen, Stand hielt und die Schlacht annahm. Da er sie verlor, setzte er seinen Marsch durch die Hauptstadt hindurch fort, welche nun dem Sieger in die Hände fiel. Hätte er sich in der Richtung auf Kiew zurück- und die französische Armee sich nachgezogen, so hätte er Moskau durch ein Detachement decken müssen, was ihn noch mehr geschwächt hätte; und gleichwohl hätte Nichts den französischen Feldherrn gehindert, diesem Detachement ein stärkeres Detachement folgen zu lassen, welches dasselbe ebenso gezwungen hätte, diese wichtige Hauptstadt zu räumen.

Hätte man ähnliche Fragen einem Turenne, Villars oder Eugen von Savoyen zu lösen gegeben, es würde sie sehr in Verlegenheit gesetzt haben.

---

[21]) Die Erfahrungen von Metz 1870 geben zu diesen Aussprüchen eine gute Illustration.

Die Unwissenheit aber hat keine Zweifel, ein Problem der höheren transcendenten Geometrie will sie auflösen durch eine Formel zweiten Grades. Alle diese Fragen der Strategie sind unbestimmte Probleme der mathematischen Physik, welche sich nicht durch Formeln der elementaren Geometrie auflösen lassen.

VII. Ueber den methodischen Krieg und den Invasionskrieg.

(S. 442.) In despotisch regierten Staaten nehmen die Armeen allein Theil am Kriege, sie schlagen sich im Allgemeinen ohne lebhaftes Interesse, und folglich sehr schlecht, wenigstens wenn sie nicht von einem Geiste des Fanatismus belebt sind, der fast der einzige ist, welchen aufzunehmen sie fähig sind. Das Volk nimmt keinen Antheil am Kriege, vorausgesetzt, dafs man weder seine Sitten noch seine Religion verletze; zuweilen leistet es selbst heimliche Gelübde für den Sturz eines Thrones, der es erdrückt, und empfängt die Feinde seines Tyrannen mit offenen Armen als Befreier. Die Republiken dagegen werden durch die Liebe ihrer Bürger vertheidigt; der Krieg wird dort ein Volkskrieg, die Armeen werden durch die ganze Bevölkerung unterstützt und genährt, jeder greift zu den Waffen und kämpft mit Eifer für das höchste Gut, die politische Freiheit.

Bei den ersteren genügt eine Schlacht um ein Reich umzustürzen, denn die despotische Regierung, ihrem Wesen nach militärisch, hat aufser der Armee keine Stütze. Sobald diese zerstört ist, bricht der Thron zusammen und der Sieger erhebt auf seinen Trümmern einen andern, ohne dafs die Nation sich dem widersetze: es ist eine Heerde Sklaven, die ihren Herrn wechselt — — Aber die Republikaner entfalten zu ihrer Vertheidigung eine Stärke des Charakters und Willens, an der alle Siege ihrer Gegner sich brechen und ohnmächtig werden — —

(S. 445.) Es kann den Russen gelingen, die Türken zu besiegen, sie aus Europa zu vertreiben, aber nicht sie zu unterwerfen, denn eine Armee unterwirft man nicht. Eine andere Ursache, nicht weniger mächtig als die Vaterlandsliebe, trägt dazu bei, die Fortschritte der Eroberungen in Europa zu verlangsamen: das ist die Politik der Souveraine, die ihnen nicht erlaubt, ohne Eifersucht die Erfolge ihrer Nachbarn anzusehen — —

(S. 452.) Unsere Art uns zu ernähren, welche uns nöthigt, Anstalten zu errichten, um Brod oder Zwieback*) herzustellen, das am

---

) Mit Fleisch, Reis, Bohnen, Linsen, Kartoffeln, Rüben, Mehl wird der Soldat sehr gut ernährt; er kann sehr gut während zwanzig oder dreifsig Tagen, welche die Märsche dauern, sich des Brodes entschlagen: wir sind dieselben schwierigsten herzustellende Nahrungsmittel; unsere Art uns zu schlagen, welche die Munition verzehrt, die ohne Aufhören erneuert werden muſs;) die Solidität, die wir unsern Befestigungen geben müssen, um sie gegen den Kanonenschuſs sicher zu stellen, die Schwierigkeiten, welche in der Vaterlandsliebe der Völker und dem in Europa angenommenen Gleichgewichtssystem sich den Eroberungen entgegenstellen;**) alles dieses gebietet uns in einem feindlichen Lande nur schrittweise vorzugehen, unseren Rücken und unsere Verbindungen sicher zu stellen, staffelweise Depots von Lebensmitteln und Munition anzulegen,***) unsere Flanken frei zu machen, durch Reserve-Truppen Herr der Bevölkerung in den Ländern, die wir durchziehen, zu bleiben, mit einem Worte, einen methodischen Krieg zu führen.

Diese Art des Krieges erfordert zwei Armeen, das hat man bis jetzt nicht eingesehen: eine Operations-Armee und eine Reserve-Armee. Die Operations-Armee, welche aus allen guten Truppen bestehen muſs, die durch ihre Disziplin, ihren Muth und ihre Erfahrung im Stande sind sich mit Erfolg im freien Felde zu schlagen, wird die Armee der Schlachten sein. Sie wird vorwärts marschiren, in das Innere des feindlichen Landes eindringen, die feindlichen Armeen angreifen, sie schlagen oder zurückzugehen zwingen, und Terrain gewinnen. Aber diese Armee hat Bedürfnisse, die ohne Unterlaſs sich geltend machen; sie muſs ernährt werden, sie muſs Ersatz bekommen, um die Menschen und Pferde zu ersetzen, welche sie täglich durch die Waffen und die Krankheiten verliert, und vor Allem muſs sie ohne Aufhören die Munition ergänzen, welche in den Gefechten verbraucht wird; denn wie ich es schon gesagt habe, sie kann davon nur für eine einzige Schlacht mit sich führen, wenn sie nicht ihre Kolonnen über jedes Maaſs lang und schwerfällig machen will — —

Ihre Depots und ihre Magazine an Munition und Lebensmitteln müssen gegen die feindlichen Streifkorps und die Bewohner des unterworfenen Landes durch Verschanzungen sicher gestellt werden, deren

---

Menschen wie die Griechen und Römer; wir können thun, wir haben gethan, was sie thaten. (N.)[22]

*) Die Artillerie-Munitions-Kolonnen führen Munition für zwei Schlachten bespannt mit sich. (N.)

**) Haben die neueren Völker mehr Patriotismus gezeigt als die Karthager in den punischen Kriegen, die Spanier bevor Pompejus sie unterworfen hatte, als die Völker des Mithridates, als die Macedonier, die Achäer, die Aetolier zur Zeit des Aemilius Paulus, als die Gallier vor und während der Kriege Caesar's? (N.)

***) Da die Armeen mit ihren Depots mittelst groſser gut gedeckter Transporte in Verbindung stehen, so genügen monatlich einer oder zwei; der Oberfeldherr schreibt ihren Marsch vor; wären sie auch fünf, zehn oder fünfundzwanzig Tagemärsche entfernt, so kommen sie doch ohne Gefahr an, wenn sie gut organisirt und gut geführt werden. (N.)

[22]) Daſs es möglich ist, auch ohne Brod den Soldaten ausreichend zu ernähren, dürfte wohl zugestanden werden; aber der Soldat erträgt es schwer, mehrere Tage hintereinander das Brod vollständig zu entbehren.

Vertheidigung man Rekruten anvertrauen kann. Aber dies genügt nicht; man muſs auch Herr des Landes bleiben, um daraus die Lebensmittel für die Depots zu entnehmen; es ist vor Allem nöthig, daſs die Verbindungen der Depots mit der Operations-Armee nie unterbrochen werden, damit die Transporte stets regelmäſsig eintreffen. Man kann diese beiden Zwecke nur durch Truppen erfüllen, die im Felde auftreten und eine Reserve-Armee bilden, um das Land im Zaume zu halten und alle feindlichen Streifkorps fortzufegen, welche sich etwa in den Rücken der Operations-Armee geschlichen haben*) — —

(S. 455.) Aber der wichtigste Zweck der Reserve-Armee ist im Unglücksfalle die erste Armee zu unterstützen, ihren Rückzug zu sichern, ihr eine Vertheidigungslinie vorzubereiten, in der sie sich sammele, herstelle, ihren Ersatz an Menschen, Waffen und Pferden an sich ziehe, die Verfolgung des Feindes durch die doppelten Hindernisse der Natur und der Kunst hemme, ihren Muth wieder stähle und ihre Energie wiedergewinne. Diese Vertheidigungslinie, ohne welche man keinen verständigen Feldzugsplan festsetzen kann, nenne ich Operationsbasis — —

(S. 456.) Untersuchen wir jetzt bis zu welchem Punkte eine Operations-Armee sich von ihrer Operationsbasis entfernen kann ohne ihre Sicherheit und ihre Existenz in Gefahr zu bringen. Verlieren wir nicht aus den Augen, daſs sie sich nur mit dem Brode sicher ernähren kann, welches in den dort errichteten Depots hergestellt wird, eine Art zu leben, welche ihre Operationen im Allgemeinen an einen Kreis fesselt, dessen Ausdehnung man ungefähr berechnen kann; es wird also die gesuchte Entfernung durch die Nothwendigkeit bestimmt werden, sich mit den dringendsten Bedürfnissen, den Lebensmitteln zu versehen — —

Unsere Soldaten tragen gewöhnlich Brod nur auf vier Tage; es ist aber leicht sie mit Lebensmitteln auf acht Tage zu belasten, indem man ihnen Zwieback giebt, den sie in einer Art lederner Jagdtasche tragen, welche einen Theil ihrer Ausrüstung bilden muſs.**)

---

*) Unterworfene Völker kann man nur durch politische und moralische Mittel ruhig erhalten; die Elite der Armeen Frankreichs konnte die Vendée nicht bändigen, welche nur 5—600000 Menschen zählt. (N.)

**) Zwölf Loth Reis sind eine ausreichende Portion; der Soldat trägt [23] davon zehn Pfund in zwei Säckchen von Fell am Tornister; seine Ernährung ist also auf 26 Tage sichergestellt. Ein Pfund Mehl und selbst eine geringere Quantität, wenn es gut gebeutelt ist, genügen für einen Tag. Der Soldat trägt davon zehn Pfund in den beiden Säckchen, was seine Lebensmittel auf zehn Tage sicher stellt. Wir haben vor den Alten groſse Vortheile, um die Ernährung unserer Armee sicher zu stellen: 1) die Erfindung der tragbaren Mühlen, welche acht Pfund wiegen und ein vorzügliches Mehl geben; 2) die Extrakte von Lebensmitteln, die wir den Fortschritten verdanken, welche die Wissenschaft der Chemie bei uns gemacht hat. (N.)

[23] Dies dürfte wohl nicht so zu verstehen sein, als habe in den Heeren Napoleon's jeder Soldat diese zehn Pfund Reis oder Mehl stets getragen: Napoleon erklärt es nur für möglich, daſs der Soldat, wenn die Umstände es zeitweilig erfordern, diese Last tragen könne.

Sieben oder acht Pfund Zwieback müssen ihnen auf acht Tage genügen, wenn man ihnen täglich ein Pfund Fleisch statt eines halben giebt, eine Maſsregel, die nicht auf Schwierigkeiten stoſsen kann, da es leicht ist den Kolonnen soviel Rinderheerden mitzugeben als man will. Dadurch verdoppeln wir die Lebensmittel unserer Soldaten ohne sie zu überlasten; sie werden besser genährt werden und die Operationen der Armee werden weniger durch Mangel an Lebensmittel gestört werden — -

Ich nehme an, daſs wir einen Nachbarstaat mit einer Operations-Armee von 120 000 Mann in vier Armeekorps angreifen wollen. Nachdem wir unsere Depots an Munition und Lebensmitteln, unsere Lazarethe, unsere Magazine jeder Art in zwei oder drei unserer Festungen angelegt haben, die in der Nähe der Grenze, welche wir angreifen wollen, liegen, versammeln wir plötzlich bei diesen Festungen die Truppen, welche bestimmt sind unsere vier Korps der Operations-Armee zu bilden; wir beladen unsere Soldaten mit Zwieback auf acht Tage und setzen uns ſsofort in Bewegung, ohne ·dem Feinde Zeit zu lassen, daſs er sich auf die Vertheidigung vorbereite. Wir überschreiten seine Grenzen und gehen in drei Kolonnen auf ihn los. Ohne Zweifel wäre es ein höchst wichtiger Punkt, wenn man in Eilmärschen plötzlich mitten in seinen Kantonnirungen erscheinen, seine Truppen angreifen und nach allen Richtungen verfolgen könnte,*) indem man sie an der Vereinigung hindert und seine noch ungesammelten Kräfte gleich im Beginne des Feldzuges zerstreut, ohne in einer Schlacht etwas auf's Spiel zu setzen; aber wir können ihn nicht als so ungeschickt annehmen, daſs er sich so überraschen ließe. Es ist also vorauszusetzen, ·daſs wir seine Armeekorps versammelt finden werden und bereit entweder uns eine Schlacht zu liefern, um den Streit zu entscheiden, oder uns das Terrain durch die kleinen Mittel eines Vertheidigungs-Krieges streitig zu machen, ohne dabei das Schicksal seiner Armee auf's Spiel zu setzen. In beiden Fällen gehen wir ohne zu zögern auf ihn los, weil wir die Offensive nur ergriffen haben, indem wir uns für die Stärkeren hielten. **)

Unterdessen ersetzen wir an der Grenze die vorgehende Schlachten-Armee durch Ersatz- und Besatzungs-Truppen, durch Rekruten, an deren Bewaffnung, Ausrüstung und Ausbildung man täglich arbeitet, und durch alle die jungen neu gebildeten Kohorten, deren Mangel an Erfahrung ihnen nicht erlaubt auf einem Schlachtfelde aufzutreten, und bilden daraus unsere Reserve-Armee. Ohne ein Verhältniſs zwischen dieser Armee und der Operations-Armee bestimmt festsetzen zu wollen, da dasselbe in hohem Grade von den Schwierigkeiten ab-

---

*) Man wird mit 180 000 Mann mehr Aussicht haben, den Feind zu umzingeln, ihn zu überraschen, in Verwirrung zu setzen, als mit 120 000. (N.)
**) Sehr gut; die Frage ist zu wissen, ob Ihr mit 120 000 Mann auf ihn losgehen wollt, wenn Ihr 180 000 Mann in der Hand habt. (N.)

hängt, die man von Seiten der Bevölkerung des feindlichen Landes findet, und von der Zahl der Festungen, deren Besatzung man im Zaume halten muſs, nehmen wir sie auf 60 000 Mann in zwei Armeekorps an.*) Diese Truppen folgen den Spuren der Operations-Armee, decken ihre Transporte, reinigen ihren Rückzug von allen feindlichen Streifkorps, halten die Bevölkerung der Städte und Dörfer in Ordnung, entwaffnen sie, beobachten die feindlichen im Rücken bleibenden Festungen, schlieſsen sie ein oder belagern sie.**)

Wenn die Operations-Armee nach acht Tagen groſser Operationen, schneller und unaufhörlicher Märsche, von Gefechten und Erfolgen gegen die feindliche Armee, an irgend einen Fluſs gelangt ist, welcher 20—25 Meilen von der Grenze ihre Marschrichtung quer durchschneidet, so ist es Zeit, daſs sie Halt mache, um Athem zu schöpfen, sich wieder zu ordnen und eine neue Operationsbasis anzunehmen; denn die mitgenommenen Lebensmittel sind erschöpft,***) ihre Verbindungen mit ihren Depots fangen durch die Entfernung an schwierig zu werden, und sie ist genöthigt, ihre Munition zu erneuern und diese

---

*) Also mit einer Armee von 180 000 Mann schlägt man vor, dem Feinde 120 000 Mann entgegenzustellen und 60 000 Mann drei, vier und fünf Märsche rückwärts in Reserve zu halten; das ist die Kunst, wie man 180 000 Mann durch 140 000 schlagen lassen kann. Das ist nicht das Geheimniſs Caesar's, Hannibal's, Friedrich's, sondern dasjenige der Soubise, Clermont u. s. w. (N.)

**) Alles dies, nämlich das Land unterwerfen, die feindlichen Streifkorps im Zaume halten, Belagerungen veranstalten, wollt Ihr mit Ersatztruppen, mit unbekleideten Rekruten leisten: nichts davon wird Euch gelingen; die Ausbildung Eurer Rekruten wird nicht vorwärts kommen; Ihr werdet den Aufstand ermuthigen, Oel in's Feuer gieſsen; Ihr werdet Eure Mittel im Voraus verbrauchen. Unbekleidete, unausgebildete Rekruten müssen in den Kasernen bleiben und während der ersten Monate täglich sieben bis acht Stunden mit Exerzitien beschäftigt werden. Wenn Ihr den Krieg in Feindes Land spielt, dürft Ihr nur formirte Truppen dorthin mitnehmen. Es ist etwas anderes, wenn Ihr im eigenen Lande selbst angegriffen werdet; Ihr könnt, um die Armee nicht zu schwächen, Ersatztruppen, Rekruten, Nationalgarden in Eure Festungen einschlieſsen; alles kann in einer Festung zu deren Bewachung nutzbar gemacht werden, wenn es dort auſserdem gute Offiziere des Generalstabes, der Artillerie und des Geniekorps giebt; schlieſslich habt Ihr in diesem Falle nicht die freie Wahl. (N.)

***) Was?! Sie soll am achten Tage ihres Marsches Halt machen?! Wie wird sie dann aber den neunten leben, da sie doch nur mit Lebensmitteln auf acht Tage versehen ist? Wie wird sie dann aber die acht Tage leben, welche sie braucht, um ihr Depot wieder zu erreichen? Es ist klar, daſs, wenn die Armee nur auf acht Tage Lebensmittel hat, sie sich, um Lebensmittel zu haben, nur auf drei Tage von ihrem Depot entfernen darf, zwei Tage zum Aufenthalt und drei um nöthigenfalls wieder zurückzugehen. Wenn aber die Schlacht an der Grenze Eurer Zone vorfällt, 25 Meilen von Eurer Basis, werdet Ihr dann gerade an dieser Grenze Halt machen und den geschlagenen Feind entwischen lassen, ohne den Sieg zu einer Verfolgung mit dem Bajonett in den Rippen des Gegners zu benutzen, um seine Auflösung, seine Niederwerfung zu vollenden und mit ihm in seiner Hauptstadt oder bei seinen Depots anzukommen? Könnte Euer Feind Euch einen verderblicheren Rath geben? Könnt Ihr irgend etwas thun, was ihm angenehmer und mehr in seinem eigenen Interesse wäre? (N.)

grofse Zahl von Nachzüglern zu sammeln, welche die Gefechte, die Nachtmärsche, die Bewegungen kreuz und quer stets zurückbleiben lassen. Sofort arbeitet sie an der Befestigung von Stützpunkten auf der gewählten neuen Basis.

Hier tritt der Fall ein, dafs man places du moment, wie ich sie im 9. Kapitel dieses Werkes beschrieben habe, errichtet: deren Befestigungen, die sich in vierzehn Tagen herstellen lassen, genügen, um unsere Magazine und unsere Anstalten aller Art vor jedem plötzlichen Anlauf sicher zu stellen, unsere Brücken und Uebergänge über den zu unserer neuen Basis bestimmten Flufs zu decken, und im Falle eines Rückschlages die nöthigen Stützpunkte zu bieten. Diese Gattung gemischter Befestigung, welche die Mitte hält zwischen der permanenten und der passageren Befestigung, ist, obgleich bis jetzt sehr wenig im Gebrauch, die allernützlichste, um den dringenden, wie den möglicherweise eintretenden Bedürfnissen der Armee abzuhelfen. Sie erfüllt für den Augenblick den Zweck der permanenten Befestigung, welche immer so kostspielig und so langsam herzustellen ist, und sie giebt mehr festen Halt und Sicherheit als die passagere Befestigung. Jedes Armeekorps wird in vierzehn Tagen eins dieser Lager errichten an den wesentlichsten Punkten, wo die Hauptstrafsen den Flufs überschreiten, und wir werden so in kurzer Zeit vier places du moment erhalten, die geeignet sind, unsere neue Basis sicher zu stellen. Zu gleicher Zeit werden wir unsere Munitions-Depots dorthin überführen, dort Lebensmittel ansammeln, Arsenale, Lazarethe, Bäckereien, Schlächtereien und Magazine dort anlegen und unsere Reserve-Armee dorthin kommen lassen. Erst nach der Einrichtung dieser neuen Basis wird unsere Operations-Armee, auf's Neue mit Lebensmitteln auf acht Tage versehen, mit einem durchaus ausgebesserten oder ausgewechselten Material, mit ausgeruhten Menschen und Pferden und nach Heranziehung aller Nachzügler, sich ohne Unklugheit zu neuen Eroberungen vorwärts stürzen können.*)

— — — Bei dieser Sachlage will ich annehmen, dafs unsere Operations-Armee, welche zu neuen Kämpfen vorgeht, die feindliche Armee erst so entfernt als möglich bereit findet, eine Schlacht zu liefern, auf 20 oder 25 Meilen von dieser neuen Operationsbasis; was für uns die ungünstigste Annahme ist. Der Feind kann den Versuch nicht wagen, sich zwischen unsere Operations-Armee und deren Operationsbasis auf die Verbindungslinien von den Depots zu dieser Armee, die man gewöhnlich Operationslinie nennt, zu stellen: die Klugheit verbietet es ihm, denn er würde sich auf diese Weise zwischen unsere beiden Armeen, die Operations- und die Reserve-Armee, stellen, von

---

*) Damit während dieser Ruhepause von fünf oder sechs Wochen der Gegner von der Furcht, Alles zu verlieren, was ihm am theuersten ist, gestachelt, sich von seiner Befürchtung erhole, sich in den Stand setze, Euch eine zweite Schlacht zu liefern! Ihr werdet, sagt Ihr, wieder siegreich sein; jedenfalls verdient Ihr es nicht und das Glück ist launisch. (N.)

denen die eine gegen seinen Rücken operiren, die andere ihn in der Front angreifen würde, in einer Lage, welche bei dem geringsten Unfall seinen vollständigen Ruin herbeiführen würde, da er sich jedes Rückzuges beraubt sähe.*) Außerdem kann diese unkluge Bewegung nur mit Gestattung unserer Operations-Armee vor sich gehen, welche sich stets dem Marsche eines Gegners widersetzen kann, der versuchen würde ihr in den Rücken zu kommen. Der Feind wird uns also nur in der Front oder in der Flanke angreifen. Wird die Schlacht verloren, so ist in jedem Falle unser Rückzug gesichert: unsere Reserve-Armee schickt uns einige Legionen entgegen, um die leichten Truppen wegzufegen, welche der Feind auf unsere Operationslinie vorzuschieben suchen möchte; sie öffnet uns die Arme und wir erreichen unsere Operationsbasis nach einem Rückzuge von vier oder höchstens fünf Tagen, der weder so schwierig noch so lang ist, daß die Armee den Muth verlieren sollte.

Bei unserer Ankunft verstärken wir die Operations-Armee durch die Reserve-Armee, indem wir deren Soldaten in die Legionen der erstern einstellen, um sie vollzählig zu machen und ihre Verluste auszugleichen; wir schicken die Kadres dieser Armee, die ihren Inhalt so in die Operations-Armee ergossen haben, an unsere Grenze zurück, um Rekruten zu erhalten und eine neue Reserve-Armee auf unserer ersten Operationsbasis zu bilden. Wir entnehmen unsern vier Depotplätzen die Geschütze, die Wagen, die nöthige Munition, um das Material, das wir verbraucht oder verloren haben, zu ersetzen; wir finden dort Lebensmittel im Ueberfluß für unsere Truppen; mit einem Wort, wir erneuern und reorganisiren in einem Augenblick unser ganzes Personal**) und Material. Der Feind, welcher stolz auf seinen kürz-

---

*) Rekapitulation:
    120 000 Mann Operations-Armee;
    60 000 Mann Reserve-Armee auf der ersten Basis 25 Meilen von der Grenze;
    60 000 Mann zweite Reserve-Armee auf der zweiten Basis 25 Meilen von der ersten.

Sa. 240 000 Mann.
Man muß beim Feinde eine ähnliche Stärke voraussetzen, und dann sehet zu, was Ihr mit Euren 120 000 Mann Feldtruppen gegen 240 000 Mann oder selbst gegen 150 000 Mann ausrichtet. Nichts hindert den Feind, seine Operationslinie zu wechseln und auf Eure Reserve-Armee zu fallen, sie auf die zweite und gegen Eure Grenze zurückzuwerfen, indem er sich aller Eurer Festungen von Erde ohne Kasematten bemächtigt. Diese Operation wird ihn zwischen Eure Operations-Armee und Eure Reserve-Armee bringen, weil er seine Operationslinie gewechselt hat. (N.)

**) Eure Reserve-Armeen werden also aus Soldaten und nicht aus Ersatztruppen und Rekruten bestehen, denn wenn sie bei Eröffnung der Kampagne aus Rekruten bestanden hätten, so würden sie auch noch Rekruten sein vierzehn Tage später und wenn Ihr schon geschlagen seid. Nach dem Verluste einer Schlacht können die Ersatztruppen, die Rekruten, das Schicksal einer Armee nicht ändern, weil sie deren moralisches Element nicht ändern können; sie können es nur verschlimmern und alles vollends verderben. (N.)

lich errungenen Sieg seine Vortheile verfolgen zu können glaubt, wird
mit grofsem Erstaunen sich durch eine Armee aufgehalten sehen, die
zahlreicher und blühender ist als je zuvor. Diese Armee ist um so
furchtbarer, als sie hinter einer vorzüglichen Vertheidigungslinie in
Stellung steht, angelehnt an vier feste Plätze, welche Brückenköpfe
über den Flufs bilden. Der Feind, selbst durch seinen Sieg geschwächt,
kann einen Versuch diese furchtbare Barriere zu überschreiten nicht
machen, ohne die Chancen gegen sich zu bringen; und wenn dennoch,
unsern Berechnungen zum Trotze, das Glück ihm den Gewinn einer
zweiten Schlacht gewährt, so gehen wir an unsere Grenzen zurück,
wo wir Verstärkungen und unsere erste Operationslinie vorfinden, und
wo wir uns für den Augenblick auf den Vertheidigungskrieg be-
schränken, eine Art des Krieges, mit der ich mich im folgenden
Kapitel beschäftigen werde.*)

Macedonien unter den Nachfolgern Alexander's, Asien unter Mithridates,
Parthien unter den Arsaciden, Preufsen unter Friedrich dem Grofsen, Rufsland, Spanien in den letzten Zeiten, waren das nicht despotisch regierte
Staaten? Achaja, Aetolien zur Zeit des Aemilius Paulus, Holland 1786, Vene-
dig 1797, die Schweiz 1798, waren das nicht Republiken? Die Völker wie
die Menschen haben ihre verschiedenen Altersstufen, die Kindheit, die volle
Kraft, das Greisenalter. Jede Regierung, die einmal entstanden ist und sich
ohne Zwischenkunft einer fremden Macht erhält, ist national. Das Eigen-
thum, die Sitten, die bürgerlichen Gesetze, das Heimathsgefühl, die Religion
bilden die Bande für jede Art von Regierung. Wenn jemals eine siegreiche
Armee in London einzöge, würde man über den geringen Widerstand, den
die Engländer leisten würden, erstaunen.

Wenn die Russen einmal Constantinopel in Besitz nehmen, werden sie
dort soviel Muselmänner behalten, als sie wollen, wenn sie ihnen Sicherheit
des Eigenthums und Duldung der Religion gewähren. Die Mauren in Spanien unterwarfen sich allem, selbst der Inquisition. Um sie zu vertreiben,
bedurfte es eines Edictes Ferdinand's; alle indirekten Mittel waren geschei-
tert. Eine türkische Armee heutzutage will sehr wenig bedeuten; die Otto-
manen werden sich weder in Klein-Asien, noch in Syrien, noch in Egypten

---

*) Es wird einer zweiten Schlacht nicht bedürfen: der Feind wird Euch
keine Ruhe lassen, er wird seinen Marsch fortsetzen, Eure Erdfestungen umgehen oder zwischen ihnen durchdringen, früher als Ihr an Eurer Grenze ankommen.

In zwei Worten, wenn Ihr 180 000 Mann habt, so geht mit dieser Armee
in das feindliche Land hinein, lafst die Marschunfähigen, die Lazarethe, die
Rekonvaleszenten, die Ersatztruppen und kleine Besatzungen in einer oder zwei
Festungen; bleibt Sieger, benutzt den guten Willen des Schicksals und, was
auch komme, verbraucht Eure Mittel nicht im Voraus. (N.)

halten, wenn die Russen, im Besitze der Krimm, der Kaukasusländer, der Ufer des Kaspischen Meeres, auch Herren von Constantinopel sein werden.

Die Vaterlandsliebe der Völker, die Politik der europäischen Höfe, haben weder die Theilung Polens noch die Beraubung mehrerer Nationen verhindert; sie werden auch den Sturz des ottomanischen Reiches nicht verhindern. Sehr gegen ihren Wunsch trat Maria Theresia der Verschwörung gegen Polen bei, welches am Eingange Europa's lag, um dasselbe gegen die Einfälle der nordischen Völker zu schützen. Man fürchtete in Wien die Uebelstände einer Vergröfserung Rufslands; nichts destoweniger empfand man eine grofse Befriedigung sich um mehrere schöne Provinzen zu bereichern und etliche Millionen in den Schatz fliefsen zu sehen. Heute wie damals wird das Haus Oesterreich gegen die Theilung der Türkei Widerwillen fühlen, aber ihr zustimmen; es wird es sehr angenehm finden, seine weiten Länder um Serbien, Bosnien und die alten illyrischen Provinzen zu vermehren, deren Hauptstadt einst Wien war. Was werden England und Frankreich thun? Eins von ihnen wird Egypten nehmen, eine schwächliche Kompensation! — — Ein Staatsmann ersten Ranges sagte: „Jedesmal dafs ich eine Flotte, die unter dem griechischen Kreuze segelt, unter den Mauern des Serails ankern sehe, glaube ich den Ruf, welcher die Zerstörung des Reiches des Halbmondes vorhersagt, zu vernehmen."

Asien und Europa haben verschiedene territoriale Verhältnisse. Die Steppen, welche Asien auf allen Seiten abschliefsen, sind von zahlreichen barbarischen Völkerschaften bewohnt, welche eine grofse Menge Pferde und Kameele aufziehen. Die Scythen, die Araber, die Tartaren unter den Kalifen, die Dshingis-Khan, die Tamerlan u. s. w. gingen aus diesen unbegrenzten Einöden hervor; mit Millionen Reitern überschwemmten sie die Ebenen Persiens, des Euphrat, Klein-Asiens, Syriens und Egyptens. Diese Eroberungen waren reifsend schnell, weil sie von ganzen Völkerschaften unternommen wurden, welche kriegsgewohnt und an das mäfsige und mühsame Leben der Steppen gewohnt waren. Aber Europa, vom Norden zum Süden und vom Osten zum Westen von civilisirten Nationen bewohnt, ist ähnlichen Umwälzungen nicht ausgesetzt.

Jeder Angriffskrieg ist ein Invasionskrieg, jeder gut geführte Krieg ist ein methodischer Krieg. Der Vertheidigungskrieg schliefst den Angriffsstofs nicht aus, ebenso wie der Angriffskrieg nicht die Vertheidigung ausschliefst, wenn auch sein Zweck ist in die Grenze einzubrechen und in das feindliche Land einzudringen. Die Grundsätze der Kriegskunst sind die, welche die grofsen Feldherren geleitet haben, deren hohe Thaten uns die Geschichte überliefert hat: Alexander, Hannibal, Caesar, Gustav Adolf, Turenne, Prinz Eugen, Friedrich der Grofse.

Alexander hat acht Feldzüge geführt, in denen er Asien und einen Theil von Indien eroberte; Hannibal hat siebzehn geführt, einen in Spanien, fünfzehn in Italien, einen in Afrika; Caesar hat dreizehn geführt, acht gegen die Gallier, fünf gegen die Legionen des Pompejus; Gustav Adolf hat drei geführt, einen in Livland gegen die Russen, zwei in Deutschland gegen das

Haus Oesterreich; Turenne hat achtzehn geführt, neun in Frankreich, neun in Deutschland; der Prinz Eugen hat dreizehn geführt, zwei gegen die Türken, fünf in Italien gegen Frankreich, sechs am Rhein oder in Flandern; Friedrich hat elf geführt, in Schlesien, in Böhmen und an den Ufern der Elbe. Die Geschichte dieser dreiundachtzig Feldzüge wäre ein vollständiges Lehrbuch der Kriegskunst; die Grundsätze, welche man im Vertheidigungs- und Angriffs-Kriege befolgen muss, würden daraus wie aus einer Quelle hervorströmen.

Alexander ging im Jahre 334 vor Christi Geburt über die Dardanellen mit einer Armee von nahe an 40 000 Mann, wovon der achte Theil Kavallerie; er erzwang den Uebergang über den Granicus gegenüber der Armee des Memnon, eines Griechen, welcher für Darius den Befehl an den Küsten von Asien führte, und verwendete das ganze Jahr 333 dazu, seine Herrschaft in Klein-Asien zu errichten; er wurde unterstützt durch die griechischen Kolonien, welche längs der Küste des schwarzen und des mittelländischen Meeres liegen: Sardes, Ephesus, Tarsus, Milet u. s. w. Die Könige von Persien liefsen die Provinzen und die Städte sich nach ihren eigenen Gesetzen regieren; dieses Reich bestand aus einer Vereinigung verbündeter Staaten; es bildete durchaus nicht eine einzige Nation, was die Eroberung erleichterte. Da Alexander es nur mit dem Throne des Herrschers zu thun hatte, rifs er dessen Rechte leicht an sich, indem er die Sitten, Gewohnheiten und Gesetze dieser Völker unangetastet liefs, so dass diese keine Veränderung ihres Zustandes verspürten.

Im Jahre 332 traf er mit Darius zusammen, welcher an der Spitze von 600 000 Mann in der Nähe von Tarsus am Ufer des Cydnus in der Enge von Cilicien Stellung genommen hatte;[24] er schlug ihn, drang in Syrien ein, bemächtigte sich der Stadt Damaskus, wo die Reichthümer des grossen Königs lagen, und begann die Belagerung von Tyrus. Diese prächtige Metropole des Welthandels hielt ihn neun Monate auf. Er eroberte Gaza in zwei Monaten, durchschritt die Wüste in sieben Tagen, drang in Pelusium, in Memphis ein und gründete Alexandria. Er traf auf kein Hinderniss, weil Syrien und Egypten zu allen Zeiten durch ihr Interesse mit den Griechen verbunden waren, weil die arabischen Völker aus religiösen Gründen die Perser verabscheuten, endlich weil die griechischen Truppen der Satrapen der Sache der Macedonier zufielen. In weniger als zwei Jahren, nach zwei Schlachten und vier oder fünf Belagerungen waren die Küsten des schwarzen Meeres vom Phasis[25] bis Byzanz, die des mittelländischen Meeres bis Alexandrien, ganz Klein-Asien, Syrien, Egypten seinen Waffen unterworfen.

Im Jahre 331 kehrte er durch die Wüste zurück, lagerte bei Tyrus,

---

[24] In den Gebirgen Cilicien's waren Alexander und Darius an einander vorbeimarschirt: beide machten dann Kehrt und nahm Darius eine Stellung mit der Front gegen Osten.

[25] Phasis — ein vom Kaukasus in das schwarze Meer hinabgehender Küstenflufs; an demselben lag zur Zeit der Argonauten Kolchis.

durchzog das hohe Syrien,[26]) rückte in Damaskus ein, ging über den Euphrat, den Tigris, und schlug im Lager von Arbela Darius, welcher in dieser Schlacht ein viel beträchtlicheres Heer hatte, als bei Issus. Babylon öffnete ihm seine Thore. Im Jahre 330 erzwang er den Engpafs von Susa, nahm diese Stadt, Persepolis und Pasargada, wo das Grab des Cyrus war. Im Jahre 329 zog er gegen Norden, rückte in Ekbatana ein, dehnte seine Eroberungen bis an das Kaspische Meer aus, züchtigte den Bessus, diesen feigen Mörder des Darius, drang in Scythien ein und schlug die Scythen. In diesem Feldzuge war es, wo er soviel Siegesandenken durch den Mord des Parmenion entehrte. Im Jahre 328 nahm er mit Gewalt den Felsen am Oxus,[27]) erhielt 16 000 Rekruten aus Macedonien und unterwarf die benachbarten Völker. In diesem Jahre war es, dafs er mit eigener Hand den Clitus tödtete und von den Macedoniern, die es aber verweigerten, angebetet werden wollte. Im Jahre 327 ging er über den Indus, besiegte in offener Schlacht den Porus, nahm ihn gefangen und behandelte ihn als König. Er entwarf den Plan über den Ganges zu gehen, aber seine Armee verweigerte den Gehorsam. Während des ganzen Jahres 326 schiffte er mit 800 Fahrzeugen auf dem Indus; im Ocean angekommen entsendete er den Nearchus, um mit einer Flotte das indische Meer entlang bis zum Euphrat zu fahren. Im Jahre 325 gebrauchte er sechzig Tage, um die Wüste von Gedrosien zu durchziehen, rückte in Carmanien ein, kam nach Pasargada, Persepolis und Susa zurück und heirathete die Statira, Tochter des Darius. Im Jahre 324 drang er von Neuem gegen Norden vor, ging über Ekbatana hinaus und endete seine Laufbahn zu Babylon, wo er an Gift starb.

Seine Kriegführung war methodisch; sie ist der höchsten Lobsprüche werth; keiner seiner Transporte wurde aufgefangen; sein Heer vermehrte sich stätig; der Zeitpunkt, wo es am schwächsten war, war am Granicus beim ersten Auftreten; bis zum Indus hatte es sich verdreifacht, ohne die Truppen unter den Befehlen der Statthalter in den eroberten Provinzen zu rechnen, welche aus invaliden und kriegsuntauglichen Macedoniern und aus Rekruten sich zusammensetzten, die aus Griechenland nachgesendet oder von Griechen im Dienste der Satrapen gestellt oder aus den Eingeborenen im Lande selbst ausgehoben wurden. Alexander verdient den Ruhm, den er zu allen Zeiten und bei allen Völkern genofs; aber wenn er bei Issus geschlagen wäre, wo das Heer des Darius auf seiner Rückzugslinie in Schlachtordnung stand mit dem linken Flügel am Gebirge und dem rechten am Meere, während seine Macedonier den rechten Flügel am Gebirge, den linken am Meere und die Engpässe von Cilicien hinter sich hatten? aber wenn er bei Arbela geschlagen wäre, wo er den Tigris, den Euphrat und die Wüste hinter sich

---

[26]) Cœlesyrien, d. i. das Thal zwischen dem Libanon und Antilibanon.

[27]) Diese Felsengegend lag südlich des Oxus; sie war von dem Sogdianer Arimazes mit 20 000 Mann besetzt, dem letzten Reste der persischen Armee, welcher noch Widerstand leistete.

hatte, ohne Festungen, 550 Meilen von Macedonien? aber wenn er von Porus geschlagen und an den Indus gedrückt wäre? [28])

Im Jahre 218 vor Christi Geburt brach Hannibal von Karthagena auf, überschritt den Ebro, die den karthagischen Heeren bis dahin unbekannten Pyrenäen, ging über die Rhone, die cottischen Alpen und setzte sich in seinem ersten Feldzuge mitten in Gallia cisalpina fest, dessen Bewohner, dem römischen Volke stets verfeindet, zuweilen Sieger über dasselbe, meistens von ihm besiegt, indessen niemals unterworfen worden waren. Er brauchte fünf Monate, um diesen Marsch von 250 Meilen zurückzulegen; er liefs keine Besatzung in seinem Rücken, kein Depot, bewahrte sich keine Verbindung weder mit Spanien noch mit Karthago, mit dem er erst nach der Schlacht am Trasimenischen See in Verbindung trat. Niemals ist ein grofsartigerer, ausgedehnterer Plan von den Menschen ausgeführt; der Zug Alexanders war viel weniger kühn, viel leichter; er hatte vielmehr Aussichten auf Erfolg; er war vernünftiger! Dennoch war dieser Angriffskrieg ein methodischer: die Cisalpiner von Mailand und Bologna wurden für ihn Karthager; hätte er in seinem Rücken Festungen und Depots zurückgelassen, so würde er sein Heer geschwächt und den Erfolg seiner Operationen in Gefahr gebracht haben; er würde sich dadurch überall verwundbar gemacht haben. Im Jahre 217 ging er über die Apenninen, schlug das römische Heer in den Feldern am Trasimenischen See, ging dicht um Rom herum und nach den südlichen Küsten des adriatischen Meeres, von wo er zum ersten Male mit Karthago in Verbindung trat. Im Jahre 216 griffen 80 000 Römer ihn an; er schlug sie auf den Feldern von Cannae; wäre er vorwärts gegangen, so war er sechs Tage später in Rom und Karthago war die Herrin der Welt! Dennoch war die Wirkung dieses grofsen Sieges ungeheuer; Capua öffnete seine Thore; alle griechischen Kolonien, eine grofse Zahl von Städten in Unter-Italien schlossen sich dem Sieger an; sie verliefsen die Sache Roms. Hannibal's Grundsatz war, seine Truppen zusammenzuhalten, eine Besatzung nur in einem einzigen Platze zu haben, den er sich besonders bewahrte, um dort seine Geifseln einzuschliefsen, seine grofsen Kriegsmaschinen, seine wichtigen Gefangenen und seine Kranken, indem er sich betreffs seiner Verbindungen auf die Treue seiner Verbündeten verliefs. Er hielt sich fünfzehn Jahre in Italien, ohne irgend eine Unterstützung von Karthago zu bekommen und räumte es nur auf Befehl seiner Regierung, um zur Vertheidigung seines Vaterlandes herbeizueilen. Bei Zama liefs ihn das Glück im Stiche. Karthago hörte auf zu existiren. Aber wenn er an der Trebbia, am Trasimenischen See, bei Cannae geschlagen wäre, was wäre ihm schlimmeres begegnet? — — Vor den Thoren der Hauptstadt geschlagen, konnte er sein Heer nicht vor völligem Untergange bewahren. Und wenn er die Hälfte oder auch den dritten Theil seines Heeres auf der ersten und zweiten Basis zurückgelassen hätte, wäre

---

[28]) Nachdrücklicher als durch diese Reihe von Fragen kann Napoleon kaum seinen Grundsatz hinstellen, dafs es die grofse Schlacht ist, welche über den Krieg entscheidet, dafs also auf diese alle Gedanken gerichtet, alle Operationen berechnet, zu dieser alle Kräfte zusammengezogen werden müssen.

er dann Sieger an der Trebbia, bei Cannae, am Trasimenischen See geworden? Nein; alles wäre verloren gewesen, selbst seine Reserve-Armeen: der Geschichte würde sein Name unbekannt geblieben sein.

Caesar war 41 Jahre alt, als er in seinem ersten Feldzuge den Oberbefehl führte, im Jahre 58 vor Christi Geburt, 140 Jahre nach Hannibal. Die Völker Helvetiens hatten ihr Land verlassen, um sich 300 000 Seelen an Zahl am Strande des Oceans niederzulassen; sie hatten 90 000 bewaffnete Männer und zogen durch Burgund;[29]) die Völker von Autun riefen Caesar zur Hülfe herbei. Er brach von Vienne, einer Stadt in der römischen Provinz, auf, zog die Rhone aufwärts, ging bei Chalon über die Saône, erreichte einen Marsch von Autun die Helvetier und schlug diese Völker in einer lange hin und her schwankenden Schlacht. Nachdem er sie gezwungen hatte, in ihre Berge zurückzugehen, ging er wieder über die Saône, bemächtigte sich der Stadt Besançon und ging durch den Jura, um das Heer des Ariovist zu bekämpfen, traf dasselbe einige Märsche vom Rhein, schlug es und nöthigte es nach Deutschland zurückzugehen. Auf diesem Schlachtfelde befand er sich 55 Meilen von Vienne, auf dem Felde der Schlacht gegen die Helvetier war er 42 Meilen von dort entfernt. In diesem Feldzuge hielt er die sechs Legionen, aus denen sein Heer bestand, unausgesetzt in einem einzigen Lager beisammen, indem er die Sorge für seine Verbindungen seinen Verbündeten überliefs und stets Lebensmittel auf einen Monat in seinem Lager und Vorräthe für mehrere Monate in einer Festung hatte, wo er nach Hannibal's Beispiel seine Geifseln, seine Magazine, seine Lazarethe verwahrte. Nach denselben Grundsätzen hat er auch seine sieben andern gallischen Feldzüge geführt.

Während des Winters von 57 hoben die Belgier ein Heer von 300 000 Mann aus, das sie dem Galba, Könige von Soissons, anvertrauten. Caesar durch die Rhemer, seine Verbündeten, benachrichtigt, eilte herbei und lagerte sich an der Aisne. Der Gegner, daran verzweifelnd, ihn in seinem Lager zu bezwingen, ging über die Aisne, um sich gegen Reims zu wenden; aber er

---

[29]) Napoleon setzt hier und im folgenden überall die heutigen Namen der Landschaften, Völker, Flüsse und Städte: Burgund war das Land der Sequaner, die Völker von Autun — die Aeduer, Vienne — Vienna, die Saône — der Arar, Chalon — Cabillonum, Autun — Bibracte, Besançon — Vesontio, Hauptstadt der Sequaner, Soissons — Noviodunum, Hauptstadt der Suessionen, die Aisne — Axona, Reims — Durocortorum (doch war es nicht diese Stadt, welche die Belgier angriffen, sondern Bibrax, eine heute nicht mehr bekannte Stadt dortiger Gegend), die Völker im Hennegau — die Nervier, die Sambre — Sabis, Nantes — Hauptstadt der Anden Juliomagus, Vannes — Hauptstadt der Veneter Dartoritum, Zütphen — Stadt im Gebiete der Menapier (doch hat Caesar nicht die Gegend von Zütphen selbst erreicht, er kam hier nur bis in die Gegend, wo die Maas in den Rhein mündet, auf dem linken Ufer dieses Stromes), Köln — Colonia Agrippina (der Punkt, wo Caesar seine berühmte Brücke über den Rhein schlug, wird nicht bei Köln, sondern zwischen Andernach und Coblenz angenommen), Themse — Tamesis, die Völker von Sens — die Senonen zwischen Seine und Marne wohnend, von Chartres — die Carnuten um Orleans wohnend, von Trier — die Treverer, von Lüttich — die Menapier, die Loire — Liger, Bourges — Avaricum, Clermont — Gergovia, Nevers — Noviodunum, Alise — Alesia 55 km nordw. von Dijon, Cahors — Uxellodunum.

vereitelte alle Versuche Galba's; die Belgier zerstreuten sich, alle Städte dieses Bundes unterwarfen sich nach einander. Da die Völker im Hennegau aufgestanden waren, wendete er sich nach der Sambre in die Gegend von Maubeuge und wurde von ihrem Heere überrascht, ohne dafs er Zeit gehabt hätte, sich in Schlachtordnung zu stellen; von acht Legionen, die er hatte, waren sechs beschäftigt, das Lager zu verschanzen, zwei waren noch zurück mit dem Gepäck. Das Glück schien ihm an diesem Tage so entgegen, dafs eines der Kavallerie-Korps der Treverer ihn verliefs und überall den Untergang des römischen Heeres verkündete; dennoch triumphirte er.

Im Jahre 56 begab er sich in einem Zuge nach Nantes und Vannes, indem er starke Detachements in die Normandie und nach Aquitanien sendete; der nächste Punkt seiner Depots war damals Toulouse, von dem er 78 Meilen entfernt und durch Gebirge, grofse Flüsse und Wälder getrennt war.

Im Jahre 55 trug er den Krieg an das Ende von Holland nach Zütphen, wo 40 000 Barbaren über den Rhein gegangen waren, um sich der Ländereien der Gallier zu bemächtigen; er schlug sie, tödtete ihrer eine grofse Zahl, warf sie weit zurück, ging bei Köln über den Rhein zurück, durchzog Gallien, ging über die Meerenge von Calais und landete in England.

Im Jahre 54 ging er von Neuem mit fünf Legionen über den Kanal, unterwarf die Ufer der Themse, nahm Geifseln mit und kehrte mit Beginn des Herbstes nach Gallien zurück. Im Spätjahr, als er hörte, dafs sein Legat Sabinus mit fünfzehn Kohorten in der Nähe von Trier niedergemetzelt sei und Cicero in seinem Lager belagert werde, versammelte er 8—9000 Mann, setzte sich in Marsch, schlug den Ambiorix, der ihm entgegenzog, und befreite Cicero.

Im Jahr 53 unterdrückte er den Aufstand der Völker von Sens, Chartres, Trier und Lüttich und ging ein zweites Mal über den Rhein; die Erhebung brach auf allen Seiten los. Während des Winters von 52 erhoben sie sich in Masse; selbst die so treuen Völker von Autun betheiligten sich am Kriege; das Joch der Römer war den Galliern verhafst; man rieth Cäsar in die römische Provinz zurückzugehen oder hinter die Alpen; er nahm weder den einen noch den andern dieser Pläne an. Er hatte damals zehn Legionen; er geht über die Loire und belagert Bourges mitten im Winter, nimmt diese Stadt vor den Augen des Heeres des Vercingetorix und eröffnet die Belagerung von Clermont; hier scheitert er und verliert seine Geifseln, seine Magazine, seine Remonten, welche in seinem Depotplatze Nevers waren, dessen sich die Völker von Autun bemächtigen, während er Clermont vergebens belagert. Nichts schien bedenklicher als seine Lage. Labienus, sein Legat, wurde durch die Völker von Paris beunruhigt; er zieht ihn an sich und eröffnet mit seiner gesammten Armee die Belagerung von Alise, wo sich das gallische Heer eingeschlossen hatte. Er verwendet 50 Tage, um seine Contra- und Circumvallationslinien zu verschanzen. Die Gallier heben ein neues Heer aus, zahlreicher als das, welches sie eben verloren haben (die Völker von Reims allein bleiben Rom treu); sie rücken an, um die Aufhebung der Belagerung zu erzwingen; die Besatzung vereinigt drei Tage lang ihre Anstrengungen mit denen des Entsatzheeres, um die Römer in ihren Linien zu erdrücken: aber Cäsar triumphirt über Alle, Alise fällt und Gallien ist unterworfen.

Während dieses grofsen Kampfes war die ganze Armee Cäsar's in seinem Lager; er hatte nirgend einen verwundbaren Punkt. Er benutzte seinen Sieg, um die Zuneigung der Völker von Autun zurückzugewinnen, in deren Mitte er den Winter zubrachte, wenn er auch nacheinander mehrere Züge auf 60 Meilen Entfernung machte, wobei er die Truppen wechseln liefs. Endlich im Jahre 51 belagerte er Cahors, wo die letzten Gallier umkamen. Gallien ward eine römische Provinz; sein Tribut vermehrte den Reichthum Roms um 8 Millionen jährlich.

Nun zieht Euch die Operationsbasen, berechnet die Reserve-Armeen, welche Cäsar hätte zurücklassen müssen und seht dann zu, was er gegenüber den Helvetiern, gegenüber Ariovist, an der Sambre, bei Alise übrig gehabt hätte.

In seinen Feldzügen im Bürgerkriege siegte er, indem er dieselbe Methode, dieselben Grundsätze befolgte, aber er lief viel gröfsere Gefahr; er ging über den Rubicon mit nur einer Legion, hob in Corfinium dreifsig Kohorten aus und vertrieb in drei Monaten Pompejus aus Italien. Schnelligkeit! Entschlossenheit! Kühnheit! Und während er die Schiffe herrichten liefs, welche er brauchte, um das Adriatische Meer zu passiren und seinem Nebenbuhler nach Griechenland zu folgen, ging er über die Alpen, die Pyrenäen, durchzog an der Spitze von 900 Pferden, die kaum zu seiner Bedeckung ausreichten, Catalonien, kam vor Lerida im Lager seines Legaten an, und unterwarf in vierzig Tagen die Legionen des Pompejus, welche Afranius befehligte, durchschritt in einem Zuge die Entfernung, welche den Ebro von der Sierra Morena trennt, stellte in Andalusien den Frieden wieder her und kam zurück, um in Marseille, welches seine Truppen eben erobert hatten, feierlich einzuziehen. Schliefslich kommt er nach Rom, übt dort zehn Tage lang die Diktatur aus, entledigt sich derselben und eilt sich an die Spitze von zwölf Legionen zu stellen, welche Antonius bei Brindisi versammelt hatte.

Im Jahre 48 ging er mit 25000 Mann über das Adriatische Meer, hielt mehrere Monate lang alle Streitkräfte des Pompejus im Schach; schliefslich verstärkt durch Antonius, der das Meer mitten unter den Flotten des Pompejus überschritten hatte, marschirt er mit vereinten Kräften gegen Dyrrhachium, den Depotplatz seines Gegners und schliefst es ein. Jener lagerte einige Meilen von dieser Festung am Meere. Darauf entschliefst sich Cäsar, nicht zufrieden damit Dyrrhachium eingeschlossen zu haben, auch das feindliche Lager einzuschliefsen; er benutzt die dasselbe umgebenden Kuppen, läfst auf denselben 24 Schanzen anlegen und errichtet so eine Contravallation von 27 km. Pompejus mit dem Rücken am Meere bezieht mittelst seiner Flotte, welche das adriatische Meer beherrscht, Lebensmittel und Verstärkungen; er benutzt seine centrale Stellung, greift Cäsar an und schlägt ihn, der dabei dreifsig Fahnen und mehrere Tausend Soldaten, seine besten Veteranen verliert. Das Glück schien zu schwanken; auf Verstärkungen hatte er nicht mehr zu hoffen, das Meer war ihm verschlossen, alle Vortheile waren auf der Seite des Pompejus; er macht einen Marsch von dreifsig Meilen, spielt den Krieg nach Thracien und schlägt das Heer des Pompejus auf den Feldern von Pharsalus. Pompejus, fast allein, obgleich Herr des Meeres, flieht und erscheint Hülfe flehend an der Küste Egyptens, wo er von den Händen eines feigen Mörders den Tod findet. Wenige Wochen später kommt Cäsar auf seiner Fährte an, rückt in Alexandrien ein, wird im Palaste und dem Amphitheater von der Bevölkerung dieser grofsen Stadt und dem Heere des Achilles eingeschlossen; endlich, nach neun Monaten von Gefahr und unaufhörlichen Gefechten, von denen der Verlust eines einzigen seinen Sturz herbeigeführt hätte, besiegt er die Egypter. Unterdessen herrschten Scipio, Labienus und König Iuba mit vierzehn Legionen in Africa: sie hatten zahlreiche Geschwader und verhinderten die Verbindung über das Meer; Cato, in Utica, blies allen Partheien seinen Hass ein. Cäsar schifft sich mit wenig Truppen ein, gelangt nach Adrumetum, erfährt Unfälle in mehreren Scharmützeln, vereinigt sich endlich mit seiner Armee und schlägt auf den Feldern von Thapsus Scipio, Labienus und Iuba. Cato, Scipio und Iuba geben sich selbst den Tod. Weder die Festungen, noch die zahlreichen Geschwader, noch die Eide und Pflichten der Völker konnten die Besiegten dem Uebergewichte und der Thätigkeit des Siegers entziehen. Unterdessen standen im Jahre 45 die Söhne des Pompejus, welche die Trümmer von Pharsalus und von Thapsus in Spanien gesammelt hatten, an der Spitze einer zahlreicheren Armee, als ihr Vater je gehabt hatte. Cäsar brach von Rom auf, erreichte in 23 Tagen den Guadalquivir und schlug Sextus Pompejus bei Munda. Auf dem Punkte geschlagen zu werden, als seine alten Legionen zu wanken schienen, dachte er daran, sagt man, sich selbst den Tod zu geben. Labienus blieb auf dem Schlachtfelde; der Kopf des Sextus Pompejus wurde bald darauf dem Sieger zu Füfsen gelegt. Sechs Monate später, an den Iden des März, wurde Cäsar in der Mitte des römischen Senates ermordet. Wenn er bei Pharsalus, bei Thapsus, bei Munda besiegt worden wäre, hätte er das Schicksal Pompejus des Grofsen, des Metellus Scipio, des Sextus Pompejus erfahren. Pompejus, den die Römer so sehr liebten, den sie den Grofsen nannten, als er erst 24 Jahre alt war, der in achtzehn Feldzügen siegreich nacheinander über die drei Welttheile Triumphe gefeiert und den Ruhm des römischen Namens so hoch gehoben hatte, endete bei Pharsalus geschlagen seine Laufbahn; und doch war er Herr des Meeres; selbst nach seiner Niederlage war er noch der Stärkere.

Die Grundsätze Cäsar's sind dieselben wie die Alexander's und Hannibal's: seine Kräfte zusammenhalten, keine verwundbaren Punkte zeigen; mit reifsender Schnelligkeit auf die wichtigen Punkte eilen; auf moralische Mittel, den Ruf seiner Waffen, den Schrecken, den er selbst einflöfste, und ebenso auf politische Mittel sich verlassen, um die Treue seiner Verbündeten, den Gehorsam der unterworfenen Völker zu erhalten; sich jede mögliche Chance verschaffen, um den Sieg auf dem Schlachtfelde sich zu sichern; um dies zu thun, hier alle seine Truppen versammeln. [30])

---

[30]) Man erkennt die Grundsätze, welche Napoleon selbst befolgte, in denen wieder, die er aus Caesar's Kriegführung hervorhebt.

Gustav Adolf ging über die Ostsee, bemächtigte sich der Insel Rügen und Pommerns, trug seine Waffen an die Weichsel, den Rhein und die Donau; er lieferte zwei Schlachten; siegreich auf den Feldern von Leipzig, war er es ebenfalls auf den Feldern von Lützen, aber er fand hier den Tod. Eine so kurze militärische Laufbahn hat doch großse Erinnerungen zurückgelassen durch die Kühnheit, die Schnelligkeit der Bewegungen, die Ordnung, die Unerschrockenheit der Truppen. Gustav Adolf war von den Grundsätzen Alexander's, Hannibal's, Cäsar's durchdrungen.

Turenne hat fünf Feldzüge geführt vor dem Westphälischen Frieden, acht zwischen diesem und dem Pyrenäischen Frieden, und fünf nach diesem bis zu seinem Tode im Jahre 1675. Seine Operationen und Märsche während der Feldzüge von 1646, 1648, 1672, 1673 sind nach denselben Grundsätzen eingerichtet wie die Alexander's, Hannibal's, Cäsar's, Gustav Adolf's.

Im Jahre 1640 geht er von Mainz aus, zieht auf dem linken Ufer Rheinabwärts bis Wesel, wo er diesen Strom überschreitet, zieht am rechten Ufer aufwärts bis an die Lahn, vereinigt sich mit der schwedischen Armee, geht über die Donau und den Lech und macht so einen Marsch von 120 Meilen quer durch ein feindliches Land. Am Lech angekommen hat er dort alle seine Truppen in seiner Hand vereinigt, indem er wie Cäsar und Hannibal den Verbündeten die Sorge für seine Verbindungen überläfst oder vielmehr freiwillig sich für den Augenblick von seinen Reserven, seinen Verbindungen trennt und sich nur einen Depotplatz erhält.

Im Jahre 1648 geht er bei Oppenheim über den Rhein, vereinigt sich bei Hanau mit den Schweden, geht vor an die Regnitz, zurück an die Donau, die er bei Lauingen überschreitet, liefert Montecuculi ein Treffen, den er bei Zusmarshausen schlägt, geht bei Rain über den Lech, bei Freysing über die Isar: der bayerische Hof verläfst erschreckt München; darauf verlegt er sein Hauptquartier nach Mühldorf, das er brandschatzt, und verwüstet das ganze Kurfürstenthum, um den Kurfürsten für seinen bösen Willen zu bestrafen.

Im Jahre 1672 leitete er unter den Befehlen Ludwig's XIV. die Eroberung von Holland; er zog am linken Rheinufer hinab bis zu dem Punkte, wo dieser Strom sich in mehrere Arme theilt, überschritt denselben und eroberte sechzig Festungen. Seine Avantgarde erreichte Naarden. Man weifs nicht, durch welchen unglücklichen Zufall er Halt machte und nicht in Amsterdam einrückte. Von ihrer Bestürzung sich erholend öffneten die Holländer die Schleusen; das ganze Land wurde überschwemmt. Die französische Armee, durch die Besatzungen, die sie in die eroberten Festungen gelegt hatte, geschwächt, that nichts mehr. Der König ging nach Versailles zurück, der Marschall von Luxemburg übernahm das Kommando.

Turenne ging mit einem detachirten Armeekorps über den Rhein, um der Armee der mit dem Könige verbündeten Bischöfe von Münster und Köln zu Hülfe zu eilen; er zog am rechten Ufer aufwärts, erreichte den Main, und hielt die 40 000 Mann des grofsen Kurfürsten im Schach, bis er, als die Armee des Herzogs von Lothringen zu dem genannten Fürsten stiefs, genöthigt wurde hinter dem Rheine Deckung zu suchen; dies gestattete dem Gegner sich gegen Strafsburg zu wenden, wo der Prinz von Condé gerade zur Zeit kam, um die Brücke zu zerstören und den Plan des grofsen Kurfürsten zum Scheitern zu bringen, worauf dieser sich gegen Mainz wendete, eine Brücke auf Kanonenschufsweite von dieser Festung schlug und das linke Ufer mit seinen Streifkorps überschwemmte. Turenne ging im Winter mittelst der Brücke von Wesel wieder auf das rechte Ufer über, schlug den grofsen Kurfürsten, drängte ihn gegen die Elbe hin [31]) und nöthigte ihn am 10. April seinen Separatfrieden mit Frankreich zu unterzeichnen.

Diese so kühnen, so weiten Märsche setzten Frankreich in gröfstes Erstaunen; und bis sie durch den Erfolg gerechtfertigt waren, bildeten sie den Gegenstand der Kritik für mittelmäfsige Leute. Wenn er alle zwanzig Meilen Operationsbasen angelegt und Reserve-Armeen zurückgelassen hätte, wären sie einzeln geschlagen worden.

Der Prinz Eugen in seinem Feldzuge von 1706 brach von Trient auf, zog am linken Ufer der Etsch entlang, ging angesichts einer französischen Armee hinüber, zog am linken Ufer des Po aufwärts, indem er dem Feinde seine Flanke bot, ging vor den Augen des Herzogs von Orleans über den Tanaro und vereinigte sich mit dem Herzoge von Savoyen bei Turin, wo er alle französischen Linien umging, den rechten Flügel derselben zwischen Sesia und Doria angriff und sie erstürmte. Dieser so tollkühne Marsch wurde durch den glänzendsten Erfolg gekrönt. Was würde dieser grofse Mann gesagt haben, wenn man ihm vorgeschlagen hätte, vier Operationsbasen, zwölf feste Plätze einzurichten und darin den gröfseren Theil seiner Armee zurückzulassen, er, welcher nur 30000 Mann hatte und doch die Armee des Herzogs von Orleans, die ihm in Flanke und Rücken stand, unbeachtet liefs.

Friedrich bei seinen Einbrüchen in Böhmen und Mähren, auf seinen Märschen von der Oder an die Elbe und Saale, hat oft die Grundsätze dieser grofsen Feldherrn in Anwendung gebracht; er setzte ganz besonders sein Vertrauen auf die Disziplin, die Tapferkeit und die Taktik seiner Armee.

Napoleon hat vierzehn Feldzüge geführt: zwei in Italien, fünf in Deutschland, zwei in Afrika und Asien, zwei in Polen und Rufsland, einen in Spanien, zwei in Frankreich. In seinem ersten Feldzuge in Italien, im Jahre 1796, ging er von Savona als Depotplatz aus, überschritt das Gebirge an seinem schwachen Punkte, wo die Alpen enden und die Apenninen anfangen, trennte die österreichische Armee von der sardinischen, bemächtigte sich der Festung Cherasco am Zusammenflusse des Tanaro und der Stura, 12 Meilen von Savona, und errichtete dort seine Magazine; er liefs sich vom Könige von Sardinien die Festung Tortona abtreten, 12 Meilen östlich Cherasco in der Richtung auf Mailand gelegen, setzte sich dort fest, überschritt den Po bei Piacenza, bemächtigte sich der Festung Pizzighettone an der Adda, 15 Meilen von Tortona, ging an den Mincio vor, bemächtigte sich Peschiera's, 18 Meilen von Pizzighettone, und nahm die Etsch-Linie, indem er auf dem linken Ufer den Hauptwall und die Forts von Verona besetzte, welche ihm die drei

---

[31]) Diese Besiegung des grofsen Kurfürsten durch Turenne fand wohl nicht in einer Schlacht statt, sondern durch den Druck der Ueberlegenheit Turenne's.

steinernen Brücken sicherten, und Porto-Legnago, welches ihm eine weitere Brücke über diesen Strom gab. Er blieb in dieser Stellung bis zur Einnahme von Mantua, welches er einschliefsen und belagern liefs. Von seinem Lager bei Verona bis nach Chambery, dem ersten Depot an der französischen Grenze, hatte er vier Festungen staffelweise hinter sich, welche seine Lazarethe, seine Magazine einschlossen und nur 4000 Mann Besatzung erforderten; die Rekonvaleszenten, die Rekruten reichten dazu hin; er hatte also auf dieser Linie von 60 Meilen alle vier Märsche einen festen Depotplatz. Als er nach der Einnahme von Mantua sich gegen den Kirchenstaat wendete, wurde Ferrara sein Depotplatz am Po, und Ancona, sieben oder acht Märsche weiter, sein zweiter Platz am Fufse der Apenninen.

Im Feldzuge von 1797 ging er über die Piave und den Tagliamento, befestigte Palmanova und Osoppo, welche acht Märsche von Mantua liegen, ging über die julischen Alpen, stellte die alten Befestigungen von Klagenfurt wieder her, fünf Märsche von Osoppo, und nahm Stellung auf dem Soemmering. Dort befand er sich 48 Meilen von Mantua entfernt; er hatte auf dieser Operationslinie drei feste Plätze staffelweise liegen und alle fünf oder sechs Märsche einen Stützpunkt.

Im Jahre 1798 begann er seine Operationen im Orient mit der Einnahme von Alexandria, befestigte diese grofse Stadt und machte daraus den Mittelpunkt seiner Magazine und aller Einrichtungen; als er gegen Cairo vorging, liefs er bei El-Ramânyeh am Nil, 12 Meilen von Alexandria und 18 von Cairo, ein Fort errichten; zu Cairo liefs er eine Citadelle und mehrere Forts anlegen, sowie ein solches 18 Meilen von dieser Hauptstadt bei Sâlheyeh an der Strafse nach Gaza am Ausgange der Wüste. Die Armee, bei diesem Dorfe lagernd, befand sich 15 Märsche von Alexandria entfernt, hatte aber auf dieser Operationslinie drei befestigte Stützpunkte.

Während des Feldzuges von 1799 durchzog er eine Wüste von 50 Meilen, eröffnete die Belagerung von St. Jean-d'Acre und schob sein Beobachtungskorps an den Jordan auf 150 Meilen von Alexandria, seinem grofsen Depotplatze. Aber er hatte ein Fort anlegen lassen bei Qatyeh in der Wüste, 12 Meilen von Sâlheyeh; eins bei El-Arych 18 Meilen von Qatyeh; eins bei Gaza 12 Meilen von El-Arych. Er hatte also auf dieser Operationslinie von 150 Meilen sechs hinreichend starke Plätze, um seine Verbindungen zu sichern und den Feinden zu widerstehen, die er zu fürchten hatte; thatsächlich wurde ihm in diesen vier Feldzügen nie ein Transport, nie ein Kurier aufgehoben. Im Jahre 1796 wurden einige vereinzelte Soldaten in der Gegend von Tortona umgebracht; in Egypten wurden einige Barken auf dem Nil zwischen Rosette und Cairo angehalten, aber es geschah in den ersten Momenten der Eröffnung der Operationen. Die Regimenter von Kameel-Reitern, die er in Egypten organisirt hatte, waren so an die Wüste gewöhnt, dafs sie die Verbindungen zwischen Cairo und St. Jean-d'Acre stets frei hielten, ebenso wie in Ober- und Unter-Egypten. Mit einer Armee von 25 000 Mann hielt er damals Egypten, Palästina, Gallilaea besetzt, was eine Oberfläche von 11 000 Quadratmeilen in dreieckiger Form ausmacht. Von seinem Hauptquartier vor St. Jean-d'Acre bis zum Hauptquartier des General Desaix in Ober-Egypten waren es über 180 Meilen.

Der Feldzug von 1800 wurde nach denselben Grundsätzen geleitet. Als die Armee in Deutschland den Inn erreichte, war sie im Besitze der Festungen Ulm und Ingolstadt, was auf einem solchen Raume ihr zwei grofse Depotplätze gab. Man hatte es im Waffenstillstand von Parsdorf versäumt, die Rückgabe dieser Plätze zu fordern; er hielt sie für so wichtig, um die Operationen seiner Armee in Deutschland zu sichern, dafs sie die conditio sine qua non der weitern Verlängerung des Waffenstillstandes wurde, welche am 19. September 1800 unterzeichnet wurde.

Die französisch-holländische Armee bei Nürnberg sicherte den linken Flügel an der Donau und die Armee von Graubündten den rechten Flügel im Inn-Thale. Als die Reserve-Armee vom Sankt-Bernhard herabstieg, legte sie ihren ersten Depotplatz in Jvrea an; und selbst nach Marengo hielt er Italien nicht für unterworfen, so lange nicht alle Festungen diesseits des Mincio von seinen Truppen besetzt wären, und er gewährte Melas die Freiheit sich nach Mantua zurückzuziehen, unter der Bedingung, dafs er ihm dieselben sämmtlich zurückgab.

Im Jahre 1805, als er bei Ulm die ganze österreichische Armee 80 000 Mann stark gefangen genommen hatte, wendete er sich gegen den Lech, liefs die alten Wälle von Augsburg wiederherstellen und armiren, liefs einen starken Brückenkopf am Lech erbauen und machte aus dieser grofsen Stadt, die ihm so viel Hülfsmittel bot, seinen Depotplatz. Er wollte Ulm wieder herstellen, aber die Befestigungen waren geschleift und die Lokalität zu schlecht. Von Augsburg wendete er sich an den Inn und bemächtigte sich Braunau's. Diese Festung sicherte ihm eine Brücke über den Flufs: sie wurde ein zweiter Depotplatz, der ihm erlaubte, bis Wien zu gehen; diese Hauptstadt selbst wurde gegen einen Handstreich sicher gestellt. Darauf wendete er sich nach Mähren und bemächtigte sich der Citadelle von Brünn, die sofort armirt und verproviantirt wurde; 24 Meilen von Wien entfernt, wurde sie der Stützpunkt seiner Operationen in Mähren. Einen Marsch von diesem Platze lieferte er die Schlacht von Austerlitz. Von diesem Schlachtfelde konnte er sich nach Wien zurückziehen und dort über die Donau zurückgehen, oder sich auf dem linken Ufer nach Linz richten, um diesen Strom auf der dortigen Brücke zu überschreiten und Braunau zu gewinnen. [32])

Im Jahre 1806 verlegte er sein Hauptquartier nach Bamberg und versammelte seine ganze Armee an der Regnitz. Der König von Preufsen glaubte, durch ein Vorrücken gegen den Main seine Operationslinie auf Mainz hin zu durchschneiden und seine Bewegung zum Stocken zu bringen. Er entsendete zu diesem Zwecke die Korps von Blücher und des Herzogs von Weimar; aber die Verbindungslinie der französischen Armee ging nicht mehr nach Mainz; sie ging von dem Fort Kronach, an dem Ausgange der sächsischen

---

[32]) Es dürfte wohl fraglich sein, wie Napoleon, falls er die Schlacht von Austerlitz verlor, sich nach Linz oder gar nach Wien hätte zurückziehen wollen.

Gebirge gelegen, nach Forchheim, einem festen Platze an der Regnitz und von da nach Strafsburg. Da er also von der Offensiv-Bewegung der Preufsen nichts zu fürchten hatte, ging Napoleon in drei Kolonnen vor: sein linker Flügel über Coburg unter den Befehlen der Herzöge von Montebello und Castiglione aus dem 5. und 6. Korps bestehend; sein Centrum über Kronach und Schleiz (er befand sich selbst hierbei) gebildet aus dem 1. und 3. Korps unter dem Marschall Bernadotte und dem Fürsten von Eckmühl, der Garde und der Reserve-Kavallerie; der rechte Flügel marschirte durch das Land von Bayreuth; er ging über Hof vor und bestand aus dem 4. und 6. Korps unter dem Herzog von Dalmatien und dem Fürsten von der Moskwa. Die preufsische Armee zwischen Weimar und Auerstädt schon in Bewegung nach dem Main, um ihre Avantgarde zu unterstützen, machte Halt. Abgeschnitten von der Elbe und von Berlin, wurden alle ihre Magazine genommen und dienten dazu, die französische Armee zu ernähren. Vor der Schlacht bemerkte sie die Gefahr, in der sie sich befand erst, als ihre Lage schon verzweifelt war; und obgleich sie so nahe an Magdeburg im Herzen ihres Landes zwei Märsche von der Elbe entfernt war, wurde sie geschlagen, abgeschnitten konnte sie ihren Rückzug nicht mehr bewirken. Nicht ein Mann entkam von dieser alten Armee Friedrich's aufser dem Könige und einigen Schwadronen, welche mit Mühe das rechte Oderufer erreichten: mehr als 100000 Mann, hunderte von Kanonen, von Fahnen, Berlin, alle Festungen, die ganze Monarchie, waren die Siegesbeute dieses Tages.

Im Jahre 1807, im Besitze von Küstrin, Glogau, Stettin, bemächtigte er sich Warschau's, schnitt durch diese Bewegung Schlesien und seine Festungen ab, die sich selbst überlassen nach einander fielen, liefs Praga befestigen, gründete Modlin, setzte Thorn in Vertheidigungszustand, schlug die russische Armee bei Eylau und nahm Stellung an der Passarge, um die Belagerung von Danzig zu decken; diese Festung wurde sein Depotplatz und sein Stützpunkt für die Operationen bis zur Schlacht von Friedland, welche den Czaren nöthigte, den Frieden von Tilsit zu fordern.

Im Jahre 1808 waren alle Festungen im nördlichen Spanien im Besitze der französischen Armee, als sie auf Madrid marschirte, St. Sebastian, Pampeluna, Figueras, Barcelona, die Citadelle von Burgos; und später waren Gerona, Lerida, Mequinenza, Tarragona, Tortosa, Sagunt im Besitze Suchet's, als er auf Valencia marschirte.

Im Jahre 1809 fielen die ersten Kanonenschüsse bei Regensburg; Augsburg war das Centrum seiner Operationen. Da die Oesterreicher Braunau geschleift hatten, wählte er Passau aus, einen Platz am Zusammenflusse des Inn mit der Donau und viel vortheilhafter, weil er ihm zugleich über beide Flüsse eine Brücke sicherte; er liefs den Platz befestigen und versicherte sich der Brücke von Linz durch Werke ersten Ranges. Seine Armee hatte, als sie bei Wien ankam, abgesehen von dieser Verbindung nach Baiern, eine gesicherte Verbindung nach Italien über das Schlofs von Gratz und die Festung Klagenfurt. Seine Operationen von Eckmühl und von Landshut sind die schönsten, die er je gemacht hat. Die Arbeiten, die er anordnete, um bei Wagram den Uebergang über die Donau zu sichern, haben in der

Geschichte nicht ihres Gleichen; die Brücke Caesar's über den Rhein kann damit nicht verglichen werden.

Im Jahre 1812 waren Danzig, Thorn, Modlin, Praga seine Festungen an der Weichsel; Pillau, Kowno, Bialystock, Grodno am Niemen; Wilna, Minsk am Dnjepr; Smolensk sein grofser Depotplatz für seine Operation auf Moskau. Bei dieser Operation hatte er alle acht oder zehn Märsche einen befestigten Stützpunkt. Alle Poststationen waren mit Schiefsscharten versehen und verschanzt; sie waren nur von je einer Kompagnie mit einer Kanone besetzt, wodurch der Dienst so vollkommen sicher gestellt wurde, dafs während des ganzen Feldzuges kein Kurier (alle Tage gingen solche), kein Transport aufgehoben wurde, dafs selbst auf dem Rückzuge die Armee, mit Ausnahme der vier Tage, wo Admiral Tschitschakof über die Beresina hinaus zurückgeworfen wurde, stets ihre Verbindungen mit ihren Depotplätzen offen hatte.

Im Jahre 1813 waren Königstein, Dresden, Torgau, Wittenberg, Magdeburg, Hamburg seine Plätze an der Elbe; Merseburg, Erfurt, Würzburg seine Staffeln, um an den Rhein zu gelangen.

Im Feldzuge von 1814 hatte er überall Festungen und man würde die ganze Bedeutung derer in Flandern gesehen haben, wenn nicht Paris durch die Wirkung des Verraths gefallen wäre. Und wenn, selbst nachdem es gefallen war, nicht der Uebergang des 6. Armeekorps zum Feinde den Kaiser verhindert hätte auf Paris zu marschiren, so wären die Verbündeten gezwungen gewesen die Hauptstadt zu räumen; denn ihre Generale würden nie eine Schlacht auf dem linken Seineufer mit dieser grofsen, erst seit drei Tagen besetzten Stadt hinter sich gewagt haben. [33]) Der Verrath mehrerer Minister und Beamten begünstigte das Einrücken des Feindes in Paris; aber der eines Marschalls verhinderte es, dafs diese augenblickliche Besetzung der Hauptstadt den Verbündeten verhängnifsvoll wurde.

Alle Pläne zu den vierzehn Feldzügen Napoleon's entsprachen den wahren Grundsätzen der Kriegskunst; seine Kriege waren sehr kühn aber methodisch; es giebt nichts, was besser angeordnet wäre als die Vertheidigung der Etsch im Jahre 1796, wo das Haus Oesterreich mehrere Armeen verlor; als die der Passarge im Jahre 1807, um die Belagerung von Danzig zu decken. [34])

Aber verlangt man ein Beispiel eines Angriffskrieges der nach falschen, jeder Methode widersprechenden Grundsätzen geführt ist? so ist es der in

---

[33]) Die verbündeten Heere standen Anfang April 1814 bei Longjumeau und Juvisy südlich Paris vollständig bereit die Schlacht anzunehmen, wenn Napoleon von Fontainebleau her vorrückend eine solche in seiner verzweifelten Lage wirklich noch wagen wollte.

[34]) Die Vertheidigung der Passarge 1807 hat einige Aehnlichkeit mit der von Rogniat vorgeschlagenen Herrichtung einer neuen Basis. Das unbedingte Verwerfen dieser Mafsregel Rogniat's erscheint auch gegenüber der Darstellung der eigenen Feldzüge Napoleon's, namentlich desjenigen von 1812, auffallend; der Unterschied ist nur der, dafs Napoleon bis 1809 hinter sich nur eine Reihe von einzelnen Stützpunkten an seiner Etappenstrafse hatte, während Rogniat mehrere aufeinanderfolgende Linien von Stützpunkten mit starken Kräften besetzt verlangt.

Deutschland im Jahre 1796. Die französische Armee von der Sambre und Maas ging bei Düsseldorf und Neuwied über den Rhein, wendete sich zum Main, bemächtigte sich der Citadelle von Würzburg und erreichte die Regnitz, in einer Stärke von 50 000 Mann, während die Armee vom Rhein und der Mosel den Rhein bei Strafsburg überschritt, mit ihrem linken Flügel und dem Centrum sich an den Neckar wendete und mit 50 000 Mann nach Neresheim gelangte, während deren rechter Flügel, 20 000 Mann stark, den Schwarzwald überschritt und gegen Vorarlberg an den Fufs der Tyroler Berge marschirte. Diese drei Armeekorps, deren linken Flügel die Armee von der Sambre und Maas bildete, deren Centrum der Oberbefehlshaber der Rhein-Armee, und deren rechten Flügel Ferino ausmachte, waren von einander durch Gebirge, grofse Ströme, Wälder getrennt und hatten jedes eine besondere Verbindungslinie mit Frankreich; so dafs die Niederlage des einen die Sicherheit der beiden andern in Gefahr brachte. Die Flanken sind die schwachen Punkte einer in Feindes Land eindringenden Armee; man mufs sich anstrengen sie gut anzulehnen, wenn nicht beide, so wenigstens die eine, an ein neutrales Land oder ein grofses natürliches Hindernifs. In Unkenntnifs dieses ersten Grundsatzes der Kriegskunst, schuf sich die französische Armee sechs Flanken, indem sie sich in drei besondere Korps theilte; während, wenn sie gut manoeuvrirt hätte, es leicht für sie gewesen wäre, vereinigt zu marschiren mit beiden Flügeln gut angelehnt. Das Centrum focht bei Neresheim, 50 Meilen vom Rhein, ohne einen Stützpunkt, ein Zwischendepot zu haben, mit beiden Flügeln in der Luft. Der Erzherzog hatte seine Hauptkräfte gegenüber der Armee von der Sambre und Maas und gegenüber Ferino verschwinden lassen, um sich bei Neresheim zu verstärken. Sein Angriff scheiterte an der französischen Unerschrockenheit; er ging über die Donau und den Lech zurück, schwächte sich gegenüber dem Centrum der Armee vom Rhein und der Mosel, die er nicht hatte schlagen können, um 25 000 Mann und wendete sich gegen die Armee von der Sambre und der Maas, die er überwältigte und über den Rhein trieb, während das schwache Korps des Generals Latour an der Isar 70 000 Franzosen imponirte. Nicht genug, dafs die Franzosen sich zersplitterten, ihre Flanken und Rücken auf einer Linie von mehr als 60 Meilen ohne Stützpunkt liefsen, sie machten es noch schlimmer, sie hatten die Unklugheit die grofsen Festungen Philippsburg und Mannheim im Rücken zu lassen, ohne sie einzuschliefsen, indem sie dieselben nur durch ein Korps von 4000 Mann beobachten liefsen, während es nothwendig gewesen wäre, sie enge einzuschliefsen, um ihnen jede Verbindung mit dem Erzherzog, jede Kenntnifs vom Gange des Krieges, jedes Einverständnifs mit der Aufsenwelt zu nehmen; diese Einschliefsung wäre der erste Schritt zum Falle dieser Festungen gewesen. Man wurde für diese Unklugheit bitter bestraft: die Besatzungen dieser beiden Festungen trieben das schwache Beobachtungskorps über den Rhein, brachten das Landvolk zum Aufstande und durchschnitten alle Verbindungen, als sie die Erfolge des Erzherzogs erfuhren; fast hätten sie auch Kehl und die Brücke von Strafsburg überfallen. Niemals wurden die Grundsätze der Kriegskunst und der Klugheit mehr verletzt, als in diesem Feldzuge. Der Plan des Kabinets war fehlerhaft; die Ausführung war noch fehlerhafter. Was mufste man denn thun? 1) Die Armeekorps mufsten unter demselben Oberbefehlshaber stehen; ein mittelmäfsiger ist mehr werth als zwei gute; 2) vereinigt marschiren, so dafs sie nur zwei Flügel und hiervon stets einen an der Donau angelehnt hatten; 3) als Vorspiel sich der vier Festungen bemächtigen, die der Feind am Rheine hatte, mindestens die Laufgräben gegen sie eröffnen; sich der Stadt Ulm versichern, um daraus einen grofsen Depotplatz an der Donau am Ausgange des Schwarzwaldes zu machen.

Ein Offensiv-Feldzug, der die wichtigsten Regeln der Kriegskunst ebenfalls verletzt hat, ist der in Portugal. Die englisch-portugiesische Armee zählte 80000 Mann, worunter 15000 Milizen. Die französische Armee, nachdem sie Ciudad-Rodrigo und Almeida genommen hatte, drang mit 72000 Mann in Portugal ein; sie griff den Feind in seiner Stellung auf den Höhen von Busaco an; die beiden Armeen waren von gleicher Stärke, aber die Stellung bei Busaco war sehr stark; der Angriff der französischen Armee scheiterte; sie umging den folgenden Tag diese Linien, indem sie sich nach Coimbra wendete. Darauf zog sich der Gegner nach Lissabon zurück, das Land vollständig verwüstend. Soweit war alles sehr gut.

Von Coimbra wendete sich der französische General [35]) hinter der feindlichen Armee her nach Lissabon; er liefs in Coimbra seine Lazarethe mit 5000 Verwundeten und Kranken und nur zwei Bataillone als Besatzung; dabei aber war ein Korps von 11000 Mann portugiesischer Miliz mit dem Hauptquartier in Oporto organisirt; der französische General hatte nicht das Recht es aufser Acht zu lassen: er hätte 6000 Mann zurücklassen müssen, um dasselbe zu beobachten und die Verbindungen mit Almeida aufrecht zu erhalten. Es ist richtig, dafs er dann nur mit 50000 Mann vor Lissabon angekommen wäre, aber diese Zahl war hinreichend, wenn der englische General die Absicht hatte sich einzuschiffen; wenn im Gegentheil, wie er nach Allem denken mufste, die Engländer sich in Portugal behaupten wollten, so durfte der französische General nicht über Coimbra hinausgehen; er mufste vorwärts dieser Stadt selbst auf einige Meilen eine gute Stellung nehmen, sich darin verschanzen, Oporto durch ein Detachement unterwerfen, das Land in seinem Rücken und seine Verbindungen mit Almeida organisiren und abwarten, bis Badajoz genommen und die französische Armee aus Andalusien gegen den Tajo vorgerückt war. Es geschah, dafs das Miliz-Korps aus Oporto gegen Coimbra marschirte, tausend Wagen ohne Widerstand wegnahm, sich der Lazarethe bemächtigte und die französische Armee von Almeida und Spanien abschnitt.

Vor den Verschanzungen von Lissabon angekommen, fehlte es dem französischen General an Entschlossenheit, obgleich er die Existenz dieser Linien kannte, da der Gegner seit drei Monaten daran arbeiten liefs. Aber schliefslich, sei es dafs der General ernstlich gegen Lissabon anrückte, entschlossen die feindlichen Linien fortzunehmen, sei es dafs er nur eine Rekognoszirung

---

[35]) Marschall Massena; die von Wellington bei Torres Vedras angelegten Verschanzungen nöthigten ihn zur Umkehr.

machen wollte, um die Engländer zu bestimmen, dafs sie sich einschifften, keinesfalls durften die Franzosen vorwärts gehen ohne Coimbra gegen einen Handstreich sicher gestellt zu haben, und ohne ein Beobachtungskorps gegen die portugiesische Division von Oporto zurückzulassen. Dieser Feldzug war nicht durchdacht, er war also nicht methodisch.

Ein Offensiv-Feldzug, der ebenfalls gegen alle Grundsätze der Kriegskunst geführt wurde, war der Karl's XII. in den Jahren 1708 und 1709. Dieser Fürst brach aus seinem Lager von Alt-Ranstaedt in der Nähe von Leipzig im September 1707 an der Spitze von 45 000 Mann auf und zog durch Polen; 20 000 Mann unter den Befehlen des Grafen Löwenhaupt landeten zu Riga; 15 000 Mann waren in Finnland; er konnte also 80 000 Mann der besten Truppen der Welt beisammen haben. Er liefs 10 000 in Warschau zum Schutze des Königs Stanislaus und erreichte im Januar 1708 Grodno, wo er Winterquartiere nahm. Im Juni durchzog er die Wälder von Minsk und erschien vor Borisow; die russische Armee hielt das linke Ufer der Beresina besetzt; er ging zwei Meilen von ihrem linken Flügel durch eine Fuhrt, schlug 20 000 Russen, die sich hinter einem Morast verschanzt hatten und ging bei Mohilew über den Dnjepr. Er schlug am 22. September in der Nähe von Smolensk ein Korps von 16 000 Moskowitern. Er war hier an der Grenze von Litthauen und im Begriff in das eigentliche Rufsland einzurücken: der Czar in Bestürzung machte ihm Friedensvorschläge. Bis hierher entsprach sein Marsch den Regeln, seine Verbindungen waren gesichert; er war im Besitze von Polen und Riga; er hatte nur noch zehn Märsche bis Moskau und wahrscheinlich wäre er dort eingerückt, als er die grofse Strafse nach dieser Hauptstadt verliefs, den Dnjepr hinabzog und sich in die Ukraine wendete, um 240 Meilen von Smolensk sich mit Mazeppa zu vereinigen. Durch diese Bewegung bot seine von Schweden ausgehende Operationslinie von Smolensk ab auf 240 Meilen Rufsland die Flanke; er konnte sie nicht frei erhalten; es wurde ihm unmöglich irgend eine Unterstützung zu erhalten. Der General Löwenhaupt ging zwölf Tage nach ihm bei Mohilev über den Dnjepr; er hatte kaum vier Märsche gegen die Ukraine hin gemacht, als er vom Czaren angegriffen wurde. Sein Korps von 16 000 Schweden deckte einen Transport von 8000 Wagen, beladen mit Artillerie-Munition, Bekleidungsgegenständen und Lebensmitteln. Er vertheidigte sich wacker den 7., 8., 9. und 10. Oktober; aber er verlor seinen ganzen Transport und 11 000 Mann und stiefs zu seiner Armee in der Ukraine nur mit 5000 Mann, die von Allem entblöfst waren. Im Mai 1709 fing Karl XII. an, Pultawa zu belagern, wo grofse Magazine zusammengebracht waren; aber im Juni erschien der Czar mit 60 000 Mann zum Entsatz. Der König hatte nur noch 30 000 Mann, wovon ein Theil Kosaken aus der Ukraine; er griff die russische Armee an und wurde geschlagen. Er zog sich nach der Türkei zurück. Die Vernichtung seiner Armee war vollständig; mit Mühe erreichte er für seine Person mit etwa 1000 Mann die Türkei.

Wenn Karl XII. nach Moskau gehen wollte, hatte er seinen Marsch ganz entsprechend eingerichtet, bis er in der Nähe von Smolensk ankam; seine Operationslinie über Riga nach Schweden war von der Düna gedeckt, sie ging bei Mohilev über den Dnjepr; aber wenn sein Plan war Winterquartiere in der Ukraine zu nehmen, um dort Kosaken auszuheben, so operirte er schlecht, er durfte dann nicht bei Grodno über den Njemen gehen und in Litthauen einrücken. Er hätte die Weichsel bei Krakau überschreiten, sich an den untern Dnjester wenden und seine Transporte von Schweden hinter der Oder und Weichsel über Krakau kommen lassen müssen; denn es war unmöglich für ihn die Verbindung mit seinen Staaten mittelst einer Linie aufrecht zu erhalten, welche 240 Meilen weit an der Grenze von Rufsland entlang lief und diesem die Flanke bot; während es ihm leicht gewesen wäre dieselbe über Krakau zu erhalten, wo sie durch Litthauen, den Njemen und die Weichsel gedeckt wurde. Indessen er organisirte seinen Feldzug nicht wie Hannibal, so dafs er sich aller Verbindungen mit Schweden hätte entschlagen können, denn Löwenhaupt mit einem so beträchtlichen Detachement und einem so wichtigen Transporte folgte ihm in einer Entfernung von zwölf Tagemärschen und er rechnete auf dessen Ankunft.

Zu diesem ersten Fehler gegen die Kriegskunst fügte er einen zweiten, den die russische Armee bei Pultawa anzugreifen. Er war nur 7—8 Meilen vom Dnjepr, er konnte also in zwei Märschen diesen grofsen Flufs zwischen sich und den Czar bringen und Volhynien und Podolien erreichen. Zunächst, warum überhaupt eine Schlacht liefern? Selbst als Sieger bei Pultawa, was konnte er für Ansprüche machen mit einer Armee, in der er nur noch 18000 Schweden zählte, 240 Meilen von Moskau? Er konnte nicht mehr hoffen, seinem Gegner einen entscheidenden Schlag beizubringen; alles gebot ihm also die schöne Jahreszeit und die Furcht, die er noch immer den Moskovitern einflöfste, zu benutzen, um über den Dnjestr und nach Polen zurückzugehen. Und, wollte er einmal die Gefahren einer Schlacht auf sich nehmen, warum hatte er nicht einen Brückenkopf und eine Schiffbrücke über den Dnjepr vorbereitet und warum ging er nicht dorthin zurück? Er hätte auf dem rechten Ufer dieses Flusses 16000 Mann gesammelt und Warschau wieder erreicht.

Sobald Karl XII. die grofse Strafse nach Moskau verlassen hatte, verlor er seine Verbindungslinie und erhielt keine Nachrichten mehr aus Schweden. Die Katastrophe des General Löwenhaupt erfuhr er nur durch die Ankunft dieses Generals selbst. Man versichert, dafs die Fehler in seinen Operationen einer guten Anzahl von Offizieren in seinem Stabe nicht entgingen, welche, als sie daran verzweifeln mufsten, ihn von dem Plane seines Marsches nach der Ukraine abzubringen, lange dazu drängten, dafs er bei Smolensk die Ankunft des Generals Löwenhaupt und seines so kostbaren Transportes abwarte, um mit vereinten Kräften zu marschiren, alle andern Transporte von Schweden abzubestellen und den Krieg ganz in der Ukraine zu organisiren.

Nach dieser kurzen Darlegung der Feldzüge der gröfsten Feldherrn glauben wir keine Bemerkung mehr über angebliche Systeme der Kriegskunst machen zu dürfen. In dem Kriege in Hannover hat man eine grofse Zahl Festungen gebaut, um als Operationsbasis der französischen Armeen zu dienen, die auf diese Weise um eine grofse Zahl Besatzungen geschwächt wurden, was nur dazu diente, die Erfolge des Prinzen Ferdinand von Braunschweig leichter und glänzender zu machen. Es ist besser die grofsen Städte zu befestigen, wodurch alle ihre Hülfsquellen, alle ihre Reichthümer, all ihr Einflufs zur Verfügung der Armee gestellt werden; man findet in ihnen Keller und öffentliche Gebäude, welche als Magazine dienen können. Diese Städte, welche in alten Zeiten befestigt gewesen sind, haben noch dicke Mauern, Grabenschleusen u. s. w., was sehr nützlich ist; wogegen die in Erde aufgeführten Festungen nicht sicher vor einem Handstreiche sind, wenigstens wenn man nicht eine Besatzung wie in ein verschanztes Lager hineinlegt. Welche ungeheure Arbeit würde es nicht erfordern, Blockhäuser zu errichten, welche die Magazine der Armee gegen die Witterung, die Bomben und die Granaten sicher stellen.

Ist die Reserve-Armee aus alten Truppen zusammengesetzt, so wird sie auf dem Schlachtfelde fehlen; besteht sie aus unausgebildeten Rekruten, so wird sie keinen Nutzen gewähren, weder um die Armee nach einer verlorenen Schlacht wieder zu sammeln und zum Halten zu bringen, noch um das Land niederzuhalten. Aufserdem wäre es ein verhängnifsvolles System, denn die Rekruten können weder bekleidet noch ausgebildet werden, wenn sie alle Tage unvermutheten Gefechten ausgesetzt sind; sie gehen elend zu Grunde.

Die eroberten Provinzen müssen im Gehorsam gegen den Sieger durch moralische Mittel erhalten werden, durch die Verantwortlichkeit der Gemeinden, durch die Art, wie man die Verwaltung organisirt. Die Geifseln sind eins der wirksamsten Mittel, wenn die Völker überzeugt sind, dafs der Tod dieser Geifseln die unmittelbare Wirkung jedes Treubruches ist.

Die Taktik, die Evolutionen, die Ingenieur- und Artillerie-Wissenschaft lassen sich nach Lehrbüchern lernen, etwa wie die Geometrie; aber die Kenntnifs der höheren Kriegführung läfst sich nur durch das Studium der Geschichte der Kriege und der Schlachten grofser Feldherrn und durch die Erfahrung erwerben. Es giebt durchaus keine knappen bestimmten Regeln; alles hängt von dem Charakter ab, den die Natur dem Feldherrn gegeben hat, von seinen hervorragenden Eigenschaften, von seinen Mängeln, von der Natur der Truppen, der Waffentechnik, der Jahreszeit und von tausend Umständen, welche bewirken, dafs sich die Sachen nie ähnlich sehen.

VIII. **Von den Aushebungen unter Napoleon und unter Ludwig XIV.**

(S. 74.) Die Franzosen scheinen jetzt diese Institution aufgeben zu wollen, welche 25 Jahre lang der Grund ihres militärischen Ruhmes und ihres Einflusses in Europa gewesen ist, weil eine Regierung, die alles mifsbrauchte, auch die Konskription gemifsbraucht hat. Eine schöne Schlufsfolgerung! Ebensogut könnte man mir sagen, dafs, weil man zuweilen Mifsbrauch mit der Nahrung getrieben, man für immer auf diese verzichten und verhungern solle. Wir müssen lernen den Mifsbrauch eines Gesetzes von dem Gesetze selbst zu unterscheiden — — Aber man hat sich der Konskription bedient, um ganze Generationen in tollen Unternehmungen umkommen zu lassen! Nun gut, lernen wir den Mifsbräuchen zuvorkommen, indem wir dieser Art der Rekrutirung zweckentsprechende Grenzen setzen. Die beiden Kammern setzen jährlich die Erhebung des für die Ausgaben des Staates nöthigen Geldes fest; warum sollen sie nicht gleichzeitig die Aushebung der zu seiner Vertheidigung nöthigen Menschen festsetzen? Das eine ist noch wichtiger als das andere.

Das Maximum von Truppen, welche der Kaiser Napoleon unter den Waffen hatte, betrug 600 000 und mit der Marine 700 000 Mann. Die Bevölkerung seines Reiches belief sich auf 40 Millionen Seelen, das doppelte derjenigen Frankreichs unter Ludwig XIV., welcher einschliefslich der Marine 500 000 Mann unter den Waffen hatte. Man würde einen sonderbaren Irrthum begehen, wenn man voraussetzte, dafs alle dekretirten Konskriptionen auch wirklich ausgehoben worden wären;[36]) es war eine List, deren man sich bediente, um den auswärtigen Mächten zu imponiren; man machte daraus ein Machtmittel.

In Egypten hatte Napoleon mit allen Korps-Befehlshabern verabredet, dafs in den Tagesbefehlen jede Vertheilung von Lebensmitteln, Waffen, Bekleidungsstücken um ein Drittheil des wirklichen Betrages höher angegeben werden solle. Daher wundert sich auch der Verfasser der „militärischen Uebersicht des Feldzuges von 1799",[37]) dafs die Tagesbefehle dieser Armee sie auf 40 000 Mann steigen lassen, während die andern zuverlässigen Nachweise, die er sammelte, konstatiren, dafs ihre wirkliche Stärke viel unter dieser Zahl war. In den Rapporten der Feldzüge in Italien 1796 und 1797 und später wurden dieselben Mittel angewendet, um übertriebene Ideen von der Stärke der Franzosen zu verbreiten.

Keine Konskription wurde unter dem Kaiserreiche ausgehoben ohne ein Gesetz, das im geheimen Rathe entworfen, dem Senate durch die Redner des Staatsrathes vorgelegt, zur Begutachtung an eine Kommission verwiesen, und auf deren Bericht berathen und in geheimer Abstimmung bewilligt wurde. Die Freiheit dieser Abstimmungen war uneingeschränkt; sie fanden statt mit weifsen und schwarzen Kugeln, aber niemals mehr als sechs schwarze gegen achtzig oder hundert weifse. Also fast die Gesammtheit des Senates glaubte

---

[36]) Man würde aber auch einen Irrthum begehen, wenn man voraussetzte, Napoleon habe sich bei der Konskription an die festgesetzte Zahl gehalten: seine Schreiben nach der Schlacht bei Leipzig an den Kriegsminister Clarke enthalten seine Anweisungen, wie aus der dekretirten Ziffer von 150 000 Rekruten durch geschickte Repartition auf die Departements 200 000 gemacht werden sollten.

[37]) General Matthieu Dumas, vielfach in Verwaltungsstellen verwendet.

an die Nützlichkeit dieser Aushebungen [38]); diese Meinung wurde von der ganzen Nation getheilt; dieselbe war überzeugt, daſs unter den politischen Umständen, wie sie nun einmal waren, sie sich in einem Zustande der Krisis befinde und zu allen Opfern bereit sein müsse, so lange England sich weigere, seine Rechte und die Freiheit der Meere anzuerkennen, ihr ihre Kolonien zurückzugeben und dem Kriege ein Ende zu machen.

Die Engländer, welche so sehr zu preisen Mode ist, hatten im Jahre 1813 bei einer Bevölkerung von 17 Millionen Seelen 700 000 Mann unter den Waffen, also ebensoviel als das Kaiserreich mit seinen 43 Millionen. Diese Thatsachen sprechen für sich selbst, jeder kann ihre Wahrheit untersuchen. [39]) Wenn der Kaiser im Jahre 1813 eine im Verhältniſs der Bevölkerungen ebenso starke Armee gehabt hätte wie England, so würde er 1 849 000 Mann gehabt haben. Da sieht man, wie die Verfassung dieses Landes seinen Herrscher hindert, zahlreiche Armeen unter den Waffen zu haben.

Es wäre leicht zu beweisen, daſs von allen Mächten Europa's Frankreich diejenige ist, welche seit 1800 am wenigsten Soldaten verloren hat. Spanien, welches soviel Niederlagen erfuhr, hat im Verhältniſs seiner Bevölkerung mehr verloren. Man denke doch, was Aragonien allein in Saragossa verloren hat. Die Aushebungen Oesterreichs im Jahre 1800, die bei Marengo, bei Hohenlinden vernichtet wurden; im Jahre 1805, die bei Ulm, bei Austerlitz vernichtet wurden; im Jahre 1809, die bei Eckmühl, bei Wagram vernichtet wurden, waren außer allem Verhältniſs zu seiner Bevölkerung. In diesen Feldzügen hatten die französischen Armeen die Armeen von Baiern, Würtemberg, Sachsen, Polen, Italien mit sich, welche die Hälfte ihrer Stärke ausmachten; die andere Hälfte, die kaiserliche Armee, bestand zu einem Drittheil aus Holländern, Belgiern, Bewohnern der vier rheinischen Departements, Piemontesen, Genuesen, Toskanern, Römern. Preußen verlor seine ganze Armee von 250 000 bis 300 000 Mann schon in dem ersten Feldzuge von 1806.

In Ruſsland waren unsere Verluste beträchtlich, aber nicht so hoch als man sich einbildet. 400 000 Mann gingen über die Weichsel*), nur 160 000

---

[38]) Die unbedingte Willfährigkeit des damaligen französischen Senates ist so bekannt, daſs man selbst das Hinzufügen einiger weniger schwarzen Kugeln wohl als ein angeordnetes Manoeuvre ansehen darf, durch welches die Abstimmung als frei erscheinen sollte.

[39]) Es ist schwer verständlich, wie Napoleon diese 700 000 Mann zusammenrechnet, es sei denn, dass er die Freiwilligen-Korps in England, die von England theilweise besoldeten portugiesischen Truppen, die deutsche Legion, ja vielleicht gar die Truppen der ostindischen Kompagnie in Anrechnung bringt: die eigentlichen englischen Truppen einschließlich der Marine werden sich kaum jemals auf mehr als die Hälfte belaufen haben.

*) 400 000 Mann gingen über die Weichsel, aber die Hälfte rührte her aus Polen, dem Königreich Italien, aus Westfalen, dem Herzogthum Berg, aus Oesterreich, Preußen, Baiern, Sachsen, Würtemberg, dem Herzogthum Baden, Hessen, Mecklenburg.
Von den 200 000 Mann, welche die kaiserliche Garde bildeten, waren ein Drittheil Piemontesen, Genuesen, Toskaner, Parmesaner, Römer, Belgier, von den Ufern des Rheins, aus der 32. Militär-Division, aus Hamburg, Bremen, Lübeck; es gab nur 140 000 Franzosen aus dem alten Frankreich unter den 400 000 Mann, welche über die Weichsel gingen. (N.)

gingen über Smolensk hinaus, um auf Moskau vorzurücken. 240000 blieben in Reserve zwischen der Weichsel, dem Dnjepr und der Düna, nämlich die Korps der Marschälle, Herzöge von Tarent, von Reggio, von Belluno, des Grafen St. Cyr, des Grafen Reynier, des Fürsten Schwarzenberg; die Division Loison in Wilna, die von Dombrowski in Borisow, die von Durutte in Warschau. Der Feldzug von 1812 in Rufsland kostete dem alten Frankreich 50000 Mann. Die russische Armee hat auf ihrem Rückzuge von Wilna bis Moskau und in den verschiedenen Schlachten viermal soviel verloren als die französische Armee; der Brand von Moskau hat 100000 Russen das Leben gekostet, welche vor Frost und Hunger in den Wäldern umkamen; schliefslich auf ihrem Marsche von Moskau bis an die Oder litt die russische Armee ebenso unter der Ungunst der Jahreszeit; beim Abmarsche aus Moskau zählte sie 120000 Kombattanten, bei Wilna 50000; bei Kalisch zählte sie nur noch 18000; man kann dreist behaupten, dafs, alles gerechnet, der Verlust Rufslands in diesem Feldzuge viermal so grofs war als der des heutigen Frankreich.

Was England in Ost- und Westindien verliert, was es auf seinen Expeditionen nach Holland, in Buenos-Ayres, in St. Domingo, in Egypten, bei Vlissingen, in Amerika verloren hat, übersteigt alles denkbare. Die allgemein angenommene Meinung, dafs die Engländer ihre Soldaten schonen, ist durchaus falsch; sie gehen im Gegentheil sehr verschwenderisch damit um; sie setzen sie unaufhörlich allen Gefahren aus in gewagten Expeditionen, in Stürmen, die gegen alle Regeln der Kriegskunst verstofsen, in ungesunden Kolonien. Alles gerechnet hat Frankreich also seit fünfzehn Jahren weniger Menschen verloren als die übrigen Mächte Europa's; und hiedurch allein ist es zu erklären, wie seit 1800 seine Bevölkerung sich so beträchtlich vermehrt hat. Alberne Deklamationen, verbreitet aus Unwissenheit oder aus Hafs, sind es, welche Europa 1814 glauben liefsen, dafs es keine Menschen, kein Vieh, keinen Ackerbau, kein Geld mehr in Frankreich gäbe, dafs sein Volk den äufsersten Grad des Elends erreicht habe, dafs man auf dem Lande nur noch Greise, Frauen und Kinder sähe. Frankreich war damals das reichste Land der Welt; es hatte an baarem Gelde mehr als das ganze übrige Europa zusammen. Wie wenig sind solche Versicherungen im Munde französischer Offiziere am Platze.[40])

---

[40]) Die Unrichtigkeit, ja sogar die Unwahrheit der vorstehenden Berechnungen liegt zu klar, namentlich da Napoleon den Menschenverlust Frankreichs mit dem Verlust, den z. B. Oesterreich bei Ulm 1805 an Gefangenen erlitt, auf gleiche Stufe stellt. Gegen die aus obiger Berechnung sich ergebende Schlufsfolgerung, dafs den eigentlichen Franzosen, welche überall nur den dritten Theil des Heeres bildeten, die Siege und der Ruhm jener glänzenden Feldzüge nur zum kleineren Theile zuzuschreiben seien, würde Napoleon sich gewifs nachdrücklich erklärt haben.

XVIII. Schlufsfolgerungen.[41]

2. Die Aushebung geschieht am besten durch das Loos

Ohne dabei irgend ein Vorrecht oder eine Exception zuzulassen.

3. Die Stärke des Bataillons, abhängig von der Möglichkeit sie mit der Stimme zu kommandiren, ist auf 6—800 Mann anzunehmen.

Ein Bataillon in Linie mufs 120 m Front haben, wozu 800 Mann zum Dienste unter den Waffen nöthig sind, einschliefslich 80 Mann für die Schliefsenden, die Tambours, die Musik, den Stab, die Trainsoldaten; rechnet man als Unterschied zwischen der Gesammtstärke und den zum Dienste vorhandenen 160 Mann hinzu, so erhält man zusammen 960 Mann als Stärke des Bataillons.

4. Zwischen dem Oberbefehlshaber und den einzelnen Bataillonen sind Zwischen-Instanzen der Befehlsführung nöthig.

Man braucht einen Oberst-Brigadier für drei oder vier Bataillone, also für eine Gesammtstärke von 2880 oder 3840 Mann, d. i. eine Dienststärke von 2400 oder 3200.

5. Die Stärke der Divisionen hängt davon ab, wieviel Bataillone ein Einzelner noch übersehen und leiten kann.

Eine Division setzt sich aus drei Brigaden zusammen also aus neun oder zwölf Bataillonen, mit 8640 oder 11520 Mann, was eine Dienststärke von 7200 oder 9600 Mann ergiebt.

6. Der verschiedene Gebrauch im Kriege fordert zwei Arten von Infanterie, leichte und schwere.

Es giebt nur eine einzige Gattung Infanterie und kann nur eine einzige geben, weil die Muskete die beste Kriegswaffe ist, welche die Menschen erfunden haben.

7. Die Bedürfnisse des Krieges erfordern zwei Gattungen Kavallerie; die Stärke der Kavallerie mufs ein Sechstheil der Armee ausmachen.

Die Bedürfnisse des Krieges erfordern vier Arten: Eclaireurs, leichte Kavallerie, Dragoner, Kürassiere. Die Kavallerie, einschliefslich der Eclaireurs mufs zur Infanterie in einer Armee in Flandern oder Deutschland im Verhältnifs wie 1:4 stehen, in den Pyrenäen, den Alpen wie 1:20, in Italien und Spanien wie 1:6.

---

[41] Die Schlufsfolgerungen Rogniat's sind hier nur, soweit Napoleon Bemerkungen dazu macht, und auch dann nur ihrem Inhalte nach wiedergegeben.

8. Linien-Truppen müssen in Ordnung, leichte Truppen aufgelöst fechten.

Ordnung und Taktik sind nothwendig für die Infanterie, die Kavallerie, die Artillerie, für die Eclaireurs, Chasseurs, Dragoner, Kürassiere. Die Kavallerie bedarf der Ordnung, der Taktik in höherm Grade als selbst die Infanterie, sie muſs auſserdem verstehen zu Fuſs zu fechten, in den Bewegungen des Zuges und des Bataillons ausgebildet sein.

9. Die Division soll leichte und schwere Infanterie und leichte Kavallerie umfassen.

Wenn Ihr jeder Division eine Hand voll Eclaireurs zutheilet, so darf doch deren Zahl nicht den fünfundzwanzigsten Theil der Infanterie überschreiten, und müssen sie mit Pferden von 4 Fuſs 5 bis 6 Zoll beritten sein, deren sich die Kavallerie nicht bedient.

10. Die Linien-Kavallerie, welche nur in groſsen Massen und gegen das Ende des Gefechtes sehr nützlich sein kann, wird ganz und gar bei der Reserve der Armee vereinigt sein.

Die Linien Kavallerie muſs bei der Avantgarde, der Arrieregarde, auf den Flügeln und bei der Reserve sich befinden, um die leichte Kavallerie zu unterstützen. Sie muſs gebraucht werden zum Anfange, in der Mitte, zum Ende einer Schlacht je nach den Umständen.

11. Je besser die Infanterie ist, desto weniger braucht man Artillerie; zwei Geschütze auf 1000 Mann guter Truppen genügen.

Man muſs ebensoviel Artillerie haben als sein Gegner und vier Geschütze auf je 1000 Mann an Infanterie und Kavallerie rechnen. Je besser die Infanterie ist, um so mehr muſs man sie schonen und durch gute Batterien unterstützen.

12. Die Artillerie wird zwischen den Divisionen und der Armee-Reserve getheilt.

Der gröſsere Theil der Artillerie muſs den Divisionen der Infanterie und Kavallerie zugetheilt werden, der kleinere Theil in Reserve bleiben. Ein Geschütz muſs 300 Schuſs mit sich führen, den Laffetenkasten ungerechnet: das ist der Verbrauch von zwei Schlachten.

13. Eine Armee muſs in mehreren Kolonnen marschiren, um die rasche Unterstützung der etwa angegriffenen Tete sicher zu stellen.

Es giebt Fälle, wo eine Armee in einer einzigen Kolonne marschiren muſs, und es giebt Fälle, wo sie in mehreren marschiren muſs. Der Weg einer Armee läuft gewöhnlich nicht in einem Engpass von 12 Fuſs Breite, die Chausseen haben 8 oder 12 m und erlauben mit zwei Wagenreihen nebeneinander und in einer Frontbreite von 15 oder 20 Mann zu marschiren. Man hat Armeen von 120 000 Mann, welche in einer einzigen Kolonne marschirten, sich in sechs Stunden zur Schlacht entwickeln sehen.

14. Jede Kolonne bildet ihre eigene Avantgarde aber nur aus leichten Truppen, damit sie sich nicht in ein ernstes Gefecht einläfst.

In den meisten Fällen mufs man eine Avantgarde haben, bei der sich der Oberbefehlshaber befinden mufs, um von da aus die Bewegungen seiner Armee zu leiten. Man mufs bei der Avantgarde leichte Kavallerie haben und schwere Kavallerie, Korps von Eliten-Infanterie und eine hinreichende Masse Geschütz, damit man manoeuvriren, den Feind aufhalten und Zeit gewinnen kann für die Armee, um einzutreffen und aufzumarschiren, für Trains und Bagagen, um abzumarschiren.

16. Jede Kolonne soll aus einem Armeekorps von vier Divisionen, 60 Geschützen und 3000 Pferden unter einem kommandirenden General bestehen.

---

1. Man braucht nur einen kommandirenden General für die Armee, einen Generallieutenant für jedes Korps oder jeden Flügel der Armee, einen Generalmajor für die Division, einen Oberst-Brigadier für die Brigade.
2. Es ist gut, wenn die Armeekorps untereinander nicht gleich stark sind, wenn man solche von vier, von drei, von zwei Divisionen hat. In einer grofsen Armee mufs man wenigstens fünf Infanterie-Korps haben.
3. Wenn die Infanterie der Armee sich nur auf 60 000 Mann beläuft, ist es besser nur Divisionen zu haben und Generallieutenants, um die Flügel und die Detachements zu kommandiren.

17. Ein Generalissimus an der Spitze hält die Marschkolonnen so nahe aneinander, dafs sie sich gegenseitig unterstützen können; wenn der Gegner versammelt ist nicht über 1—1¼ Meile von einander.

Der Titel eines Generalissimus fafst in sich den Begriff des Oberbefehls über alle Truppen eines Staates.

Die Entfernungen, welche die Armeekorps auf ihren Märschen von einander haben müssen hängen von den Lokalitäten und Umständen ab, und dem Zwecke, den man sich vorsetzt. Entweder ist das Terrain überall gangbar, und warum soll man dann in einer 6—9 Meilen breiten Front marschiren? oder es ist nur auf einer gewissen Zahl von Chausseen oder Vicinal-Wegen zu passiren, und dann empfängt man das Gesetz von den Lokalitäten.

Wozu nützt eine Maxime, welche niemals in die Praxis übertragen werden kann, und welche zur unrechten Zeit in die Praxis übertragen, oft die Ursache des Verlustes der Armee sein würde?

18) Die Kunst des Generalissimus besteht darin, alle seine Ko-

lonnen rasch gegen eine des Feindes zu versammeln und diese zu erdrücken.

Das hängt von dem Objekt ab, das man in's Auge gefafst hat, von der Natur der Truppen, von den Lokalitäten.

19) Infanterie in drei Gliedern, gegen Infanterie und gegen Kavallerie.

Das ist die jetzige Aufstellung.

20) Gliedersalven am meisten zu empfehlen namentlich gegen Kavallerie.

Dem Feinde gegenüber ist nur das Rottenfeuer anwendbar, das von beiden Flügeln jedes Zuges beginnt.

21) Eine Schlachtordnung mufs aus zwei Treffen und einer Reserve bestehen.

Das ist der Taktik der Römer entnommen, welche eine feststehende Schlachtordnung hatten; aber seit der Erfindung der Feuerwaffen hängt die Art, wie man eine Position besetzt, um darin zu lagern oder eine Schlacht anzunehmen, von soviel verschiedenen Umständen ab, dafs sie nach den Umständen verschieden ist; es giebt selbst mehrere Arten, eine gegebene Stellung mit derselben Armee zu besetzen; der scharfe militärische Blick, die Erfahrung oder das Genie des Oberbefehlshabers entscheiden hierüber; es ist dies seine Hauptaufgabe. In einer grofsen Zahl von Fällen würde eine Armee, welche diese Schlachtordnung annähme, geschlagen werden und eine Niederlage erleiden.

22) Das zweite Treffen soll in kleinen Kolonnen soweit hinter dem ersten stehen, dafs es aufserhalb der Gewehrschufsweite des Gegners ist.

Wenn das zweite Treffen 160—200 m hinter dem ersten aufgestellt ist, und während der Schlacht in Kolonnen formirt bleibt, so wird es schneller als das erste Treffen durch die feindliche Artillerie vernichtet werden und also nicht zur Unterstützung des letzteren dienen können. Alles dies war gut für die Griechen und Römer.

23) Die Reserve, bestehend aus der schweren Kavallerie, der Hälfte der Artillerie und einem Korps Elite-Infanterie — —

Eine Armee, welche für die ganze Dauer einer Schlacht die Hälfte ihrer Artillerie und ihre ganze schwere Kavallerie zur Unthätigkeit verdammen würde, wäre fast sicher geschlagen zu werden.

24) In dieser Schlachtordnung soll die leichte Infanterie das Schützengefecht, die Divisions-Artillerie den Geschützkampf durch-

führen, das erste Treffen zum Feuergefecht geschlossen vorgehen und je nach dem Widerstande des Gegners selbst mehrmals mit dem zweiten Treffen sich gegenseitig ablösen. Alsdann die Reserve einen feindlichen Flügel mit ihrer Artillerie beschiefsen, mit ihrer Kavallerie umfassen, mit ihrer Infanterie angreifen.

Dies ist den Römern entnommen; die Neueren schlagen sich nicht auf diese Weise. Seht Euch die Schlachten Gustav Adolf's, Turenne's, des grofsen Condé, Luxemburg's, des Prinzen Eugen, Friedrich's an: Ihr werdet nicht eine einzige finden, die dem ähnlich sieht. Aber wollt Ihr wissen, wie man Schlachten liefert? Leset und durchdenket die Relation der 150 Schlachten dieser grofsen Feldherren.

25) Die Kolonne dient nur zur Bewegung, nicht zum Kampfe, wenn das Terrain irgend erlaubt, sich zu entwickeln.

Die Kolonnen-Formation ist eine Formation für den Kampf, wenn die Umstände es erfordern; darum giebt unsere Taktik uns die Mittel rasch aus der dünnen in die tiefe Formation überzugehen. Wenn man die Kavallerie fürchtet, so mufs man in geöffneter Zugkolonne marschiren um durch ein Einschwenken mit Zügen rechts und links das Karré formiren zu können.

26) Auch gegen einen gedeckten Feind, gegen den man das Feuergefecht nur mit Nachtheil führen kann, mufs man der schnelleren Bewegung und Entscheidung wegen in Kolonne herangehen.

Also ist die Kolonnen-Formation doch nicht allein eine Formation für die Bewegung.

27) Da ein Gefecht sich aus einer Reihe abwechselnder Kämpfe und Bewegungen zusammensetzt, mufs man bald in Linie, bald in Kolonne formirt sein und rasch aus einer Formation in die andere übergehen.

Nicht weil eine Schlacht sich aus einer Abwechselung von Kämpfen und Bewegungen zusammensetzt, mufs man in Kolonne oder in Linie formirt sein, sondern weil die Umstände des Angriffs oder der Vertheidigung erfordern, dafs man in Linie oder Kolonne formirt sei.

2) Die ursprüngliche Schlachtordnung mufs sich dem Terrain anschmiegen, um alle seine Verschiedenheiten für den Angriff oder die Vertheidigung nutzbar zu machen.

Dies ist dunkel und unverständlich; und soweit man es verstehen kann, ist es falsch: die Umstände des Terrains allein dürfen die Schlachtordnung nicht bestimmen, welche durch die Vereinigung aller Umstände festgesetzt werden mufs.

29) Das Terrain ist bald günstig, bald ungünstig; die Kunst besteht darin, das erstere für uns zu benutzen, das letztere vor uns oder seitwärts zu behalten, damit es den Feind störe.

Diese Bemerkung ist geeignet zu beweisen, daſs man keine Normal-Schlachtordnung vorschreiben kann.

30) Wir müssen in entwickelter Schlachtordnung lagern, um nicht überfallen zu werden, nicht wie die Römer in einem Klumpen, denn wir können uns nicht wie diese ringsum verschanzen.

Die Kunst, in einer Stellung ein Lager aufzuschlagen, ist nichts Anderes, als die Kunst, in dieser Stellung eine Schlachtlinie zu nehmen. Alle Wurfmaschinen müssen dabei in Thätigkeit und vortheilhaft aufgestellt sein; die eingenommene Stellung darf nicht überhöht, nicht von der Flanke noch durch Umfassung bedroht sein, sie muſs vielmehr, soviel als möglich, die gegenüberliegende Stellung überhöhen, umfassen und in der Flanke bedrohen.

31) Verstärkung der Stellung durch leichte Verschanzungen empfohlen.

Die Feldverschanzungen sind stets nützlich, nie schädlich, wenn sie verständig angelegt sind.

32) Batterien sollen, um Arbeit zu sparen und der Artillerie mehr Schuſsfreiheit zu geben, nicht in den Redouten, sondern ganz nahe daneben angelegt werden, hinter kleinen Aufwürfen.

Die Grundsätze der Feldbefestigung sind der Verbesserung bedürftig. Dieser Theil der Kriegskunst ist noch groſser Fortschritte fähig. Wenn die Geschütze nicht in den Redouten stehen, so werden sie durch eine glückliche Kavallerie-Attake in Feindes Hand fallen. Die Batterien müssen in den vortheilhaftesten Stellungen so weit, als es ohne ihre Sicherheit zu gefährden möglich ist, vor den Linien der Infanterie und der Kavallerie aufgestellt werden. Es ist gut, wenn sie das Feld um die volle Höhe der Geschützbank überhöhen; es ist durchaus nöthig, daſs sie rechts und links nicht maskirt seien, so daſs sie ihr Feuer nach allen Richtungen hinwenden können.

33) Schlieſslich aber muſs einmal der Feind vom Terrain vertrieben werden, wozu vor Allem tapfere Soldaten nöthig sind.

Ja, tapfere, gut ausgebildete und gewandte.

34) Die Tapferkeit muſs anerzogen werden, sie ist dem Menschen nicht angeboren.

Wäre denn etwa die Feigheit dem Menschen angeboren? Das Pferd sogar wiehert beim Schall der Trompeten, hebt sich und stampft vor Feuer.

35) Zur Erweckung der Tapferkeit dienen weder Vernunftgründe, noch Strafen, noch die Disziplin, sondern nur Leidenschaften. Diese müssen eingeflöfst und im Gefecht durch die Reden des Generals angeregt werden.

Die Disziplin fesselt die Truppen an ihre Fahnen; durch Reden werden sie mitten im Feuer nicht tapfer gemacht: die alten Soldaten hören kaum zu, die jungen vergessen sie beim ersten Kanonenschufs. Es giebt unter den Reden im Livius keine, welche durch einen Heerführer gehalten wäre, denn keine von allen hat Zug und den Stempel unmittelbarer Eingebung. Die ermunternde Geberde eines Generals, den seine Truppen lieben, hat ebensoviel Werth als die schönste Rede. Wenn die Reden, die Vernunftgründe überhaupt im Laufe eines Feldzuges Nutzen haben, so ist es um Einflüsterungen und falsche Gerüchte zu verwischen, im Lager eine gute Anschauung zu erhalten, den Plaudereien im Bivak Material zu liefern. Der gedruckte Tagesbefehl hat viel mehr Vortheile als die Reden der Alten. Wenn der Kaiser Napoleon, indem er durch die Reihen seiner Armee dahinsprengte, mitten im Feuer rief: „Entrollt diese Fahnen, der Augenblick ist endlich gekommen!" so machten die Geberde, der Blick, die Bewegung den französischen Soldaten vor Muth und Ungeduld zittern.

36) Bei den verschiedenen Nationen haben den gröfsten Einflufs der Fanatismus, die Vaterlandsliebe, das Ehrgefühl, der Ehrgeiz, die Liebe, die Habgier.

Die Griechen im Dienste des grofsen Königs waren für seine Sache nicht begeistert. Die Schweizer im Dienste Frankreichs, Spaniens, der italienischen Fürsten waren für deren Sache nicht begeistert. Die Truppen des grofsen Friedrich, zum grofsen Theile aus Ausländern bestehend, waren für seine Sache nicht begeistert. Ein guter General, gute Kadres, eine gute Organisation, eine gute Ausbildung, eine gute Disziplin geben gute Truppen, ganz abgesehen von der Sache, für die sie sich schlagen. Es ist indessen richtig, dafs der Fanatismus, die Vaterlandsliebe, der Ruhm des Volkes die jungen Truppen vortheilhaft anregen können.

37) Ein Angriffs-Krieg kann ein Invasions-Krieg oder ein methodischer Krieg sein.

Jeder Angriffs-Krieg ist ein Invasions-Krieg; jeder nach den Regeln der Kunst geführte Krieg ist ein methodischer. Die Feldzugspläne sind unendlich verschieden je nach den allgemeinen Verhältnissen, dem Genie des Feldherrn, der Natur der Truppen und den geographischen Verhältnissen. Es giebt zwei Arten von Feldzugsplänen, gute und schlechte; zuweilen scheitern die guten an zufällig eintretenden Verhältnissen, zuweilen haben durch eine Laune des Glücks die schlechten Erfolg.

38) Der Invasions-Krieg kann mit Erfolg zur Eroberung despotischer Staaten, wo das Volk keinen Antheil an der Vertheidigung

nimmt, gebraucht werden; der methodische allein kann gegen Republiken gelingen, wo der Patriotismus der Bürger stets erneute Hindernisse dem Fortschritt der Eroberung entgegenstellt.

Waren Rufsland und Spanien Republiken? Holland und die Schweiz despotische Staaten?

Die Kriege von Dschingis-Khan, von Tamerlan waren methodisch, weil sie den Regeln der Kunst entsprachen, und wohl überlegt, weil ihre Unternehmungen mit der Stärke ihrer Armee im Verhältnifs standen: das Kleid eines Riesen ist nicht für einen Zwerg gemacht. Der Krieg Karl's XII., der Einbruch in Deutschland 1796, waren nicht methodisch, weil sie schlecht entworfen und ohne Ziel waren, weil sie alle Regeln der Kunst verletzten.

39) In Europa, wo die Vaterlandsliebe der Völker und das politische Gleichgewichtssystem der Regierungen schnellen Eroberungen sich widersetzen, kann nur ein methodischer Krieg festen Erfolg verschaffen.

Jeder Krieg mufs methodisch sein, weil jeder Krieg den Grundsätzen und Regeln der Kriegskunst und dem Zwecke entsprechend geführt werden, ein Ziel haben mufs; er mufs den eigenen Kräften gemäfs angelegt werden. Es giebt zwei Arten von Angriffs-Kriegen: denjenigen, der gut entworfen ist und den Grundsätzen der Wissenschaft entspricht, und denjenigen, welcher schlecht entworfen ist und dieselben verletzt. Karl XII. wurde von dem Czaren, dem gröfsten Despoten der Welt, geschlagen, weil sein Krieg schlecht durchdacht war; Tamerlan wäre von Bajazet geschlagen worden, wenn sein Kriegsplan dem des schwedischen Monarchen ähnlich gewesen wäre.

40) Der methodische Krieg erfordert zwei Armeen, eine Operations-Armee, um die Schlachten zu gewinnen, und eine Reserve-Armee um das eroberte Land zu besetzen und zu bewahren, Hülfsquellen daraus zu ziehen, die Operations-Armee zu unterstützen und zu ernähren.

Man mufs nur eine Armee haben, denn die Einheit der Befehlsführung ist im Kriege von höchster Nothwendigkeit. Man mufs die Armee zusammenhalten, so viel Kräfte als irgend möglich auf dem Schlachtfelde vereinigen, alle günstigen Gelegenheiten sofort benutzen, denn das Glück ist ein Weib: wenn Ihr es heute versäumt, so dürft Ihr nicht erwarten es morgen wieder zu finden.

41) Die Reserve-Armee mufs eine Vertheidigungslinie als „Operationsbasis" herstellen, zur etwaigen Aufnahme der Armee.

Führt Angriffs-Kriege wie Alexander, Hannibal, Caesar, Gustav Adolf, Turenne, Prinz Eugen und Friedrich; leset, leset immer von Neuem die Geschichte ihrer dreiundachtzig Feldzüge, bildet Euch nach ihnen; das ist das einzige Mittel ein grofser Feldherr zu werden und hinter die Geheimnisse der Kriegskunst zu kommen; Euer Geist, hierdurch erleuchtet, wird Euch die Grundsätze, welche denen dieser grofsen Männer widersprechen, verwerfen lassen.

42) Auf der Operationsbasis müssen alle Depots liegen. Dieselben müssen durch provisorische Befestigungen sicher hergestellt werden.

Das ist das System des Krieges gegen Hannover von 1758—1763. Provisorische Erdwerke, in fünfzehn oder zwanzig Tagen errichtet, würden nicht sicher vor einem Handstreiche sein. Wieviel Zeit würde man nicht brauchen, um Deckungen herzustellen, welche die Magazine der Armee vor den Granaten und Bomben vollständig sichern könnten.

Die Römer, nach den Schlachten am Trasimenischen See und bei Cannae, verloren ihre Heere; sie konnten sich nicht wieder sammeln, kaum kamen einige Flüchtlinge nach Rom; und dennoch fanden diese Schlachten mitten unter ihren festen Plätzen, wenige Tagemärsche von ihrer Hauptstadt selbst statt. Hätte Hannibal dasselbe Schicksal gehabt, so würde man sagen, es geschah, weil er sich von Carthago, von seinen Depots, seinen Festungen zu weit entfernt hatte; aber als er bei Zama vor den Thoren Carthago's geschlagen wurde und eine Niederlage erlitt, verlor er sein Heer, wie die Römer die ihrigen bei Cannae und am Trasimenischen See verloren hatten. Nach Marengo verlor der General Melas seine Armee; er hatte keinen Mangel an festen Plätzen: Alexandria, Tortona, Genua, Turin, Fenestrella, Coni; er hatte deren in allen Richtungen. Die Armee von Mack an der Iller war mitten in ihrem Lande; dennoch wurde sie genöthigt die Waffen zu strecken. Und jene alte Armee Friedrich's, welche soviel Helden an ihrer Spitze zählte, die Braunschweig, Möllendorf, Rüchel, Blücher u. s. w., konnte, bei Jena geschlagen, keinen Rückzug mehr bewirken; in wenig Tagen streckten 250000 Mann die Waffen. Dennoch fehlte es ihnen nicht an Reserve-Armeen: sie hatten deren eine bei Halle, eine an der Elbe, von Festungen unterstützt; sie waren mitten im eigenen Lande, nicht weit von ihrer Hauptstadt.

Wenn Ihr Euch vorsetzt eine grofse Schlacht zu liefern, so gebt Euch alle Chancen für den Erfolg, besonders wenn Ihr mit einem grofsen Feldherrn zu thun habt: denn wenn Ihr geschlagen werdet, und wäre es mitten in Euern Provinzen, dicht bei Euern Festungen, dann Wehe Euch!

43) Diese provisorischen Befestigungen müssen an den Strafsenknoten liegen.

Ohne Deckungen für die Magazine werden die Granaten alles zerstören. Diese Feldwerke, wenn sie nicht wenigstens durch Ueberschwemmungen gedeckt sind, werden ungeheure Besatzungen erfordern; es ist besser die Städte zu befestigen.

44) Für den Vertheidigungskrieg sind Festungen höchst wichtig

und müssen sie an den richtigen Stellen in genügender, aber nicht zu grofser Zahl angelegt werden.

Die Festungen sind für den Vertheidigungskrieg nützlich, wie für den Angriffskrieg. Ohne Zweifel können sie allein nicht die Stelle einer Armee vertreten; aber sie sind das einzige Mittel, das man hat, um einen siegreichen Feind aufzuhalten, zu fesseln, zu schwächen, zu beunruhigen.

45—47) Sie dienen als Depots, als Sperrpunkte, als Zufluchtsort der Armee, an welchem der Gegner nicht vorbeimarschiren kann.

Je nach den Umständen.

48) Zur Erfüllung des letzten Zweckes müssen die Festungen von einem verschanzten Lager umgeben sein, das aus vier detachirten 4—6000 m von einander entfernten Forts besteht.

Dieses Befestigungssystem scheint von einem Husaren-Offizier entworfen.

49) Man darf nicht zuviel Festungen haben, um nicht durch ihre Besatzungen die Operations-Armee zu schwächen; man darf sie nicht nur an der Grenze anhäufen, sondern mufs sie auch über das Innere des Landes vertheilen, weil man sie im Falle des Unglücks auch dort braucht.

Die Besatzungen der Festungen müssen aus der Bevölkerung und nicht aus der aktiven Armee entnommen werden; die Regimenter der Provinzial-Miliz hatten diese Bestimmung: es ist dies das schönste Vorrecht der National-Garde.

Es ist möglich, dafs das System Vauban's fehlerhaft ist; aber es ist besser als das, welches man hier vorschlägt. Es ist besser seine Streitkräfte, seine Geschütze, seine Kriegsmaschinen einander zu nähern, sie zu vereinigen, zu centralisiren als sie zu versplittern.

Rings um Paris müssen Befestigungen errichtet werden.

50) Eine Vertheidigungs-Armee mufs gegen den vordringenden Angreifer eine Flankenstellung einnehmen, um ihn durch Abschneiden seiner Verbindungen zum Aufgeben seiner Unternehmung zu zwingen, oder, wenn er sich gegen die Armee wendet, durch Rückzug in ein verschanztes Lager ihn zu langwierigem Belagerungskriege zu nöthigen.

Alexander, Hannibal, Caesar, Gustav Adolf, Turenne, Prinz Eugen, der grofse Friedrich würden sehr in Verlegenheit sein, wenn sie sich über diese Frage entscheiden sollten, welche ein Problem der höheren transscendenten Geometrie bildet.

Bemerkungen

zu der Einleitung des Werkes:

Ueber den siebenjährigen Krieg

vom

General Lloyd.

1. Bemerkung: 9. Kapitel. — Schlachtordnung. — Neues System.

Der General Lloyd entwickelt hier sein System, welches dahin geht, den dritten Theil der Infanterie zugleich mit Piken zu bewaffnen. Wenn es möglich wäre, einen Theil der Infanterie zugleich mit Musketen und Piken zu bewaffnen, so wäre dies System vollkommen; aber da dies unmöglich ist, mufs die Muskete vor Allem den Vorrang haben. Wie wir schon gesagt haben, die Formation in Linie oder in Kolonne, die Lager, die Märsche, alles im Kriege ist das Resultat der Erfindung des Pulvers. Wenn Gustav Adolf oder Turenne in einem unserer Lager am Tage vor einer Schlacht ankämen, so könnten sie vom folgenden Tage an das Heer befehligen. Aber wenn Alexander, Caesar oder Hannibal aus dem Elysium zurückkämen, würden sie wenigstens einen oder zwei Monate brauchen, um recht zu verstehen, was für Veränderungen in der Kunst der Vertheidigung wie in der Kunst des Angriffs die Erfindung des Pulvers, die Musketen, die Kanonen, die Haubitzen, die Mörser hervorgebracht haben und hervorbringen müssen; man müfste sie während dieser Zeit in einem Artillerie-Park beschäftigen.

---

2. Bemerkung: 11. und 12. Kapitel. — Von der Bekleidung. — Von den Schutzwaffen.

Das 11. Kapitel handelt nur von der Bekleidung; das 12. Kapitel von den Schutzwaffen.

Man hat den Degen und den Säbel überall abgeschafft; für die Infanterie ist er thatsächlich von keinem Nutzen. Ich denke, dass kein vernünftiger Militär der Meinung sein wird, die Muskete um zwölf Zoll zu verkürzen Dadurch wird das Feuer des dritten Gliedes unmöglich und das des zweiten schwierig werden; die Schufsweite der Waffe wird vermindert werden und besonders die Treffsicherheit. Im Gegentheil, viele Militärs werden der Ansicht sein, die Muskete des dritten Gliedes vier Zoll länger zu machen, während man die Muskete der Dragoner dem ersten Gliede giebt und nur dem zweiten Gliede die gegenwärtige Muskete läfst, indem man die Leute, welche weniger als fünf Fufs Gröfse haben, in das erste und die gröfsten Leute in das dritte Glied stellt, und diesen eine mittlere Gröfse von fünf Fufs sechs

Zoll giebt mittelst einer Korksohle von 5, 4 oder 3 Zoll Dicke, je nach der Gröfse des Einzelnen [1]).

Unser Autor unterdrückt das Bajonett, welches er durch eine vier Fufs lange Lanze ersetzt. Aber, da der Schufs mit dieser Lanze mangelhaft wäre und dieselbe den Schwerpunkt des Gewehrs an eine falsche Stelle legen würde, so will er, dafs man sie erst in dem Augenblicke, wo sie nützlich sein kann, auf das Ende der Muskete stecke. Dies ist im Ernstgebrauch unthunlich. Bei einem Angriff von Kavallerie und selbst bei einem Angriff von Infanterie mufs man im Vorrücken feuern, und das Aufstecken der Lanze auf das Gewehr wäre der Augenblick des Zusammenbruchs für das Bataillon [2]). Man mufs also an userm Bajonett festhalten und sich nicht wegen 15 Zoll mehr Länge, welche die Waffe haben würde, gefährlichen Mifsständen aussetzen.

Der vierte Theil der Infanterie soll, das vierte Glied bildend, einen guten Säbel und Pistolen am Gürtel haben. Das wäre also ein Viertheil weniger Leute mit Musketen. Eine Lanze von 12 Fufs, welche mehr als 6 Fufs über das erste Glied hervorragen würde, dürfte einige Vortheile haben; aber sie wäre weit entfernt einen Ersatz für den Uebelstand der Verminderung des Feuers um den vierten Theil zu leisten.

Er will, dafs die Kavallerie weder Karabiner noch Musketen führe; das ist unzulässig. 6000 Mann Elite-Kavallerie könnten dann beim Durchschreiten eines Defilées von 2—300 Mann Infanterie aufgehalten werden. Sie würden der Infanterie bedürfen, um sich in ihren Bivouaks und Kantonnements zu sichern. Schliefslich würden sie in drängenden Lagen in einem durchschnittenen Lande nichts für die Deckung des Rückzuges einer Armee oder eines Transportes leisten können. Sie wären in Gefahr, mehrere hundert Wagen und Geschütze vor ihren Augen von einem oder zwei Bataillonen Tirailleurs wegnehmen zu sehen, oder mit anzusehen, wie ein oder zwei Bataillone Tirailleurs querfeldein anmarschirt kommen und sich eines Defilées bemächtigen, durch welches die Armee hindurch mufs, und wohin sie, ihrer schnelleren Bewegung wegen, etwa vorausgeschickt sind, um sich desselben zu bemächtigen.

---

[1]) Es ist geradezu unverständlich, wie ein Napoleon sich dafür aussprechen kann, den verschiedenen Gliedern derselben Truppe verschiedene Gewehre zu geben, und wie dieser eminent praktische Feldherr eine Erhöhung des dritten Gliedes mittelst Korksohlen vorschlagen kann. Soll das dritte Glied diese Sohlen stets unter den Füfsen haben? wo bleibt dann die Fähigkeit zu marschiren? oder soll es sich erst zur Salve auf dieselben stellen? wie kann man dann auf eine schnelle Abgabe des Feuers rechnen?

[2]) Dieser Ausdruck mag übertrieben sein, doch wird zugestanden werden müssen, dafs auch heute diese Frage von gröfster Bedeutung ist. Der Augenblick, wo die Schützen die Seitengewehre aufpflanzen, um den entscheidenden Sturm zu machen oder abzuwehren, wird ein Augenblick bedenklicher Schwäche sein. Und da das Seitengewehr zu schwer ist, um während des ganzen Gefechtes auf dem Gewehr getragen zu werden, dürfte die Frage erwägenswerth sein, ob man nicht zu dem leichten Bajonett früherer Zeiten mit der Modifikation zurückkehren soll, dasselbe aufserhalb des Gefechtes als Seitengewehr zu tragen.

Die Kavallerie bedarf nicht nur der Musketen, sondern auch der Kanonen. Der Einwurf der Kavallerie-Offiziere ist, dafs ein Karabiner das Pferd und mehr noch den Husaren und den Chasseur ermüde, deren Pferd kleiner ist; der Kavallerist hat keinen Tornister auf dem Rücken; endlich wird das Pferd selbst nur um so schlimmer daran sein; es wird in den Bivouaks des Nachts viel mehr ermüdet werden, weil der Kavallerist, wenn er keine Feuerwaffe hat, nur zu Pferde seinen Dienst thun kann; weil, wenn man sich oft feindlichen Husaren und Chasseurs oder selbst Schützen der Infanterie gegenüber befindet, eine gute Anzahl von Pferden verwundet werden wird. In Summa wird am Schlusse eines Feldzuges der Verlust, welchen die Pferde der schweren Kavallerie erleiden, wenn sie keine Karabiner oder Musketen haben, viel beträchtlicher sein, als er es durch den Zuwachs an Waffen und Belastung, welche dieser der Kavallerie giebt, sein wird.

3. Bemerkung: 13. Kapitel. Von der Formation der Bataillone.

Lloyd unterdrückt die Grenadiere. Er setzt sein Bataillon aus fünf Compagnien zusammen: eine von 200 Jägern, vier von je 128 Mann Infanterie, ungerechnet die Offiziere und Unteroffiziere; was 712 Soldaten ohne die Offiziere und Unteroffiziere ausmacht, oder 812 Mann alles eingerechnet. Da ein Regiment zwei Bataillone hat, so wird dies 1600 Mann machen.

Er will diesem Regimente folgende Schlachtordnung geben: die vier Compagnien jedes Bataillons vier Mann tief gestellt und die Jäger auf den Flanken in den Zwischenräumen der beiden Bataillone. Er stellt die beiden Bataillone des Regiments 150 m von einander auf; so nimmt ein Regiment den Raum von dreimal 150 oder 450 m ein, wogegen, sagt er, zwei Bataillone oder ein Regiment von gleicher Formation bei der gewöhnlichen Organisation nur den Raum von 400 m einnehmen; seine Linie überragt also die gegenwärtige Linie. Er stellt diese beiden Linien einander gegenüber und spricht der seinigen alle Vortheile zu. Die Grenadiere unterdrücken, das heifst eins der grofsen Mittel des Wetteifers in der Armee unterdrücken. Er nennt seine Jäger Grenadier-Jäger, aber das ist lächerlich: ihr Dienst ist dem der Grenadiere entgegengesetzt, sie sind stets als Schützen aufgelöst; das hat also nur Mifsstände. Die Anzahl der Kugeln, welche die beiden Regimenter in Schlachtordnung gegen einander verschiefsen würden, würde im Verhältnifs von 1:2 stehen; die drei Glieder oder die 700 Mann in der gegenwärtigen Aufstellung würden 700 Kugeln schleudern; das vierte Glied und das dritte in der neuen Aufstellung würden gar nicht schiefsen, das vierte, weil es keine Musketen hat, das dritte, weil es zu kurze Musketen hat, es würden also nur 400 Kugeln herauskommen. Da die neuen Musketen kürzer sein sollen, so würde der Schufs unsicherer sein. Schliefslich müfsten bei der Annäherung der feindlichen Linie die Truppen in der neuen Aufstellung das Feuer unterbrechen, um die Lanze auf das Gewehr zu stecken. Gerade während dieser Zeit würde das Feuer von Seiten der dreigliederigen Linie am lebhaftesten und mörderischsten sein. Es ist also unzweifelhaft, dass die Vortheile auf Seiten der gegenwärtigen Aufstellung sein werden. Das sind keine leeren Versicherungen, das sind Berechnungen.

Gegen die Kavallerie stellt er sein Bataillon 16 Mann tief und 32 breit als volles Karré auf, seine Jäger-Compagnie als Schützen auf den Flanken. Er setzt also der Kavallerie eine volle dichte Kolonne entgegen. Der Umfang dieser Kolonne wird 95 Mann betragen; da die beiden ersten Glieder allein schiefsen können, macht dies 190 Kugeln, der Rest kann als Kanonenfutter angesehen werden. Es ist schwer eine thörichtere Anordnung zu finden. Zunächst wird die Kavallerie leichte Artillerie bei sich haben und jeder Schufs wird zwölf bis fünfzehn Mann in dieser Kolonne niederstrecken. Die Jäger werden nicht als Schützen aufgelöst bleiben können; wenn sie von der Kavallerie attakirt werden, müssen sie geschlossene Glieder bilden, da die Kavallerie herumfassen und man nach allen Seiten wird feuern müssen. Die Offiziere, der Kommandeur, die Pferde, das Gepäck werden nicht wissen, wo sie bleiben und sich aufstellen sollen. Das gegenwärtige Bataillon dagegen wird mit allen Leuten feuern, das ist mit 800 Mann; die Zahl der geschleuderten Kugeln wird also im Verhältnifs von 800 zu 190 stehen; es wird im Innern einen leeren Raum für das Gepäck, die Tambours, die Offiziere u. s. w. haben. Das Feuer ist es, was die Kavallerie aufhält, und der Vortheil, das Bataillon mit Piken als Schutz zu umgeben, wird bei weitem den Verlust von drei Viertheilen des Feuers nicht aufwiegen. Dieses Bataillon von fünf Compagnien ohne Grenadiere bietet ausserdem weder die Mittel, Eliten zu bilden, noch die einer genügenden Selbstständigkeit, nachdem es ein Drittheil seines Bestandes verloren hat. Dies veranlafst uns ein Bataillon von sechs Compagnien vorzuziehen, wovon eine von Grenadieren, den schönsten Leuten, und eine von Voltigeuren, den kleinsten; dies giebt das wirksamste Mittel des Wetteifers, der zwischen den Leuten herrscht. Der physische Unterschied ist vielleicht gröfser als der Unterschied des Herkommens. Die grofsen Leute verachten die kleinen, und die Kleinen wollen durch Kühnheit und Tapferkeit zeigen, dafs sie die grofsen verachten[3]. Sechs Compagnien von je 150 Mann bilden ein Bataillon von 900 Mann, eingerechnet die Handwerker, die Gepäckwagen, Kanonen, was 840 Kombattanten ergeben wird, einen Trupp Artillerie mit einem Stück Geschütz, drei Maulthiere mit Munition beladen und eine Compagnie von 40 Packpferden, um die Lebensmittel, die Patronen und das Offiziergepäck zu tragen.

Das Regiment von zwei Bataillonen wird, wenn es vollzählig ist, deren drei bilden, wovon ein Elitebataillon aus den vereinigten Grenadieren und Voltigeuren, und nur zwei, jedes von vier Compagnien, durch die Auflösung von zwei Compagnien, wenn das Bataillon schwächer als 500 Mann ist.

Viele Militärs haben geglaubt, die Infanterie müsse in zwei Gliedern

---

[3] Diese Erwägungen sind wichtig für eine Armee, welche mehr durch Ehrgeiz als durch Pflichtgefühl angespornt wird.

formirt werden; sie glauben, dafs das Feuer des dritten Gliedes, was man auch sage, immer ungewifs sein wird. Man hat diesem Uebelstande durch die Verlängerung der Gewehre und die Gröfse der Leute abhelfen wollen. Gewifs wäre dies Mittel vernünftiger als die Aufstellung zu vier Gliedern; das Bataillon würde keine gröfsere Frontausdehnung haben, ein Drittheil könnte zwanzig Schritte dahinter als zweites Treffen bleiben; dort wird es vortrefflich aufgestellt sein, sei es um die Schützen zu unterstützen, sei es um sich nach rechts oder nach links zu begeben, sei es um die Linie zu verlängern, sei es um einen Haken zu bilden. Andere haben gedacht, man könnte den beiden Gliedern mehr Festigkeit geben, indem man zehn alte Soldaten oder Gefreite als Schliefsende dahinter stellt.

---

4. Bemerkung: 14. Kapitel. Von der Kavallerie.

(Seite 154. Die Kavallerie ist eine unnütze Waffe, ausgenommen für die Patrouillen, die Feldwachen. Man mufs in der Armee davon nur sehr wenig haben. Lloyd.)

Die Kavallerie ist nützlich vor, während und nach einer Schlacht. Wenn Ihr in einer Ebene seid, wird die Kavallerie Batterien leichter Artillerie vorschieben, zunächst auf Kanonenschufsweite selbst an Eure Flügel, sie wird über Euer Gepäck, Eure Trains herfallen, und wird Euch von rückwärts her beschiefsen und in Euch einhauen, während die Infanterie gegen Euch anrückt und Euch zum Rückzuge zwingt: Menschen, Gepäck, Fahnen, alles wird verloren sein. So verfuhr man bei Champaubert, bei Montmirail, bei Nangis, bei Chateau Thierry, bei Krasnoje[4]).

Aufstellung der Mannschaften in zwei Treffen: bei einer Attake wird das zweite Treffen wie das erste attakiren; vier Treffen sind unnöthig; es ist besser ein einziges Treffen zu haben, welches sich nach rechts und nach links entwickelt. Das andere System des Verfassers, sie in Schwärmen attakiren zu sehen, ist noch schlechter. Die Ordnung ist die erste Regel im Kriege; die Truppen in Schwärmen müssen Elite-Truppen sein[5]).

Der Kaiser hat es in Egypten erfahren, dafs Ordnung nöthig war, wenn man mehr als 100 Mann stark war. Die Mameluken, die beste Kavallerie der Welt, haben die Attaken nicht aushalten können. „Wie wird man," sagt der Verfasser, „dieser Wolke von attakirenden Schwärmen widerstehen können?" Durch vier oder fünf aufeinanderfolgende Treffen, welche mit Eskadrons rechts und links schwenkend, zwei und dreimal nacheinander die Front des ersten Treffens verlängern werden, und unmittelbar darauf eine Attake. Ohne Kavallerie, wie soll man das Feld halten? wie seinen Rücken

---

[4]) Am 10., 11., 17., 12. Februar 1814 — Krasnoje am 17. November 1812.
[5]) Ganz in Uebereinstimmung mit Friedrich dem Grofsen, welcher keine so vorzügliche Kavallerie kannte, dafs sie hätte in Schwärmen mit Erfolg attakiren können, denn ohne Erfolg attakirten Ungarn und Kosaken in Schwärmen.

decken? wie diese große Masse von Trains und Kolonnen, welche die Artillerie erfordert, bedecken? Bei Jena hatte die französische Infanterie nur mit leichter Kavallerie den Sieg errungen; dieser Sieg würde kein Resultat gehabt haben[6]; aber die Kavallerie-Reserven trafen ein, da konnten die Preußen sich nicht wieder sammeln. Entmuthigt wurden sie von allen Seiten durchbrochen und mit dem Degen in den Rippen verfolgt; von 200 000 Mann kam nicht einer über die Oder zurück. Ohne Kavallerie sind die Schlachten ohne Resultat.

---

5. Bemerkung: 17. Kapitel. Von der Schlachtordnung.

Der Verfasser behandelt die Schlachtordnung. Er stellt die Bataillone mit 150 m Zwischenraum in einem einzigen Treffen auf und stellt seine Kavallerie in das zweite Treffen gegenüber den Zwischenräumen. Diese Anordnung ist ohne Zweifel vortrefflich, wenn die Flügel angelehnt sind. Aber der Verfasser setzt eine Armee im freien Felde voraus, von der jeder Flügel eine Kavallerie-Division sich gegenüber hat. Er fragt, ob die Kavallerie wagen wird an die vier Glieder tiefe Linie heranzugehen. Sie wird sich diese Mühe nicht machen. Während die beiden Armeen ihr Geschütz gegen einander spielen lassen, wird die Kavallerie, mit Artillerie wie die Infanterie versehen, eine Bewegung machen, den ganzen Flügel der Infanterie umfassen und ihn von hinten, von der Flanke und von vorne attakiren. Die Schlacht wird bald entschieden sein. Unter der Voraussetzung, daß die Ebene frei und offen ist, daß es keine Hindernisse giebt, ist es außer Zweifel, daß die Kavallerie auf die Flanken gestellt werden muß, zunächst um die feindliche Kavallerie im Zaume zu halten, deren Bewegungen zu folgen und sie an einem Angriff gegen den Rücken der Armee zu hindern. Wenn eine Flanke der Armee angelehnt ist, so kann die Kavallerie sich auf die andere Flanke begeben oder wenigstens soviel als nothwendig ist, um die feindliche Kavallerie im Zaume zu halten. Man muß nicht aus den Augen verlieren, daß die Kavallerie leichte Artillerie bei sich hat, daß sie in mehreren Treffen aufgestellt ist, daß sie mehr oder weniger vier oder fünf Treffen zählt, daß die rückwärtigen Treffen, wenn sie nicht durch eine ihnen entgegengestellte Kavallerie im Zaume gehalten werden, die Kavallerie in den Rücken nehmen können; daß sie, selbst ohne diese Treffen zu attakiren, sich auf das werfen kann, was, im Rücken der Schlachtlinie befindlich, nun auf diese zurückfluthen und einen unbeschreiblichen Schrecken verbreiten wird, dem sich kein General jemals aussetzen darf. Der General Lloyd fragt, wozu viel Kavallerie diene. Ich vielmehr frage, wie ist es möglich, etwas anderes als einen Vertheidigungskrieg zu führen, wobei man sich hinter Ver-

---

[6] Friedrich d. Gr. sagt hierüber: „nur muß ich mit meiner Kavallerie solche mesuren machen, daß ich sie immer an den Ort hinbringe, wo ich was decidiren kann, das wird alles ausmachen. Denn kommt der Feind, ich schlage ihn und kann nicht nachsetzen, so ist nur ein unnützes Blutbad, das nichts decidiret, und das muß nicht sein."

schanzungen und natürlichen Hindernissen deckt, wenn man nicht an Kavallerie annähernd ebenso stark ist als der Feind; verliert eine Schlacht und Eure Armee ist verloren.

Der Verfasser wird hier zu seiner Unterstützung die Römer und die Griechen heranziehen, eine falsche und trügerische Berufung. Zunächst hat Hannibal durch die Ueberlegenheit seiner Kavallerie die Römer beständig geschlagen und war auf dem Punkte sich Roms zu bemächtigen. Von allen Theilen Europa's ist Italien, besonders jenseit der Apenninen, derjenige, wo das Terrain am wenigsten geeignet ist für die Kavallerie. Die Römer, die Griechen marschirten fast immer nur auf den Gebirgen; sie hatten keine Fahrzeuge, keine Artillerie bei sich, sie schlossen sich stets in ein kleines Lager ein. Eine Armee von 25000 Mann schloſs sich in ein Viereck von 200 m Seitenlänge ein. Nach sechs Stunden Arbeit konnten sie in demselben nicht mehr überwältigt werden. In diesem erwarteten sie den Augenblick, wo sie angegriffen wurden oder selbst angriffen, in einem für die Kavallerie wenig geeigneten Lande. Schliefslich hatte die Phalanx, von Lanzen starrend, eine gewisse, todte Widerstandsfähigkeit gegen die Kavallerie. Die Artillerie und die Muskete erlauben nicht mehr eine Aufstellung in der Phalanx anzunehmen. In allen neueren Kriegen zwischen Völkern, die sich in der Taktik, der Ausbildung und der Tapferkeit gleichstanden, haben die Armeen stets sich eine gleiche Stärke an Kavallerie erhalten. Man sieht, daſs der Verfasser nur in der österreichischen Armee gedient hat, welche die Kavallerie niemals zu gebrauchen verstand. Bei Marengo liefsen sie ihre Infanterie durch eine Attake von 10000 Reitern schlagen auf Kanonenschuſsweite von der Linie ihrer eigenen Kavallerie, in der sie mehr als 10000 Mann hatten. Bei Castiglione liefsen sie diese ganze schöne Ebene überschreiten, und ihre Kavallerie versuchte nichts. Auf Grund dieser so sorgfältigen Schonung, hielt sie sich nach so vielen verschiedenen Bewegungen in gutem Stande; schliefslich ging sie nach Mantua und dort zu Grunde.

Die Kavallerie verlangt Kühnheit, Geschicklichkeit und vor allem, daſs sie nicht von einem Geiste der eigenen Erhaltung und des Geizes beherrscht werde[7]). Was man mit einer grofsen Ueberlegenheit an Kavallerie, welche mit Dragoner-Musketen gut bewaffnet und von einer zahlreichen, gutbespannten leichten Artillerie begleitet ist, ausrichten könnte, ist unberechenbar. Von diesen drei Waffen, Kavallerie, Infanterie und Artillerie ist keine zu vernachlässigen. Alle sind gleich wichtig. Eine an Kavallerie überlegene Armee wird immer den Vortheil haben, ihre Bewegungen gut zu decken, von den Bewegungen ihres Gegners gut unterrichtet zu sein und sich nur so tief einzulassen als sie will. Verlorene Schlachten werden für sie von geringen Folgen sein und ihre Anstrengungen entscheidend.

---

[7]) Diese Worte, erläutert durch das, was über die österreichische Kavallerie gesagt ist, verdienen es sicherlich, von jedem Kavalleristen beherzigt zu werden. Die Kavallerie muſs trotz der Schwierigkeit ihrer Ergänzung sich stets bereit halten zu bestimmten, nur von ihr zu erreichenden Zwecken, Verluste zu ertragen, die sich den gewöhnlichen der Infanterie wenigstens nähern.

Vorbemerkung
zu der
Uebersicht der Kriege Friedrich II.

Napoleon hat aufser der Darstellung mehrerer Feldzüge seiner eigenen Zeit auch die Feldzüge Caesar's, Turenne's und Friedrich des Grofsen zum Gegenstande kritischer Besprechungen gemacht. Die Darstellungen aus seiner eigenen Zeit werden mit Mifstrauen gegen die bona fides des grofsen Verfassers angesehen. Von den übrigen liegen die Feldzüge Friedrich's dem Interesse am nächsten; es wurden daher diese zur Aufnahme gewählt.

In dem historischen Theile dieser Darstellung sind einzelne unrichtige Zeitangaben und Ortsnamen, die augenscheinlich durch Schreibfehler entstanden sind, ohne weiteres richtig gestellt worden.

Napoleon's Charakteranlage, nichts ebenbürtiges neben ihm zu dulden, führt ihn hier unbewufst zu der Tendenz, die hohe Bewunderung, welche die Nachwelt Friedrich's Thaten zollt, auf das seiner Ansicht nach gebührende Mafs herabzusetzen. In Folge dessen sind u. A. alle Stärkeverhältnisse des preufsischen Heeres mit den höchsten wahrscheinlichen Zahlen, die der Gegner möglichst niedrig angegeben. Dies an den einzelnen Stellen noch besonders hervorzuheben, wurde nicht für erforderlich erachtet; dahingegen ist es an mehreren Stellen versucht worden, den Urtheilen des Kaisers, so weit sie ungerechtfertigt hart erschienen, mildernd entgegenzutreten.

Uebersicht
der
Kriege Friedrich II.

———

Erstes Kapitel.
Feldzug von 1756.

I. Einbruch in Sachsen; Blokade des Lagers von Pirna (24. September). — II. Schlacht von Lobositz (1. Oktober); Uebergabe der Sachsen (14. Oktober); Winterquartiere. — III. Bemerkungen.

I. Oesterreich, Frankreich und Rufsland waren voll übeler Stimmung gegen Preufsen: Oesterreich beklagte den Verlust von Schlesien; Frankreich fühlte noch eine Mifsstimmung über den Frieden von Dresden, welcher die Unglücksfälle des Marschall von Belle-Isle, damals in Prag sich selbst überlassen, verursacht hatte; die Czarin versuchte sich in die Angelegenheiten Europa's zu mischen; sie wurde hierzu durch Maria Theresia verleitet. Es ist Zeit, sagte man in Wien, in Paris, in St. Petersburg, dem Ehrgeiz der Mächte zweiten Ranges einen Zügel anzulegen. Beim Anblick dieses Sturmes stützte sich Friedrich auf England; er schlofs mit ihm ein Bündnifs und sicherte sich reiche Subsidien. Sobald dies geschehen, verlor er keine Zeit mehr, und da er im Sommer 1756 sah, dafs seine Feinde noch hinter dem Berge hielten, weil sie mit ihren Vorbereitungen zum Kampfe noch nicht fertig waren, so eröffnete er die Feindseligkeiten ohne vorherige Kriegs-Erklärung und brach im vollen Frieden in Sachsen ein.

Seine Kriegsmittel waren beträchtlich vermehrt, er hatte zehn Jahre Zeit gehabt, um Nutzen zu ziehen aus der Erfahrung, die er in den vier Feldzügen des österreichischen Erbfolgekrieges erworben hatte, und aus den Hülfsquellen, welche ihm die reiche Provinz Schlesien zugebracht hatte. Er hatte nicht weniger als 120000 Mann unter den Waffen, gut organisirt, gut disziplinirt, sehr beweglich, abgesehen von den Besatzungen, den Depots und allen den Hülfsmitteln, welche nöthig sind, um eine so beträchtliche Armee in Thätigkeit zu erhalten und ihre Verluste auszugleichen. Oesterreich hatte ein Heer von weniger als 40000 Mann, schlecht unterhalten, schlecht organisirt; seine alten Truppen waren in dem Kriege gegen die Türken verbraucht.¹) In diesem Feldzuge konnte Friedrich ungestraft alles unternehmen.

Er zog zwei Armeen zusammen, die eine in Sachsen, von 70 Bataillonen und 80 Schwadronen, welche mit der Artillerie und den Zimmerleuten 64000 Mann ausmachten, die andere in Schlesien, von 33 Bataillonen und 55 Schwadronen, ungefähr 30000 Mann; und er verwendete 20000 Mann zu verschiedenen Observations-Corps an der Weichsel, in Pommern und an der untern Elbe. Die Armee von Schlesien vereinigte sich bei Nachod unter den Befehlen des Feldmarschall Schwerin; die drei Corps der Armee von Sachsen zogen sich zusammen bei Frankfurt a. O., Magdeburg und Wittenberg;²) sie setzten sich am 30. August in Marsch, dasjenige von Magdeburg über Leipzig, Chemnitz und Dippoldiswalde; das von Wittenberg über Torgau und Meifsen; das von Frankfurt über Elsterwerda, Bautzen und Stolpen. Die Bestürzung in Dresden war grofs; der Kurfürst flüchtete sich auf die Feste Königstein; die Kurfürstin und der Hof blieben im Schlosse. Die sächsische Armee, 18000 Mann stark, bezog das Lager von Pirna, um hier die Entschlüsse des Wiener Hofes zu erwarten. Die Besitznahme von Dresden war eine wichtige Eroberung für den König von Preufsen; er fand dort alle kurfürstlichen Magazine und das Arsenal vor. Die Festung war stark; sie gewährte ihm einen Stützpunkt, der ihm unerläfslich war, und vervollständigte die Linie der Elbe, welche von nun an in ihrer ganzen Länge von Magdeburg an in seiner Gewalt war. Da alle Unterhandlungen, um den Kurfürsten zur Rückkehr zu bewegen und die Unterwerfung seiner Armee herbeizuführen, zu nichts führten, marschirte der König vorwärts und schlofs das Lager von Pirna mit 42 Bataillonen und 10 Schwadronen ein; er bildete eine Observations-Armee von 28 Bataillonen und 70 Schwadronen, übernahm das Kommando über dieselbe und verlegte sein Hauptquartier nach Aussig in Böhmen. Der Feldmarschall Schwerin rückte mit der Armee von Schlesien einen Marsch vor, um die offnere Gegend von Königgrätz zu beobachten.

II. Der Wiener Hof hatte auf das erste Gerücht von der Konzentration der preufsischen Armee alle seine Truppen zusammengezogen und daraus zwei Corps gebildet: das eine, unter den Befehlen des Fürsten Piccolomini, lagerte nahe bei Königgrätz, um den Bewegungen Schwerin's Widerstand zu leisten; das andere, unter den Befehlen des Feldmarschall Browne, versammelte sich Anfangs bei Kolin, ging später über die Moldau und lagerte bei Budin an der Eger, um die Sachsen in ihrem Lager von Pirna zu entsetzen.

---

¹) Dieser Angabe liegt nur die Thatsache zu Grunde, dafs Oesterreich im August 1756 in Böhmen und Mähren allerdings nur etwa 40000 Mann bereit hatte, da es den Krieg erst im folgenden Jahre beginnen wollte; in seinen übrigen Provinzen hatte es noch über 100000 Mann, allerdings im Friedenszustande.

²) Wittenberg war damals eine kurf. sächsische Festung; die Truppen, welche über Wittenberg die Elbe aufwärts vordrangen, waren bei Potsdam und Berlin versammelt worden.

Am 30. September verliefs der König sein Lager bei Aussig und ging Browne entgegen; er kam mit seiner Avantgarde von 8 Bataillonen und 15 Schwadronen am 30. Abends bei dem Dorfe Lobositz an, wo er auf die österreichische Armee stiefs, welche über die Eger gegangen war und hinter Sümpfen im Angesichte von Lobositz lagerte. Er nahm mit seiner Avantgarde Stellung bei dem Dorfe Türmitz und zog in der Nacht den Rest seiner Armee von 25 000 Mann an sich heran. Mit Tagesanbruch liefs Browne ein starkes Corps Kavallerie in die Ebene vorgehen. Die Armee des Königs griff zu den Waffen: der linke Flügel, unter den Befehlen des Herzogs von Bevern, besetzte die Höhe des Lobosch, und der rechte, unter dem Prinzen Heinrich, die Höhen des Homolka; seine Schlachtlinie war 3600—4000 m lang. Die Front des Feldmarschall Browne war durch einen sumpfigen Bach gedeckt; sein rechter Flügel lehnte sich an die Elbe, sein linker an Tschischkowitz; seine Schlachtlinie war 5000 m lang. Er fühlte den Fehler, den er gemacht hatte, indem er die Höhe des Lobosch nicht besetzte; er liefs sie durch eine Division von 11 Bataillonen angreifen; dieselbe wurde zurückgeworfen. Die Preufsen bemächtigten sich des Dorfes Lobositz; die Oesterreicher nahmen ihre Stellung vom Morgen wieder ein, sie konnten in der Front nicht angegriffen werden; aber durch eine Bewegung (der Preufsen) in ihrer linken Flanke bedroht, räumten sie ihre Stellung, gingen hinter die Eger zurück und nahmen wieder ihr Lager von Budin, nachdem sie 2500—3000 Mann und die Preufsen 3000—3500 verloren hatten. Beide Armeen schrieben sich den Sieg zu: der Feldmarschall Browne, weil er nicht aus seinem Lager herausgeschlagen war; der König, mit gröfserem Rechte, weil er das Dorf Lobositz weggenommen und seinen Gegner zum Verzicht auf den Plan die Sachsen auf dem linken Ufer der Elbe zu unterstützen genöthigt hatte. Aber am 11. Oktober schob Browne auf dem rechten Ufer ein Detachement von 8000 Mann bis gegenüber dem Königstein vor im Angesichte der preufsischen Armee, um die Aufhebung der Blokade des Lagers von Pirna zu begünstigen. Die Sachsen gingen über die Elbe; aber auf allen Seiten von den Preufsen eingeschlossen ergaben sie sich am 14. Dem Kurfürsten wurde gestattet, sich in sein Königreich Polen zurückzuziehen; die Sachsen wurden dem preufsischen Heere einverleibt, welches Böhmen räumte und seine Winterquartiere in Sachsen und Schlesien nahm.

III. Erste Bemerkung: Militairische Schriftsteller haben die Behauptung aufgestellt, dafs der König von Preufsen durch Mähren auf Wien hätte vordringen und durch die Einnahme dieser Hauptstadt den Krieg beendigen müssen. Sie haben Unrecht: er wäre durch die Festungen Olmütz und Brünn[a] festgehalten worden: an der Donau angekommen, würde er dort alle Kräfte des Kaiserstaates vereinigt gefunden haben, um ihm den Ueber-

---

[a]) Brünn hatte schon damals kaum irgend welche Bedeutung als Festung.

gang streitig zu machen, während welcher Zeit die ungarische Insurrektion sich auf seine Flanken geworfen hätte.⁴) Eine so tollkühne Operation hätte augenscheinlich seine Armee einem gewissen Untergange ausgesetzt. Sachsen überschwemmen, Dresdens sich bemächtigen, die sächsische Armee entwaffnen, in Böhmen eindringen, Prag besetzen, dort seine Winterquartiere nehmen, das war alles was er in Aussicht nehmen konnte und mufste. Aber er operirte schlecht, er verkannte mehrere Grundsätze der Kriegskunst, welche man selten ungestraft verletzt; daran lag es, dafs sein Plan trotz des Gewinnes einer Schlacht scheiterte.

Das Lager von Pirna hat 50 000 m Umfang; die 18 000 Sachsen waren bei ihrem Eintreffen im Lager auf 14 000 Mann aller Waffen reduzirt; der König, welcher die vierfache Stärke besafs und so viel Artillerie hatte, als er irgend wünschen konnte, da das Dresdener Arsenal zu seiner Verfügung stand, mufste in vier Tagen dieses Lager überwältigen, die Sachsen zum Strecken der Waffen zwingen, und sodann in Böhmen eindringen, indem er nur 6 Bataillone und 6 Eskadrons in Dresden als Besatzung zurückliefs. Das Lager von Pirna ist im Osten durch die Elbe geschützt, einen Flufs ohne Fuhrten und 120—140 m breit; im Westen durch einen tiefen sumpfigen Grund mit steilen Rändern und einer Breite von 60—90 m; und schliefslich an der Spitze durch die Feste Königstein, durch Wälder und Schluchten, welche sich bis an die Grenze von Böhmen hinziehen. Es bildet ein grofses Dreieck, von dem zwei Seiten 20—22 000 m und die kleine Seite 6—8000 m Länge hat. Die 14 000 Sachsen waren zu schwach, um eine solche Ausdehnung zu besetzen. Wenn der König neun Angriffe hätte machen lassen, drei auf jeder Seite, wovon nur einer ernstgemeint gegen einen der Punkte, wo der Grund einen ausspringenden Winkel hat, indem er hier zwei Batterien von je 50 Geschützen aufstellte, so würde es ihm gelungen sein, sich des Grundes zu bemeistern. Er würde eine Viertelstunde gebraucht haben, um hier einen Uebergang herzustellen, auf welchem er zwei Drittheile seiner Armee, Infanterie, Kavallerie, Artillerie hätte übergehen lassen. Die Sachsen bis unter die Mauern des Königstein zurückgeworfen, hätten sich ergeben. Es ist kein Zweifel, dafs eine Armee von 40 000 Mann gegen eine Armee von 60—80 000 Mann sich in dem Lager von Pirna mit Vortheil vertheidigen kann; aber 14 000 Mann konnten es nicht gegen eine Armee von 80 000, der soviel Artillerie, als sie wollte, zu Gebote stand. Ein so schwaches Corps würde sich dort nur unter der Bedingung haben vertheidigen können, dafs der Grund und die Elbe, welche das Lager deckten, 4—600 m Breite gehabt hätten, eine Distanz, welche den Batterien des Lagers erlaubt hätte, sich auf 400 m vom Rande aufzustellen, ohne dafs sie von der Ueberlegenheit der auf dem entgegengesetzten Rande etablirten preufsischen Batterien etwas zu

---

⁴) Napoleon läfst hier, um die angegebene Operation desto nachdrücklicher verwerfen zu können, die Fesseln ganz aufser Betracht, welche die Kriegführung des vorigen Jahrhunderts einer Operation anlegten, zu deren Ausführung vom 30. August ab nur noch 10—12 Wochen zur Verfügung standen.

fürchten gehabt hätten, und dennoch allmächtig gegen alles, was sich ihrem Rande genähert hätte.[5]

Zweite Bemerkung: Der König rückte in Böhmen ein mit zwei von einander getrennten Korps, welche in sehr grofser Entfernung von einander operirten. Die Armee Schwerin's operirte am äufsersten Ende von Schlesien zu derselben Zeit, als der König auf dem linken Ufer der Elbe vordrang. Diese Art, auf einer doppelten Operationslinie ein Land zu überziehen, ist fehlerhaft. Schwerin war viel stärker als Piccolomini, sowohl an Zahl als an innerm Halt der Truppen. Wenn er auf dem Schlachtfelde von Lobositz beim Könige gewesen wäre, so wäre die Verstärkung, welche Piccolomini seinerseits dem Feldmarschall Browne zugeführt hätte, bei weitem nicht im Stande gewesen den Grad der Stärke aufzuwiegen, welche die preufsische Armee erlangt hätte. Der König konnte also im September mit 90 000 Mann[6] gegen Prag anrücken, sich dieser wichtigen Festung bemächtigen, seine Winterquartiere in Böhmen aufschlagen, die Trümmer von Browne und Piccolomini über die Donau oder wenigstens bis jenseit der Gebirge dieses Königreiches zurückwerfen. Die Folge dieser beiden Fehler war, dafs er auf dem Schlachtfelde von Lobositz schwächer war als der Gegner, obgleich er auf dem

---

[5] Wenn auch mehrere Angaben Napoleon's über das Lager von Pirna nicht ganz zutreffend sind (Umfang 35 000 statt 50 000 M., Stärke der Sachsen 20 000 statt 14 000 Mann, auf der südwestlichen Seite nicht der sumpfige Grund, sondern dessen senkrechter oberer Rand als Haupthindernifs), so ist doch seine Versicherung, dafs eine Erstürmung des Lagers möglich gewesen sei, unbedingt richtig. Eine Disposition dazu war auch bereits von Winterfeld entworfen, wurde aber vom Könige abgelehnt, der die Sachsen nicht vernichten, sondern selbst gegen ihren Willen au seine Seite fesseln wollte. Nur auf diese Weise war es auch möglich, den unbezwingbaren Königstein zu gewinnen oder wenigstens zu neutralisiren, wodurch allein die damals so wichtige Wasserstrafse der Elbe nach Böhmen hinein frei wurde, eine nothwendige Vorbedingung für jeden Feldzug nach Böhmen, besonders aber für eine Belagerung von Prag. Aus diesem Grunde war es also unmöglich, noch im Jahre 1756 auf eine Eroberung von Prag zu hoffen und ohne diese waren Winterquartiere in Böhmen undenkbar. Hatte der König diese beim Entwurfe seines Feldzugsplanes für 1756 überhaupt in's Auge gefafst, was keineswegs feststeht, so hat die Ablehnung eines Bündnisses und das lange geduldige Ausharren im Lager bei Pirna von Seiten der Sachsen seinen Feldzugsplan bis zu einem gewissen Grade durchkreuzt.

[6] Indem Napoleon 90 000 Mann als die Stärke angiebt, mit welcher der König im September gegen Prag vorrücken konnte, setzt er voraus, dafs das Lager von Pirna schon gefallen war; denn so lange dieses noch einen grofsen Theil der preufsischen Armee fesselte, erreichte der König auch mit Schwerin jene Stärke lange nicht. War aber das Lager gefallen, so war der König den vereinigten Kräften Browne's und Piccolomini's überlegen und bedurfte Schwerin's nicht. Er konnte sich in diesem Falle einer doppelten Operationslinie ohne Gefahr bedienen, die damit verbundenen Vortheile verfolgen, ohne etwas auf's Spiel zu setzen, beging also keinen Fehler. So lange aber Pirna nicht gefallen war, konnte an einen weiteren Feldzug nach Böhmen hinein nicht gedacht werden, und war bis zu diesem Zeitpunkte Schwerin's Aufgabe eine wesentlich andere, nämlich Schlesien zu decken, was bei der damaligen Art der Kriegführung und der Neigung der Oesterreicher zu sekundären Operationen keinenfalls überflüssig war, und dabei gleichzeitig einen Theil der feindlichen Kräfte fern von der Entscheidung bei Pirna zu fesseln.

Kriegstheater dreimal so stark war. Eben dies nöthigte ihn auch seine Winterquartiere in Sachsen und Schlesien zu nehmen. Ohne Zweifel errang er durch diesen Feldzug grofse Vortheile, aber er konnte noch gröfsere erringen.

Zweites Kapitel.
Erster Theil des Feldzuges von 1757.

I. Lage der Armeen. — II. Schlacht von Prag (6. Mai). — III. Blokade von Prag, Schlacht bei Kolin (18. Juni); Räumung von Böhmen. — IV. Bemerkungen.

I. Der Feldzug von 1757, begonnen am 15. April, endete am 15. December; er dauerte 240 Tage; er zerfällt in zwei Epochen: die erste umfafst die Märsche, Operationen und Kämpfe vom 15. April bis 15. Juli; die zweite diejenigen vom 15. Juli bis 15. December. In der ersten Epoche hat der König zwei grofse Schlachten geliefert: die Schlacht von Prag, welche er am 6. Mai gewann, und die von Kolin, welche er am 18. Juni verlor.

Im Jahre 1756 stellten Frankreich, Schweden, Rufsland und das deutsche Reich kein Heer in's Feld; sie verbrachten dieses Jahr durchaus mit Vorbereitungen und Demonstrationen. Ein Gleiches war der Fall während der ersten Epoche des Feldzuges von 1757; der König hatte nur den österreichischen Heeren die Spitze zu bieten. Die preufsische Armee war besser ausgebildet, aus alten Truppen zusammengesetzt und zahlreicher. Anfang April bildete sie vier Korps: das erste unter den Befehlen des Prinzen Moritz (von Dessau) bei Chemnitz; das zweite, unter dem Könige, vor den Thoren von Dresden beim Dorfe Loschwitz; das dritte unter dem Herzog von Bevern bei Zittau in der Lausitz; das vierte unter dem Feldmarschall Schwerin in Schlesien. Die österreichische Armee unter den Befehlen des Feldmarschall Browne war in Böhmen; der Herzog von Aremberg mit dem ersten Korps bildete an der Eger den linken Flügel; der Feldmarschall Browne mit dem 2. Korps war im Lager von Budin vor Prag; das 3. Korps unter den Befehlen des Grafen von Königsegg war bei Reichenberg; das vierte Korps unter den Befehlen des General Daun war in Mähren.[7]) Die vier Armeekorps des Königs von Preufsen beliefen sich auf 100 000 Mann Kombattanten, davon 65—66 000 Infanterie, 16—18 000 Kavallerie, der Rest Artillerie, Sappeure, Mineure u. s. w., in 108 Bataillonen und 160 Schwadronen, ohne 26 Bataillone

---

[7]) Das 4. Korps stand unter Serbelloni um Königgrätz und wurde später, nachdem Daun den Befehl übernommen hatte, durch die aufserdem in Mähren zusammengezogenen Truppen verstärkt.

und 40 Schwadronen zu rechnen, die sich in Pommern versammelten, um die Russen im Zaume zu halten. Die vier österreichischen Armeen waren weniger zahlreich, von sehr viel geringerer Qualität und entbehrten vieler nothwendiger Dinge. Friedrich beschloſs die vier Monate Vorsprung, die er vor den Russen hatte, zu benutzen, um einen glänzenden Schlag auszuführen und sich in die Lage zu bringen, daſs er gegen die andern Armeen Front machen könne, wenn diese in der Reihe seiner Gegner erschienen. Er drang in Böhmen ein und belagerte Prag,[8]) so daſs er in diesem Feldzuge ausführte, was er in dem vorhergehenden Feldzuge hätte thun können.

II. Das Korps des Prinzen Moritz, welches den rechten Flügel des preuſsischen Aufmarsches bildete, begann seine Operationen im April; es bedrohte Eger und marschirte in zwei Kolonnen über Kommotau gegen die Eger. Der König von Preuſsen seinerseits überschritt das Gebirge bei Peterswalde, erreichte die Eger bei Lobositz und bewirkte am 23. April seinen Uebergang über diesen Fluſs bei Loschtitz an der Spitze der beiden vereinigten Armeekorps. Der Feldmarschall Browne, mit dem sich der Herzog von Aremberg in seinem Lager bei Budin hinter der Eger vereinigt hatte, zog sich, sobald der König die Eger überschritten hatte, in das Lager von Prag zurück. Die preuſsische Armee folgte ihm und kam am 2. Mai vor Prag an. Aber schon hatte der Prinz Karl von Lothringen, welcher den Befehl über die kaiserliche Armee übernommen hatte, ein Lager auf dem Ziska-Berge auf dem rechten Ufer der Moldau bezogen.

Der Herzog von Bevern überschritt das Gebirge zwischen Zittau und Reichenberg, wo er sich durch die vorzügliche Stellung aufgehalten sah, die der Graf von Königsegg besetzt hatte; dieselbe veranlaſste ihn mehrere Tage zu manoeuvriren, um den Grafen daraus zu verdrängen, was er nur durch ein hartnäckiges Gefecht erreichen konnte. Der Graf von Königsegg zog sich nach Liebenau zurück; er nahm dort eine gleich furchtbare Stellung. Während dieser Zeit rückte der Feldmarschall Schwerin, welcher keinen Feind vor sich fand, von Schlesien aus über Trautenau in Böhmen ein und marschirte nach Jung-Bunzlau, in den Rücken der Stellung des Grafen Königsegg, wodurch dieser gezwungen wurde, dieselbe aufzugeben, hinter die Elbe zurückzugehen und sich nach Prag zu wenden, wo er zu dem Prinzen von Lothringen stieſs. Schwerin an der Spitze seines Korps und des dem Herzog von Bevern unterstellten folgte dieser Bewegung und lagerte am 4. Mai auf dem rechten Ufer der Elbe bei Alt-Bunzlau gegenüber von Brandeis, und da der Gegner das andere Ufer nicht besetzt hielt, so warf er eine Avantgarde dort hinüber.

---

[8]) Des Königs Plan ging unzweifelhaft weit über die Absicht nur Prag zu erobern hinaus: er wollte, so lange er es mit den Oesterreichern allein zu thun hatte, diesen seinen Hauptfeinden einen entscheidenden Schlag versetzen, um sie auf lange, vielleicht auf immer, los zu werden.

Der Prinz von Lothringen erwartete in einigen Tagen den General Daun, welcher ihm aus Mähren eine Verstärkung von 30000 Mann zuführte, welche beide Armeen gleich stark gemacht hätte. Friedrich fühlte, wie sehr wichtig es sei, dieser Vereinigung zuvorzukommen. Am 5. Mai mit Tagesanbruch schlug er eine Brücke 7 km unterhalb Prag, beim Dorfe Podbaba, ohne irgend Widerstand zu finden, obgleich nur 6000 m vom österreichischen Lager, und stellte sich mit 20 Bataillonen und 38 Schwadronen bei Cimic auf, auf dem rechten Ufer der Moldau. Der Feldmarschall Schwerin überschritt die Elbe und ging nach Mieschitz vor. Die beiden preufsischen Armeen waren in dieser Nacht nur 13 km von einander entfernt. Am 6. mit Tagesanbruch vereinigten sie sich beim Dorfe Prosek. Die Armee des Königs stellte sich in Schlachtordnung auf, den rechten Flügel bei Prosek, das Centrum vorwärts Gbell und den linken Flügel über Satalic hinaus, indem sie eine Hügelreihe von 9000 m Ausdehnung einnahm und rittlings über den Weg nach Brandeis stand, welcher ihre Operationslinie bildete. Der Prinz von Lothringen hatte seinen linken Flügel auf dem Ziska-Berge nahe der Moldau und seinen rechten auf den Höhen beim Dorfe Key, so dafs er eine Linie von 9000 m Länge einnahm. Der König hatte auf dem Schlachtfelde 64 Bataillone und 123 Schwadronen, ungefähr 60000 Mann; der Feldmarschall Keith war auf dem linken Ufer der Moldau vor Prag geblieben mit 26 Bataillonen, 26 Schwadronen; 9 Bataillone und 11 Schwadronen waren auf den beiden Operationslinien zur Deckung der Magazine detachirt. Der Prinz von Lothringen hatte nahe an 70000 Mann; aber 10000 Mann waren in Prag zur Vertheidigung der Stadt und Beobachtung des Feldmarschall Keith verblieben. Die beiden Armeen waren also auf dem Schlachtfelde von gleicher Stärke. Die österreichische Armee hatte ihren linken Flügel nahe an der Moldau, die preufsische Armee hatte dort ihren rechten: beide Armeen waren von einander 6000 m entfernt, getrennt durch ein tiefes Thal, in welchem ein Bach fliefst, der den Abflufs mehrerer Teiche bildet und dessen Ufer steil eingeschnitten und sumpfig sind; dieser Bach nimmt seinen Ursprung oberhalb des Teiches von Sterbohol 12—14 km von Prag, wendet sich in dieser Entfernung, durchfliefst die Dörfer Sterbohol, Pocernic, Hostawec, Hrdlorec und Hloupetin und mündet in die Moldau bei Liben nahe an 4000 m unterhalb Prag.[9])

Der König erkannte, dafs dieser Bach die Front der feindlichen Armee wirksam deckte; er befahl aus der linken Flanke abzumarschiren, um dieselbe zu umgehen. Der Prinz von Lothringen bemerkte dies bei Zeiten: er liefs die Infanterie seines rechten Flügels rückwärts schwenken, durch diese Bewegung stiefs dieselbe im rechten Flügel an das Ende des Centrums und bildete, sich an die Höhen von Sterbohol lehnend, eine Flanke von 3000 m Länge, welche er auf 4000 m verlängerte, indem

---

[9]) Napoleon's Angaben müssen hier mit der Karte verglichen werden: der betreffende Bach, etwa 20 km südöstlich Prag entspringend, fliefst durch Pocernic, Hostawec u. s. w., und nimmt bei Hostawec den Abflufs des Teiches von Sterbohol auf.

er die Kavallerie seines linken Flügels dorthin schob, welche auf der Ebene von Sterbohol sich aufstellte und bis an den kleinen Bach ausdehnte, der durch Hostiwartz fließt. Seine Linie hatte so die beiden Seiten eines rechten Winkels inne, von denen die eine senkrecht auf Prag, die andere dazu parallel lief, und von denen jede 6—7000 m lang war. Der König unterbrach seinen Marsch, sobald sein äußerster rechter Flügel in der Höhe von Key, das Centrum gegenüber Pocernic, der linke vor Sterbohol angekommen war; er schickte die Kavallerie seiner Reserve zur Verstärkung derjenigen Schwerin's in die Ebene von Sterbohol. Diese Bewegung entblößte seine Operationslinie, den Weg über Gbell nach Brandeis, und seine Armee befand sich rittlings auf der Straße von Kolin, auf welcher der General Daun diesen selben Tag bis Böhmisch-Brod gelangte, 36 km vom Schlachtfelde. Die österreichische Infanterie hatte jenseit des Baches, der ihre Front deckte, und ungefähr 2000 m von dem rechten Winkel entfernt Stellungen inne, welche das Dorf Gbell beherrschten. Der König ließ diese vorgeschobenen Posten angreifen und warf sie über den Haufen, während der Feldmarschall Schwerin mit dem linken Flügel den Bach bei Sterbohol und Pocernic überschritt, die Kavallerie durch die Dörfer, die Artillerie auf den Dämmen, die Infanterie durch den Sumpf. Er stieß dabei auf große Schwierigkeiten; mehrere Regimenter sanken bis an die Knie ein; der österreichische rechte Flügel benutzte dies nicht; er blieb auf den Hügeln, um seine Richtung zu verbessern. Um 1 Uhr Mittags griff Schwerin mit dem Bajonett an, er kam bis in ihre Stellung; aber durch das Kartätschfeuer niedergeschmettert, wichen seine Truppen und gaben die Höhen auf. Browne verfolgte ihn 24—3000 m weit. Der linke Flügel und das Centrum der österreichischen Armee verharrten in ihrer Unbeweglichkeit. Die preußische Kavallerie ging in die Ebene von Sterbohol vor, machte anfangs eine unglückliche Attacke, aber sie ralliirte sich wieder, ging von Neuem zum Angriff vor und brachte die österreichische Kavallerie in Auflösung; dieselbe verließ das Schlachtfeld. Der rechte Flügel des Prinzen von Lothringen fand sich so vollständig entblößt in dem Momente, wo der König selbst in das Dorf Key eindrang und den linken Flügel angriff. Der Herzog von Bevern, welcher im Centrum vorging, bemerkte eine Lücke an dem Winkel, wo beide Linien zusammenstießen; er warf sich in dieselbe und veranlaßte ein höchst hartnäckiges Gefecht. Der Feldmarschall Schwerin hatte seine Infanterie wieder gesammelt und führte sie von Neuem in den Kampf. Er wurde tödlich getroffen an der Spitze seines Regimentes; aber seine Truppen setzten den Angriff gegen den österreichischen rechten Flügel fort, welcher vom Könige in die Flanke genommen und, von der Kavallerie umgangen, wich und sich auflöste, was den Tag entschied. Der Prinz von Lothringen räumte alle seine Stellungen; er deckte seinen Rückzug durch die Truppen seines Centrums und seines linken Flügels, die nicht im Gefecht gewesen waren; aber beständig auf dem rechten Flügel umgangen, wurden 12000 Mann von Prag abgeschnitten und es gelang ihnen nur mit Mühe das Lager des Feldmarschall Daun zu erreichen. Der Verlust der Oesterreicher belief sich auf 16000 Mann und 200 Stück Geschütz; der Feldmarschall Browne wurde tödtlich verwundet. Der Verlust der Preufsen belief sich auf 12000 Mann.

III. Diese Schlacht hatte die Armee des Prinzen von Lothringen um 30 000 Mann geschwächt; demnach blieben ihm noch 40 000 Mann; aber der moralische Muth der Soldaten war gesunken. Der König blokirte Prag auf beiden Ufern der Moldau. Diese Festung hat einen Umfang von 14000 m; seine Contravallationslinie hatte eine Entwicklungslänge von 30 000 m; seine Quartiere waren durch einen grofsen Flufs von einander getrennt. Er hoffte vergeblich, dafs der Mangel an Lebensmitteln seinen Gegner schnell zur Uebergabe zwingen würde. Die Blokade dauerte sechs Wochen bis zum 18. Juni, worauf sie in Folge der Schlacht von Kolin aufgehoben wurde.

Der Feldmarschall Daun erfuhr am 7. Mai die Niederlage des Prinzen von Lothringen. Er blieb mehrere Tage bei Böhmisch-Brod, um dessen Heerestrümmer zu sammeln und, nachdem er die 12 000 Mann, welche nicht nach Prag hatten hineingehen können, zusammengebracht hatte, ging er 63 km zurück und lagerte unter den Mauern von Kolin. Da der König ihm ein Korps von 25 000 Mann unter dem Befehle des Herzogs von Bevern nachgeschickt hatte, setzte er seinen Rückzug fort bis Goltsch-Jenikau, 4—5 km vor Haber und 108 km von Prag. Am 12. Juni, nach dem Eintreffen einiger Verstärkungen ging Daun wieder vor bis 4—5 km vorwärts Kolin zu dem Dorfe Kriechenau, wo er mit dem linken Flügel an Swoisitz, mit dem rechten an Chotzemitz lagerte, die Strafse von Prag nach Kolin vor der Front; der Herzog von Bevern seinerseits zog sich zurück. Der König eilte in gröfster Hast aus dem Lager von Prag mit einer Verstärkung herbei; er verlegte sein Hauptquartier am 14. in die kleine Stadt Kaurzim, 6 km von Kriechenau. Er lagerte dort den linken Flügel an die Strafse von Prag nach Kolin gelehnt bei dem Dorfe Planian, indem er die Lebensmittel von dem 22 km entfernten Nimburg bezog, einer kleinen Stadt auf dem linken Ufer der Elbe. Dort verblieb er am 15. und einen Theil des 16., um seinen Verstärkungen und seinen Brodwagen die Zeit zum Herankommen zu geben. Am 16., als er im Begriffe war sich in Bewegung zu setzen, um gegen die Stellung von Swoisitz vorzugehen und sich Daun entgegenzustellen, den er bei Kohl-Janowitz vermuthete, erfuhr er, dafs dieser General bei Kriechenau stehe; von nun an konnte er diese Bewegung nur machen über seinen niedergeworfenen Gegner hinweg. Am 17. marschirte er links ab und lagerte quer über die Strafse von Prag, vor sich Planian und 6 km weiter Kolin. Sein Lager stand so senkrecht auf die linke Flanke der österreichischen Armee. Am 18. mit Tagesanbruch setzte er sich in Bewegung, den linken Flügel voraus; die Avantgarde unter Befehl des General Zieten in einer Stärke von 55 Schwadronen und 7 Bataillonen bildete die Spitze. Die Armee marschirte in drei Kolonnen: die erste ganz aus Infanterie bestehend folgte der Strafse von Prag nach Kolin; die beiden andern marschirten mehr links zwischen der Strafse und der Elbe. Der General Daun hatte in der Nacht Bewegungen gemacht: die Preufsen sahen bei Tagesanbruch nur einige Posten; aber sobald sie über Planian hinaus waren, entdeckten sie die österreichische Armee in Schlachtordnung; sie machten Halt. Die Avantgarde war bis in die Höhe von Slatizluns gelangt, 6000 m jenseit Planian; das Gros war bei Noveiniasto und Planian. Die österreichische Armee war mit dem linken Flügel bei Brezan, dem Centrum bei Chotzemitz, dem rechten Flügel bei Krechor aufgestellt; so hatte sie einen Bogen von 7000 m Länge inne, den rechten Flügel auf der Seite von Kolin, den linken auf der Seite von Prag, die Strafse von Prag nach Kolin, welche die Sehne bildete, umfassend. Sie stand in mehreren Treffen: das zweite Treffen hatte den oberen Rand der Höhen inne; das erste stand auf dem halben Abhange und hatte vor sich die drei Dörfer, welche verschanzt, mit Infanterie stark besetzt und durch Artillerie gedeckt waren. Der linke Flügel befand sich in einer Entfernung von 1000 m von der grofsen Strafse von Planian nach Kolin, auf welcher die preufsische Armee marschirte; das Centrum oder das Dorf Chotzemitz war 2000 m von derselben entfernt, der rechte Flügel oder das Dorf Krechor 1000 m. So waren beide Armeen einander nahe und in einer wunderlichen Formation. Der König befand sich in der Lage den ganzen linken Flügel des Gegners zu überragen,[10]) und die feindliche Linie bildete einen Halbkreis, dessen Durchmesser oder Sehne ein Theil der Strafse von Planian nach Kolin war, welche Friedrich inne hatte, der um 1 Uhr Nachmittags den Marsch fortzusetzen befahl. Der König setzte sich in Marsch auf der Sehne eines Halbkreises, welchen die österreichische Armee auf den Höhen krönte; was er nur thun konnte, indem er unter dem Kartätsch- und Gewehrfeuer entlang zog.[11]) Der General Nadasdy, Führer der österreichischen Kavallerie, stellte sich sofort 4000 m von Kolin quer über die Strafse auf, versperrte so den Preufsen die Strafse nach Kolin und zwang sie unter dem Feuer seiner Armee zu verbleiben. Dann befahl allen seinen Truppen bis in die vorderste Linie seiner Stellung vorzugehen und liefs auf die im Marsche befindlichen Kolonnen einen Hagel von Granaten, Geschütz- und Flintenkugeln fallen. Die Tirailleurs der Truppen in den Dörfern gingen vor; das Gewehrfeuer entwickelte sich zwischen den Kroaten und der preufsischen Armee, welche unterdessen ihre Bewegung immer fortzusetzen versuchte. Der Avantgarde, welche einen Vorsprung hatte, gelang es die 6000 m zurückzulegen und den österreichischen

---

[10]) Wenn in diesem Momente, also vor dem Beginn der Schlacht, der österreichische linke Flügel so weit vorwärts und so nahe an der grofsen Strafse gestanden hätte, als Napoleon hier angibt, so würde der König nicht seine Anstrengungen auf Umfassung des rechten Flügels gerichtet, sondern den linken angegriffen haben. Dieser Flügel war aber damals noch ganz zurückgebogen und an den Grund von Swoisitz fest angelehnt.

[11]) Dafs das Gewehr- und Kartätschfeuer auf 1000 m Entfernung die preufsischen Kolonnen nicht erreichen konnte, ist ohne weiteres klar. Nur an einer Stelle, bei Chotzemitz, äufserte das Gewehrfeuer der Kroaten auf die Kolonne, welche in die Nähe dieses Dorfes kam, einen Einflufs, indem es den General Manstein bestimmte, zur Wegnahme dieses Dorfes einige Bataillone zu verwenden, welche später an anderer Stelle sehr fehlten. Eigentlich gelitten hat die preufsische Armee durch das Flankenfeuer an keiner Stelle.

rechten Flügel zu überragen; nachdem sie an Krechor vorbei war, wendete sie sich rechts, ging gegen den äufsersten rechten Flügel vor und bemächtigte sich des Dorfes Krechor; aber die preufsische Armee war dermafsen ins Gefecht verwickelt, und das Gewehrfeuer wurde so lebhaft, dafs sie sich genöthigt sah zu halten,[12]) zur Schlachtlinie rechts einzuschwenken und zur Attake vorzugehen, um die Tirailleurs zurückzuwerfen; diese wurden unterstützt. Die Preufsen machten vergebliche Anstrengungen, um die Höhen, welche zugleich von rechts her angegriffen wurden, wegzunehmen; aber jeder Vortheil der Stellung war für die Oesterreicher. Der Angriff der Preufsen war ein nicht vorher überlegtes, durch die Umstände herbeigeführtes Unternehmen. Sie mufsten steile Berge erklimmen, Fufswege und ungangbare Schluchten überschreiten; sie thaten Wunder der Tapferkeit; aber gezwungen zu weichen, verloren sie ihre Artillerie, eine grofse Zahl Gefangener, Todter und Verwundeter. Sie zogen sich nach Planian zurück und bewirkten ihren Rückzug nach Nimburg. Der Feldmarschall Daun bezog sein Lager wieder, wo er mehrere Tage blieb, um Te Deum zu singen. Der Verlust der Preufsen belief sich auf 15 000 Mann, der der Oesterreicher auf 5000. So hatte der König von je zwei Mann seiner Armee einen aufser Gefecht. Am 19. hob Friedrich die Belagerung von Prag auf und begab sich nach Brandeis, wohin die Artillerie transportirt wurde, um hier auf der Elbe eingeschifft zu werden; da er nur 18 km zu machen hatte, kam er schon am Abende des 19. dort an. Der Feldmarschall Keith, welcher auf dem linken Ufer stand, blieb 24 Stunden länger stehen und bewirkte seinen Rückzug nach Leitmeritz, wo er über die Elbe ging. Lebhaft verfolgt, verlor er 4—500 Mann.

Der König theilte darauf seine Armee in zwei Korps, beide auf dem rechten Ufer der Elbe. Er lagerte mit dem gröfsern Theile der Truppen nahe bei Leitmeritz und schickte den Prinzen von Preufsen mit dem zweiten Korps anfangs nach Cejtic hinter die Iser, dann nach Böhmisch-Leipa hinter den Polzen, so dafs derselbe sich 45 km vom Könige entfernt befand und 27—30 km von Zittau, wo seine Magazine waren. Der Prinz von Lothringen fafste am 1. Juli endlich seinen Entschlufs; er verliefs Prag, ging bei Celakowic, dicht bei Brandeis, über die Elbe, wendete sich auf Münchengrätz hinter die Iser und von da nach Hühnerwasser, umging die Stellung des Prinzen von Preufsen bei Böhmisch-Leipa, bemächtigte sich der Städte Niemes und Gabel und unterbrach dadurch die Verbindung von Zittau, welchen Ort der Prinz nur auf einem Umwege und nach Verbrennung seiner Wagen erreichen konnte; er kam dort am 22. an, ein wenig vor der österreichischen Armee. Diese bombardirte Zittau vor den Augen der Preufsen; ein Theil der Magazine wurde verbrannt. Der Prinz von Preufsen zog sich über Löbau nach Bautzen zurück. Am 29. Juli verliefs Friedrich sein Lager von Leitmeritz, vereinigte sich mit dem Prinzen bei Bautzen und nahm einige Tage

---

[12]) Dafs die preufsische Armee durch das Flankenfeuer zum Halten und zum Einschwenken genöthigt worden sei, ist keinenfalls richtig: die Gründe für diese Abänderung der anfänglichen Disposition sind selbst heute noch nicht aufgeklärt, da sie rein subjektiv im Kopf und Herz des königlichen Feldherrn lagen.

später weiter vorwärts ein Lager bei Bernstadt zwischen Löbau und Görlitz. Der Prinz von Lothringen hatte sein Lager vorwärts von Zittau; in Görlitz hielt er eine Garnison, wodurch er den Weg nach Schlesien abschnitt. In der Nacht des 15. August ging Friedrich nach Hirschfelde vor, zwischen Zittau und Görlitz; da er durch diese Stellung Görlitz von dem Lager bei Zittau abschnitt, bemächtigte er sich der Stadt, rekognoszirte das Lager des Prinzen von Lothringen und fand es unangreifbar. Da er sodann erkannte, dafs dieser Prinz die Annahme der Schlacht verweigerte, so ging er nach Hirschfelde zurück, überliefs den Befehl über die Armee dem Herzoge von Bevern und setzte sich am 24. August mit einem Detachement von 16 Bataillonen und 30 Schwadronen in Marsch, um sich nach der Saale zu begeben. Hier endigt der erste Theil dieses Feldzuges.

IV. **Dritte Bemerkung**: Der Plan Friedrich's, sich der Festung Prag und Böhmen's zu bemächtigen, war gut im Jahre 1756; er war es auch noch im Anfange des Jahres 1757. Dort würde er, wie in einem grofsen verschanzten Lager, Sachsen und Schlesien gedeckt, Oesterreich und das deutsche Reich im Zaume gehalten haben.[13] Dieses Unternehmen mufste ihm glücken: alle Chancen lagen zu seinen Gunsten; er hatte die Initiative der Bewegung, Truppen an Zahl und Qualität dem Gegner überlegen, er hatte seine Kühnheit und seine Talente. Dennoch scheiterte dasselbe.

1) Er ging zur Eroberung von Böhmen auf zwei Operationslinien vor, mit zwei Armeen, die von einander 270 km entfernt waren, und welche sich 180 km von ihrem Ausgangspunkte unter den Mauern einer Festung in Gegenwart der feindlichen Armeen vereinigen sollten. Es ist ein Grundsatz, dafs die Vereinigung der verschiedenen Armeekorps niemals nahe am Feinde stattfinden darf;[14] dennoch gelang dem Könige Alles. Seine beiden Armeen, obgleich von einander durch Gebirge und Defileen getrennt, überwanden alle Hindernisse, ohne dafs ihnen irgend ein Unfall zustiefs. Am 4. Mai waren sie nur noch 27 km von einander entfernt, aber sie waren noch getrennt

---

[13] Es ist schon oben darauf hingewiesen, dafs Friedrich's Plan 1757 weiter ging und mehr im besten Geiste richtiger, entscheidender Kriegführung war als Napoleon hier andeutet. Es galt den Versuch, die drei bis vier freien Monate zur Niederwerfung Oesterreichs zu benutzen. Die blofse Besetzung von Prag und Böhmen bis zu der Zeit, wo auch Russen und Franzosen einflufsreich auftreten konnten, würde dem Könige nicht den Nutzen gebracht haben, den seine augenblicklich noch günstige Lage ihn hoffen liefs.

[14] Dieser Grundsatz, richtig in kleinen Verhältnissen und bei weniger tüchtigen Unterführern, erleidet in grofsen Verhältnissen, wie die Schlachten von la Rothière, Belle-Alliance und Königgrätz zeigen, bedeutende Einschränkungen; seine strikte Befolgung würde jede konzentrische Operation unmöglich machen. Gegen die Gefahren, welche eine Vereinigung getrennter Heerestheile erst nahe am Feinde mit sich bringt, verschlofs sich der König so wenig, dafs als Vereinigungspunkt zwischen ihm und Schwerin nicht Prag sondern Leitmeritz festgesetzt war; erst die Erkenntnifs von der Verwirrung und Entschlufslosigkeit der Gegner gestattete den Vereinigungspunkt immer weiter vorwärts zu legen.

durch zwei Flüsse, die Festung Prag und die Armee des Prinzen von Lothringen 70 000 Mann stark. Ihre Vereinigung schien unmöglich; dennoch vollzog sie sich am 6. Mai mit Tagesanbruch auf 600 m vom österreichischen Lager. Das Glück gefiel sich darin, Friedrich mit Gaben zu überhäufen, anstatt dafs er einzeln vor der Vereinigung seiner beiden Armeen hätte geschlagen und jede derselben für sich aus Böhmen hätte vertrieben werden müssen.

2) Da der König seine Operationslinie auf dem linken Ufer der Elbe aufgab und die über Brandeis und auf dem rechten Ufer der Elbe nahm, so hätte er den Feldmarschall Keith auf das rechte Ufer der Moldau herüberziehen und denselben auf seinen äufsersten rechten Flügel nehmen müssen, wodurch er für jeden möglichen Fall seine Operationslinie über Brandeis deckte.[15]) Er hätte davon einen dreifachen Vortheil gezogen: 1) seine ganze Armee wäre vereinigt gewesen und er hätte nichts von den Unternehmungen des Prinzen von Lothringen zu fürchten gehabt; 2) er hätte auf dem Schlachtfelde von Prag 20 000 Mann mehr gehabt, ein unermefslicher Vortheil; 3) seine Operationslinie über Brandeis wäre stets gesichert gewesen; sie wäre nicht, wie es geschah, in Gefahr gerathen.

3) Während der Schlacht von Prag gab der König die Strafse nach Brandeis, seine Operations- und Rückzugslinie auf und stellte sich quer über die Strafse nach Kolin, welche 27 km weiter rückwärts der Feldmarschall Daun besetzt hielt. Wenn der Prinz von Lothringen seinen linken Flügel hätte zum Angriff vorgehen und Gbell besetzen lassen, während der Feldmarschall Daun sich genähert hätte, so war der König eingeschlossen.

Vierte Bemerkung: 1) Der Prinz von Lothringen hat den König von Preufsen vor Prag und den Feldmarschall Schwerin vor Brandeis ankommen lassen, auf 27 km einer vom andern, ohne die Gelegenheit ergriffen zu haben, welche sich ihm bot, dem letztern auf dem rechten Ufer der Elbe entgegen zu gehen und vereint mit dem Grafen Königsegg ihn mit einem doppelt so starken Heere zu erdrücken, während der König die Wälle von Prag angeguckt hätte. Ebensowenig hat er versucht, nach der Vereinigung mit Königsegg, den König anzugreifen und zu schlagen, während Schwerin noch auf dem rechten Ufer der Elbe sich befand und vom Könige durch die Moldau und Elbe getrennt war.

2) Er brauchte nur zwei Tage zu gewinnen, damit der Feldmarschall Daun im Lager von Prag hätte ankommen können, was seine Armee auf 100 000 Mann gebracht hätte; und er begriff nicht die Möglichkeit diese zwei Tage zu gewinnen, indem er die Moldau gegen den König vertheidigte, der sie 4000 m von seinem Lager überschritt, oder indem er Schwerin den Uebergang über die Elbe streitig machte, welcher 18 km von seinem Lager ins Werk gesetzt wurde.

---

[15]) Das Belassen eines so starken Korps unter Keith westlich Prag während der Entscheidung ist nach den heutigen Grundsätzen der Kriegskunst kaum zu rechtfertigen; zu jener Zeit scheint die direkte Deckung der Verbindungslinie nach Sachsen und dieses Landes selbst hinreichende Veranlassung dazu geboten zu haben.

3) Als der König in der Nacht vom 5.—6. die Moldau überschritten hatte, mußte der Prinz von Lothringen um 7 Uhr Abends nach Prag zurückgehen, indem er, um diese Bewegung zu verbergen, 15 000 Mann in der Position am Ziska-Berge zurückließ; er mußte dann beim frühesten Tagesanbruch an der Brücke des Königs ankommen, sie verbrennen, den Feldmarschall Keith angreifen, ihn in die Flucht treiben, ihn mit 100 Schwadronen verfolgen und am Abende nach Prag zurückkehren. Der Feldmarschall Daun würde herangekommen sein und am 7. wären sie gemeinschaftlich zum Angriff geschritten, wenn der König sie erwartet hätte.[16]

4) Er wurde geschlagen, weil er seiner Armee eine schlechte Schlachtordnung gegeben hatte. Er mußte seinen linken Flügel dort aufstellen, wo sein Centrum stand, sein Centrum dort, wo sein rechter Flügel, seinen rechten Flügel dort, wo ein Theil seiner Kavallerie stand; seine Infanterie wäre dadurch gut angelehnt und seine Kavallerie dem Teiche von Sterbohol näher gewesen. In Reserve mußte er den dritten Theil seiner Kavallerie behalten und den sechsten seiner Infanterie. Schließlich, da er den Fehler gemacht hatte, seinem linken Flügel die Möglichkeit des Handelns zu nehmen, so mußte er ihn wieder in Thätigkeit bringen, indem er ihn zur Unterstützung der Höhe bei Gbell vorgehen ließ; hierdurch würde er die Bewegung des Königs zu einem plötzlichen Stocken gebracht haben, da dessen rechter Flügel, welcher ganz in der Luft stand, dadurch selbst überragt und umfaßt wurde.

Fünfte Bemerkung: 1) Der Plan des Königs von Preußen eine Stadt wie Prag einzuschließen, obgleich sich darin eine Armee von 40 000 Mann befand, welche allerdings eben eine Schlacht verloren hatte, ist eine der ungeheuersten und kühnsten Ideen, welche in der neuen Zeit jemals gefaßt worden sind.[17] Er hat für diese Blokade 50 000 Mann verwendet; aber er mußte fürchten, daß durch die Armee des Feldmarschall Daun die Blokade beunruhigt werde. Er mußte die sechs Wochen, die er vor sich hatte, benutzen, um starke Circum- und Contravallations-Linien anzulegen, eine Observations-Armee bilden, dieselbe in einer Entfernung von 30—35 km in passenden Positionen aufstellen, diese verschanzen, und im Momente, wo der Feldmarschall Daun herangekommen wäre, um die Aufhebung der Blokade zu veranlassen, seine Observations-Armee durch einen Theil der Blokade-Armee verstärken und den Feldmarschal Daun schlagen, ehe die Belagerten ihn gewahr wurden.

---

[16] Die verschiedenen Möglichkeiten, die Vortheile des Befindens auf der inneren Linie offensiv oder defensiv, zur Erreichung einer Entscheidung oder zum Zeitgewinn auszunutzen, finden sich hier schön zusammengefaßt.

[17] Diese Idee, 1756 beinahe zur Durchführung gelangt, 1796/97 gegen Mantua in kleinerem Maßstabe, 1870 im allergrößten Maßstabe durchgeführt, hat so viel von ihrer Ungeheuerlichkeit verloren, daß jetzt schon viele Stimmen sich im Gegensatze zu Napoleon's Ansicht dahin aussprechen: eine geschlagene Armee, welche sich in eine Festung einschließen lasse, habe in sich nicht mehr die Möglichkeit, sich aus dieser Lage wieder selbst zu befreien, und zwar um so weniger, je größer sie selbst ist.

2) Sein Plan bei Kolin, 60 km von Prag Stellung zu nehmen, setzte ihn aufser Stande einen Theil der Blokade-Armee zu seiner Unterstützung in einem Marsche heranzuziehen und vice versa. [18])

3) In Betreff der Schlacht von Kolin ist es schwer, seine Anmafsung zu rechtfertigen, mit der er den rechten Flügel Daun's in einem Flankenmarsche von 6000 m Länge umging, nur 1000 m von den Höhen, auf denen die feindliche Armee stand. Es ist dies eine so tollkühne Bewegung, so durchaus entgegen den Grundsätzen der Kriegskunst: „Machet nie einen Flankenmarsch unter den Augen einer feindlichen Armee, namentlich wenn diese die Höhen besetzt hält, an deren Fufs entlang ihr ziehen müfst." Wenn er den linken Flügel der Oesterreicher angegriffen hätte, so befand er sich hierzu in der günstigsten Lage; aber im Bereiche des Kartätsch- und Gewehrschusses einer Armee entlang ziehen, welche eine beherrschende Stellung einnimmt, um deren entgegengesetzten Flügel zu umfassen, das heifst bei dieser Armee weder Geschütze noch Gewehre voraussetzen. Preufsische Schriftsteller haben erzählt, dafs dieses Manoeuvre nur durch die Ungeduld eines Bataillons-Kommandeurs mifslungen sei, welcher, gereizt durch das Feuer der österreichischen Tirailleurs, das Kommando zur Schlachtlinie rechts einzuschwenken gegeben und dadurch die ganze Kolonne in das Gefecht verwickelt habe; dies ist ungenau. Der König war zur Stelle; alle Generale kannten seine Absichten und von der Spitze bis ans Ende war die Kolonne nur 4000 m lang. Die Bewegung, welche die preufsische Armee machte, wurde ihr durch das allerdringendste Interesse geboten: durch die Nothwendigkeit sich zu retten und den Instinkt, welcher jeden Menschen antreibt, sich nicht ohne Vertheidigung tödten zu lassen.

Sechste Bemerkung: Dafs der Prinz von Lothringen in Prag für die ersten zehn Tage eingeschlossen blieb, mufs als die Folge der Schlacht angesehen werden; aber von dem Momente an, wo er erfuhr, dafs der König von Preufsen ein starkes Detachement gegen den Feldmarschall Daun ent-

---

[18]) Die Art des Verfahrens, welche Napoleon hier vorschlägt, sicherlich die beste für des Königs damalige Lage, stellt sich als eine besondere Art von Operation auf der innern Linie dar, deren Stärke bis zu einem gewissen Punkte wächst, je mehr die Abstände zwischen den getrennten Theilen des Gegners sich verringern, weil damit auch die Zeiträume kleiner werden, während deren der auf der innern Linie Operirende seine Streitkräfte auf der einen Seite schwächen mufs zur Erreichung entscheidender Ueberlegenheit auf der andern Seite. Der Punkt, bei welchem durch Verminderung der Räume die Vortheile der Operation auf der inneren Linie nicht mehr wachsen, sondern zum entschiedensten Nachtheile umschlagen, ist dann gekommen, wenn zu einer Verschiebung von Streitkräften von der einen zur andern Seite der Raum mangelt und das Heer nur noch eine Einheit in derselben taktischen Entscheidung bildet, in welcher die bis dahin getrennten Theile des Gegners gemeinschaftlich, wenn auch noch nicht direkt vereinigt wirken. 3—4 Meilen bilden das Minimum von Raum, um durch das Terrain gegen den einen Theil des Gegners begünstigt noch gegen den andern Theil auf der innern Linie operiren zu können. Es ist einleuchtend, dafs die mit einem Mifslingen verbundene Gefahr wächst, je kleiner die Räume werden, dafs also auch um so mehr Schnelligkeit und Energie in Entschlufs und Ausführung nothwendig ist. Diese Eigenschaften setzte Napoleon bei einem Feldherrn wie Friedrich mit Recht als vorhanden voraus.

sendet hatte, und wo der moralische Muth seiner Armee wieder hergestellt war, ist seine Unthätigkeit nicht zu entschuldigen. Er mufste bei Tagesanbruch mit allen seinen Kräften einen Theil des Feindes angreifen, ihn schlagen und sofort in die Festung zurückgehen, in gleicher Weise mehrere Male an immer andern Punkten von Neuem anfangen und die preufsische Armee im Einzelnen aufreiben. Was hinderte ihn auch, bei Einbruch der Nacht, zugleich auf den Ziska-Berg und die damit zusammenhängenden Höhen bis an das nächste vorspringende Bastion von Prag vorzugehen, dort in der Nacht zehn oder zwölf Redouten aufzuwerfen und sich bei Tagesanbruch auf einer durch Artillerie gedeckten Linie von 3000 m Länge in Schlachtordnung zu stellen? Jeden folgenden Tag hätte er verwendet, sein Lager zu verstärken, oder Stellungen zu besetzen und zu verschanzen, welche die Ausdehnung desselben vergröfsert und ihm mehr Offensiv-Kraft gegeben hätten. Hiedurch hätte er seinen Gegner sehr in Verlegenheit gesetzt und wäre mit allen Bewegungen des Feldmarschall Daun bekannt geblieben bis zu dem Momente, wo er in der sichern Voraussetzung, dafs dessen Annäherung einen Theil der Kräfte des Königs auf sich ziehen müsse, die Aufhebung der Belagerung erzwungen hätte. Die Lage schrieb ihm vor, sich alle Tage abwechselnd auf beiden Flufsufern zu schlagen.[19])

Siebente Bemerkung: Das Benehmen des Feldmarschall Daun, wenn man dasselbe als gegründet auf seine Kenntnifs von den Hülfsmitteln in Prag annimmt, scheint gut bis nach der Schlacht von Kolin; dann aber trifft ihn der Vorwurf seinen Sieg nicht benutzt zu haben: es wäre eben so viel werth gewesen nicht zu siegen.[20]) Nach zwölf Tagen der Ueberlegung entschliefst er sich endlich nach der Lausitz vorzugehen. Mit dem Geiste dieses Krieges wäre es mehr in Uebereinstimmung gewesen, wenn er nach Sachsen vorgegangen wäre: er würde Dresden zurückgewonnen haben, hätte mit der seinigen die Armee des Prinzen von Soubise vereinigt, vielleicht die des Herzogs von Richelieu, die Schweden und die Russen; er würde 200 000 Mann bei Berlin versammelt haben.

Die österreichischen Generale sind in diesem Feldzuge aufserordentlich schüchtern; obgleich ihre Truppen sich brav geschlagen haben, zeigten die Führer kein Vertrauen zu ihnen. Sie konnten den Prinzen von Preufsen bei Zittau angreifen und thaten es nicht; der König bot ihnen nach Kolin beständig eine Schlacht an und sie vermieden dieselbe beständig.

---

[19]) Es giebt viele, welche es für wenig wahrscheinlich halten, dafs den hier von Napoleon entwickelten theoretischen Anforderungen jemals praktisch werde genügt werden, da der in der verlorenen Schlacht gebeugte moralische Muth sich in der Eingeschlossenheit nicht hebt, vielmehr das Wohlgefühl der zeitigen Sicherheit eine Unlust dieselbe aufzugeben erzeugt und sich jedem Aufschwunge als Bleigewicht anhängt. Das Gefühl, nur durch den Schutz der Festungswerke in ein Gleichgewicht der Kraft mit dem siegreichen Gegner getreten zu sein, erweckt das Gefühl, mit dem Verlassen dieser Werke sofort wieder die Ueberlegenheit gegen sich zu haben. Dafs diese Ueberlegenheit für den partiellen Kampf thatsächlich nicht vorhanden, erkennt die Truppe nicht.

[20]) Dieser Ausdruck ist übertrieben, doch schliefst er eine goldene Regel ein.

Drittes Kapitel.
Zweiter Theil des Feldzuges von 1757.

I. Zweite Epoche des Feldzuges von 1757. II. Operationen der französischen und hannöverschen Armee; Schlacht bei Hastenbeck (26. Juli); Schlacht bei Rossbach (5. November). III. Operationen der Russen; Schlacht bei Jägerndorf (30. August). IV. Operationen in Schlesien; Schlacht bei Breslau (22. November); Schlacht bei Leuthen (5. December); Winterquartiere. V. Bemerkungen.

I. Diese zweite Epoche des Feldzuges von 1757 beginnt am 15. Juli und endet am 15. December; sie umfaſst 150 Tage; sie ist reich an groſsen Ereignissen. Die Franzosen gewinnen die Schlacht bei Hastenbeck, am 26. Juli; sie verlieren die bei Rossbach am 5. November; die Preuſsen verlieren die bei Jägerndorf gegen die Russen am 30. August, und die bei Breslau am 22. November; aber der König erwirbt sich unsterblichen Ruhm und stellt alles wieder her, indem er die Schlacht bei Leuthen am 5. December gewinnt. Er hatte in dieser zweiten Epoche nahe an 120 000 Mann im Felde, abgesehen von den Garnisonen der Festungen; er hatte gegen sich 180 000 Mann, die von verschiedenen Nationen ohne Uebereinstimmung und jeder für sich handelten. Die bessere Führung und die Qualität der Truppen waren auf seiner Seite; man wird es also verstehen, daſs das Ende des Feldzuges zu seinen Gunsten ausschlug. Die drei feindlichen Armeen waren: 1) 50 000 Mann, die an der Saale operirten und unter den Befehlen des Prinzen Soubise und des Prinzen von Hildburghausen standen, nämlich 25 000 Franzosen und 25 000 Mann der Reichskontingente, sehr schlechte Truppen; 2) 60 000 Russen, welche im August eintrafen, eine Schlacht lieferten und wieder nach Hause gingen; 3) die Armee des Prinzen von Lothringen, 80 000 Mann stark, welche in Schlesien operirte. Man hat unter diesen kriegführenden Armeen weder die Armee des Marschall von Estrées, 80 000 Mann stark, aufgezählt noch die derselben gegenüberstehende Armee des Herzogs von Cumberland.

II. Der Hof von Versailles hatte sich verpflichtet der Königin von Ungarn 24 000 Mann zu stellen; der Prinz von Soubise übernahm das Kommando derselben, ging bei Düsseldorf über den Rhein und richtete sich nach Sachsen, wo er sich mit der Armee der Reichskontingente vereinigte; am 21. August rückte er in Erfurt ein.

Frankreich, im Kriege mit England begriffen, wollte sich Hannover's bemächtigen. Eine Armee von 80 000 Mann, bestehend aus 112 Bataillonen und 110 Schwadronen, unter den Befehlen des Marschall von Estrées und der General-Lieutenants von Chevert, von Armentières und Contades, ging über den Rhein, durchschritt Westfalen und wendete sich nach der Weser. Der Herzog von Cumberland hatte ein Lager bei Bielefeld mit den Truppen von Hannover, Hessen und Braunschweig bezogen, welche im Solde Englands standen und 60 000 Mann stark waren. Bei der Annäherung der Franzosen ging er hinter die Weser zurück und lagerte am 22. Juni bei Hastenbeck, den rechten Flügel an die Weser gelehnt und durch einen Sumpf gedeckt, das Centrum bei Hastenbeck, den linken Flügel auf den Höhen von Hohnsen, 5 km vorwärts der Festung Hameln; er besetzte eine Linie von 5000 m Länge. Am 16. Juli ging der Marschall von Estrées in sechs Kolonnen über die Weser oberhalb Hameln; am 24. Juli nahm er gegenüber der feindlichen Armee Stellung; er erkannte, dafs dieselbe nur auf den Höhen des linken Flügels angreifbar sei, und entsendete Chevert, welcher am 25. mit 16 Bataillonen den linken Flügel des Feindes umging und in dessen Rücken bei dem Dorfe Afferde Stellung nahm. Der General mit 24 Bataillonen und vier Regimentern Dragoner nahm eine verbindende Stellung. Am 26. griff Chevert, unterstützt von Armentières, den äufsersten linken Flügel des Herzogs von Cumberland an. Zu gleicher Zeit erschien der französische linke Flügel unter der persönlichen Führung des Marschalls vor dem Centrum und dem rechten Flügel der Hannoveraner bei Hastenbeck, doch konnte er nicht vor 5 Uhr Abends dorthin gelangen; Chevert hatte sich schon der Höhe bemeistert und die besten Truppen des Gegners von dort vertrieben. Der Rückzug des Herzogs von Cumberland war schwierig geworden, als der Erbprinz von Braunschweig mit 1200 Mann seiner Truppen unterstützt von einem hannöverschen Regimente durch das Gehölz in die Mitte der Truppen Chevert's eindrang, welche für den Anfang dadurch erschüttert wurden und mehrere Stück Geschütz im Stiche liessen. Da ein Detachement von einigen hundert Pferden sich im Rücken der französischen Armee sehen liefs, befahl Estrées in seiner Bestürzung den Rückzug; aber die Truppen Chevert's erholten sich wieder von ihrem Schrecken, erkannten, wie wenig Mannschaft der Herzog von Braunschweig hatte, und nahmen ihre Kanonen wieder. Aber während dieses Schwankens bewirkte der Herzog von Cumberland seinen Rückzug, wobei er seine Artillerie rettete; er erlitt keinen fühlbaren Verlust. Das Schlachtfeld und der Sieg blieben den Franzosen. Der Verlust auf beiden Seiten belief sich auf je 3000 Mann.

Wenige Tage darauf trat an die Stelle des Marschall von Estrées der Herzog von Richelieu, welcher am 9. September zu Kloster-Zeven mit dem Herzog von Cumberland eine Konvention abschlofs. Das ganze Kurfürstenthum wurde von den französischen Truppen besetzt. Die Truppen von Braunschweig und Hessen gingen in ihre Heimath zurück, ohne ihre Waffen niederzulegen oder Kriegsgefangene zu sein; die Hannoveraner erhielten Cantonnements angewiesen.

Einige Wochen später verlegte der Herzog von Richelieu sein Hauptquartier nach Halberstadt.

Unterdessen war Friedrich, aufgeschreckt durch die Ankunft der Prinzen Soubise und Hildburghausen an der Saale, wie schon gesagt, am 24. August aus seinem Lager bei Bernstadt mit 16 Bataillonen und 23 Schwadronen aufgebrochen, indem er den Herzog von Bevern mit 56 Bataillonen und 100 Schwadronen zur Vertheidigung von Schlesien zurückliefs. Er zog auf dem Marsche den Prinzen Moritz mit 20 Bataillonen und 20 Schwadronen an sich heran, warf vier Bataillone als Garnison nach Dresden und marschirte mit 32 Bataillonen und 43 Schwadronen am 12. September gegen Erfurt. Bei seiner Annäherung zog sich Soubise nach Eisenach zurück; Friedrich folgte ihm nach Gotha, wo er am 15. September einrückte; von dort ging er wieder gegen Leipzig hin zurück, indem er Seydlitz mit 15 Schwadronen bei Gotha als Observationskorps stehen liefs. Da der König sich der Elbe hatte nähern müssen, um Berlin zu unterstützen, räumte Seydlitz Gotha und nahm halbwegs zwischen Gotha und Erfurt Stellung. Sofort ging Soubise persönlich mit seinem ganzen Stabe, 8000 Grenadieren und einer Kavalleriedivision nach Gotha vor; aber kaum hatte er sich dort eingerichtet, als Seydlitz seine 15 Schwadronen in einem Gliede aufstellend, dreist gegen das Hauptquartier vorging, welches in aller Eile nach Eisenach floh. Die 8000 Grenadiere traten nach einigen Flintenschüssen den Rückzug an; das Gepäck des Hauptquartiers und einige Gefangene fielen in die Hände der Preufsen. Dieser schimpfliche Vorfall war das Vorspiel von Rofsbach.

Da der König sah, dafs die vereinigte französische und Reichs-Armee jedem Gefechte auswich, verlegte er sein Hauptquartier nach Buttstädt, wo er bis zum 10. Oktober blieb. Unterdessen war der General-Quartiermeister von Hadik mit einem österreichischen Streifkorps in Berlin eingedrungen und hatte dort Kontributionen erhoben. Diese Neuigkeit erregte die kriegerische Hitze in Soubise, er setzte sich am 27. in Bewegung, ging über die Saale und verlegte sein Hauptquartier nach Weifsenfels. Friedrich kehrte, sobald er dies erfuhr, hierher zurück, zog verschiedene Detachements zusammen und marschirte mit 25000 Mann gegen Weifsenfels. Am 29. räumten bei seiner Annäherung die Franzosen diese Stadt und gingen über die Saale zurück. Am 2. November überschritt der König diesen Flufs auf den drei Brücken von Weifsenfels, Merseburg und Halle. Auf diese Nachricht zogen die Verbündeten sich in einem gemeinsamen Lager zusammen.

Am 3. November setzte sich der König in Bewegung, um sie anzugreifen; aber auf Schufsweite vor ihrem Lager angekommen bemerkte er, dafs sie ihre Stellung geändert hatten. Er ging nach links hin zurück und lagerte mit dem rechten Flügel bei Breda, dem Centrum bei Schortau, dem linken Flügel bei Rofsbach. Durch diese Rückzugsbewegung dreist geworden, beschlossen die Verbündeten ihrerseits anzugreifen und entwarfen den Plan, des Königs linken Flügel zu umgehen, da dessen Centrum und rechter Flügel ihnen eine zu starke Stellung zu haben schienen. Am 5. führten sie diese Bewegung aus in drei Kolonnen und ohne Avantgarde. Sie gingen über den linken Flügel der Armee, auf 2500—3000 m an demselben vorbeimarschirend, hinaus, durchschnitten die Strafse nach Weifsenfels und erreichten die nach Merseburg. Der König, welcher ihre Bewegung seit zwei Stunden beobachtete, hatte alle seine Dispositionen getroffen, um ihre Flanke und Spitze anzufallen, wobei er einige Hügel zur Verbergung seiner Bewegung benutzte. Der

General von Seydlitz mit der ganzen Kavallerie und mehreren Batterien leichter Artillerie setzte sich rechts von Lunstädt auf den äussersten linken Flügel. Der Prinz Heinrich stellte sich mit einer Brigade von sechs Bataillonen rechts von ihm in Schlachtordnung; die ganze Armee folgte; die Queue war noch bei Rofsbach, das dadurch auf den äufsersten rechten Flügel der preufsischen Armee zu liegen kam. Diese hatte so ihre Front rückwärts, den rechten Flügel vorwärts schwenken lassen. Die verbündete Armee, welche keine Avantgarde hatte, wurde durch die Attaken der preufsischen Kavallerie und das Feuer einer zahlreichen Artillerie über den Haufen geworfen. Die Kavallerie der Franzosen und Verbündeten ritt die Infanterie über, die Unordnung theilte sich der ganzen Armee mit. In wenig Stunden blieb der Sieg den Preufsen, welche nur sechs Bataillone im Gefecht gehabt hatten und 300 Mann verloren; sie nahmen 7000 Mann gefangen, eroberten 27 Fahnen und eine grofse Zahl Geschütze. Diese bunt zusammengesetzte Reichs-Armee versuchte in gröfster Unordnung sich jenseit des Thüringer Waldes wieder zu sammeln.

III. Rufsland hatte eine Armee von 60 000 Mann in Bewegung gesetzt; dieselbe durchschritt Polen in vier Kolonnen. Die rechte Flügel-Kolonne unter Befehl des General Fermor schlofs Memel ein, unterstützt durch ein Geschwader von neun Kriegsschiffen unter den Befehlen des Admiral Lewis. Memel ergab sich am 5. August. Der Feldmarschall Apraxin führte den Oberbefehl: er ging über den Njemen, den Pregel und nahm Stellung. Der preufsische Feldmarschall Lehwaldt stand mit 30 000 Mann bei Insterburg im Lager; er ging den Russen entgegen und lagerte am 29. August gegenüber der Stellung, welche dieselben bei dem Dorfe Jägerndorf hatten. Am folgenden Tage, am 30., gingen die Preufsen trotz ihrer geringeren Zahl auf den Feind los. Sie manoeuvrirten in schräger Schlachtordnung, um den russischen linken Flügel zu umfassen. Nach einem hartnäckigen Gefecht wurden sie geschlagen. Der Feldmarschall Lehwaldt zog sich nach Wehlau zurück. Die Russen hatten 5000 Mann aufser Gefecht, die Preufsen 3000. Einige Tage später, am 11. September, ging der russische General, obgleich Sieger, zurück, über den Pregel und Njemen, und kehrte in sein Land zurück, indem er seine Eroberungen bis auf Memel aufgab. Der preufsische General, da er keinen Feind mehr sich gegenüber hatte, ging nach der Oder zurück.

15 000 Schweden waren in Pommern gelandet und hatten sich der Stadt Anclam und der Inseln Usedóm und Wollin bemächtigt; sie wurden nur von der Garnison von Stettin beobachtet; aber nach der Ankunft des Feldmarschall Lehwaldt wurden sie in den ersten Tagen des December nach Stralsund zurückgetrieben.

IV. Einige Tage nachdem der König Schlesien verlassen hatte, räumte Bevern das Lager von Bernstadt und nahm auf dem Berge, die Landeskrone, nahe bei Görlitz Stellung, während er eine Division bei Bautzen aufgestellt ließ. Der Herzog von Lothringen besetzte das Lager von Bernstadt, schickte den General Nadasdy über die Neisse, um sich einer Brücke zu versichern, und verdrängte die feindliche Division aus Bautzen, indem er ihr alle Verbindungen mit Sachsen abschnitt. Am 7. September ließ er den Holzberg besetzen. Der Herzog von Bevern ging über die Neisse und marschirte über Naumburg, Bunzlau, Haynau, Liegnitz an die Oder, wo er am 19. September ankam. Der Prinz von Lothringen folgte ihm auf einer Parallelstraße über Lauban, Loewenberg, Goldberg, Jauer und Neudorf, wo er am 26. lagerte. Am 27. wendete der Herzog sich nach Glogau, ging dort über die Oder, marschirte auf dem rechten Ufer nach Breslau und lagerte am 1. Oktober, Breslau deckend, an der Lohe. Der Prinz von Lothringen schloß Schweidnitz ein; am 27. Oktober eröffnete er die Laufgräben und am 11. November nahm er drei der Forts mit Sturm; der Gouverneur kapitulirte und ergab sich mit 6000 Mann kriegsgefangen. Ermuthigt durch diese Eroberung entschloß er sich zum Angriff auf das verschanzte Lager des Herzogs von Bevern, dessen rechter Flügel vorwärts Breslau bei dem Dorfe Kosel an die Oder gelehnt war, der linke an Klein-Mochbern auf einem schönen verschanzten Plateau. Die Lohe deckte seine Front; die Dörfer Pilsnitz und Schmiedefeld hielt er als Brückenköpfe besetzt; auf seinem rechten Flügel stand er mit der St. Nicolas-Vorstadt von Breslau in Verbindung. Seine Armee war 36 bis 40 000 Mann stark. Der Prinz von Lothringen besetzte auf dem gerade gegenüberliegenden Ufer eine gleichlaufende Stellung zwischen Strachwitz und Masselwitz. Beide Armeen hatten sich in ihren Stellungen verschanzt. Nach der Uebergabe von Schweidnitz stieß Nadasdy wieder zu seiner Armee und setzte sich auf deren rechten Flügel: hierdurch den ganzen linken Flügel des preußischen Lagers überragend, drohte er auf Breslau zu marschiren. Der General Zieten mit 7 Bataillonen und 50 Schwadronen wurde auf den linken Flügel entsendet, um sich dieser Bewegung entgegenzustellen.

Am 22. November griff die österreichische Armee mit Tagesanbruch zu den Waffen und bildete gegen die Lohe drei Angriffs-Kolonnen, während sie zugleich den preußischen linken Flügel umfaßte; um Mittag hatte sie sieben Brücken über den Fluß geschlagen; der Angriff wurde jetzt sehr lebhaft. Allen Anstrengungen Nadasdy's auf dem rechten Flügel gelang es nicht, Zieten vom Schlachtfelde zu verdrängen; der Prinz von Lothringen aber bemächtigte sich der Stellung von Klein-Mochbern. Die preußische Armee mußte das Schlachtfeld räumen und sah sich mit dem Rücken an die Mauern von Breslau gedrängt. Sie schätzte ihren Verlust auf 6000 Mann, abgesehen von 10 000, welche in Breslau gefangen genommen wurden. Der Verlust der Oesterreicher belief sich auf 4000 Mann.

Den Tag nach der Schlacht fiel der Herzog von Bevern auf einer Rekognoszirung in Gefangenschaft. Zieten übernahm das Kommando; er ging mit den Trümmern der Armee über die Oder, zog auf deren linken Ufer abwärts und wendete sich nach Glogau, um mit dem Könige, der von Sachsen her zurückkam, zusammenzutreffen. Derselbe, am 12. November mit 18 Bataillonen und 28 Schwadronen von Leipzig aufgebrochen, erreichte am 28. Parschwitz, wo seine Vereinigung mit Zieten am 3. December stattfand.

Die Desertion hatte in Folge der Schlacht bei Breslau in der preußischen Armee eine große Höhe erreicht; der König konnte nur 36000 Mann im Lager von Parschwitz sammeln. Die österreichischen Kräfte wurden doppelt so stark geschätzt.

Am 4. December mit Tagesanbruch marschirte die preußische Armee nach Neumarkt, wo die Avantgarde ein Corps von 4000 Kroaten in die Flucht jagte und einige hundert Gefangene machte. Der Prinz von Lothringen hatte Breslau verlassen, war vorgegangen und hatte sich auf dem linken Ufer des Schweidnitzer Wassers gelagert, das Centrum beim Dorfe Leuthen, den rechten Flügel am Gehölz von Nippern und linken in einer starken Stellung an den Fluß gelehnt.

Am 5. wendete sich die preußische Avantgarde auf Borna und machte hier 600 Gefangene. Die Armee folgte in vier Kolonnen, indem sie vor der Front des Feindes eine sumpfige Mulde durchschritt; durch Nebel und einige Hügel in ihrer Bewegung begünstigt, verbarg sie dem Feinde ihren Marsch und wendete sich auf dessen äußersten linken Flügel, den sie über den Haufen warf. Alle Anstrengungen der österreichischen Generale, unter Zurücknehmen des linken Flügels eine neue Schlachtlinie zu bilden, waren vergeblich: die Preußen erreichten jeden Punkt schon bevor die Truppen dort formirt waren. Der Feldmarschall Daun, welcher ihre immer neue Fortschritte auf dem linken Flügel sah, ging mit dem rechten Flügel, den er befehligte, vor; aber von der Kavallerie attakirt, wurden seine Truppen zersprengt. Die Trümmer der österreichischen Armee gingen hinter das Schweidnitzer Wasser zurück und suchten sich auf dem andern Ufer zu sammeln. Diese Armee verlor 6500 Mann todt oder verwundet, 7000 Gefangene und 150 Geschütze. Die preußische Armee verlor 2000 Mann. Der Prinz von Lothringen räumte Breslau unter Zurücklassung von 20000 Kranken, Verwundeten oder Nachzüglern, welche in die Hand des Siegers fielen, und zog sich in größter Eile nach Böhmen zurück. Von beiden Seiten bezogen die Armeen ihre Winterquartiere.

V. Achte Bemerkung: 1) Der Marschall von Estrées verwendete drei Monate Zeit, um vom Rheine bis an die Weser zu kommen. Mit einer Armee, die um ein Drittheil zahlreicher war und aus Franzosen bestand, gewann er nur mit Mühe die Schlacht bei Hastenbeck über eine Armee, welche von Truppen gebildet war, die zehn verschiedenen Fürsten angehörten. Dies beweist, wie schlecht die französische Generalität in jener Zeit zusammengesetzt war.

2) Die Bewegung, welche Chevert am Tage vor der Schlacht machte, war gefährlich und widersprach den Grundsätzen der Kriegskunst; wenn daraus keine übeln Folgen hervorgingen, lag es nur daran, daß der Marschall von Estrées dem Feinde sehr überlegen war.[21])

---

[21]) Diese angebliche Bewegung Chevert's hat nie stattgefunden; Afferde, wohin er marschirt sein soll (s. S. 111), lag zwischen dem rechten Flügel der verbündeten Armee und der Festung Hameln.

3) Der Angriff, welchen Chevert und von Armentières in der Schlacht selbst machten, war gut angeordnet; er hätte genügt, um einen entscheidenden Sieg herbeizuführen, wenn er durch 60 Schwadronen Kavallerie unterstützt gewesen wäre, welche allerdings für den Angriff auf die Höhen nicht zu verwenden, wohl aber nothwendig waren, um nach deren Eroberung in die Ebene hinabzusteigen, den Feind zu verfolgen und den Sieg zu entscheiden.

4) Der moralische Eindruck, den der Herzog von Braunschweig mit 1200 Mann hervorbrachte, verschaffte dem Herzog von Cumberland die Zeit, um seinen Rückzug in Sicherheit zu bewerkstelligen, und hätte beinahe über das Schicksal der Schlacht entschieden. Dies beweist die geringe Erfahrung der französischen Offiziere; und doch war Chevert zur Stelle.

5) Der Marschall von Estrées ordnete ohne Grund unzeitig den Rückzug an. Der Angriff des Erbprinzen und das Detachement Kavallerie, das sich auf seiner Rückzugslinie zeigte, waren Dinge, die gar nichts mit einander zu thun hatten: eine Verbindung zwischen denselben konnte nicht vorhanden sein. Seine Einbildungskraft bemächtigte sich derselben und malte sie aus; sie machte ihm daraus ein Phantasiegemälde. Der Angriff des Erbprinzen fing eben erst an; man mufste geduldig abwarten, den Angriff in seiner Richtung und Stärke sich entwickeln lassen; thatsächlich hat derselbe sich bald erschöpft.[22]) Und ausserdem: was hatte der Marschall zu fürchten? Chevert hatte vollkommen soviel Truppen, als er brauchte, um die ganze Armee des Herzogs von Cumberland zurückzuwerfen. Die Husaren, die sich im Rücken zeigten, konnten allenfalls den Marketendern gefährlich werden. Höchstens hätte man sich damit begnügen müssen, eine leichte Kavallerie-Brigade abzusenden, um sie zurückzutreiben.

Die vornehmste Eigenschaft eines Feldherrn ist einen kühlen, ruhigen Kopf zu haben, welcher von den Dingen richtige Eindrücke aufnimmt, sich nicht blenden, nicht berauschen lässt durch gute oder schlechte Nachrichten, so dass die aufeinanderfolgenden oder gleichzeitigen Eindrücke, welche er im Laufe eines Tages empfängt, sich nach ihrer Wichtigkeit ordnen und nur gerade so viel Raum einnehmen, als ihnen gebührt; denn der gesunde Menschenverstand, die Vernunft sind das Resultat der Vergleichung mehrerer Eindrücke, die man unter einen gleichen Gesichtspunkt fafst. Es giebt Menschen, welche durch ihre physische und moralische Beschaffenheit sich aus jeder Sache ein Phantasiegemälde machen. So viel Wissen, Geist, Muth und andere gute Eigenschaften sie auch haben mögen, die Natur hat sie nicht berufen, Armeen zu kommandiren oder die grofsen Operationen des Krieges zu lenken.

6) Die Konvention von Kloster Zeven ist unbegreiflich. Der Herzog von Cumberland war verloren; er war genöthigt die Waffen zu strecken und

---

[22]) Ebenso hatte sich der Angriff Chevert's erschöpft und hatte der Herzog von Cumberland ebenso wenig Grund, den Rückzug anzuordnen. Die Schlacht von Hastenbeck ist ein Beispiel von vielen, wie oft ein Feldherr geschlagen wird, ohne dafs seine Truppen besiegt sind. Die Bemerkungen Napoleon's über den Einflufs, welchen zuweilen untergeordnete Ereignisse auf den Geist des Feldherrn ausüben, verdienen sicherlich gründlich durchdacht zu werden.

sich gefangen zu geben: es war also nicht möglich, andere Kapitulations-Bedingungen zu gewähren.

Der Herzog von Richelieu machte den Fehler, daſs er die hannöverschen Truppen nicht entwaffnete und in ihre Heimath entlieſs.

7) Das thörichte Scharmützel von Gotha, wo ein ganzes Hauptquartier, gedeckt durch eine Division von 8000 Grenadieren und mehrere tausend Pferde, sich durch 1500 Husaren erschrecken lässt und flieht ohne umzusehen, zeigt hinreichend deutlich, was man von Generalen erwarten durfte von so schwachem Charakter wie der Prinz Soubise und der Herzog von Hildburghausen.

8) Der Ausgang der Schlacht bei Roſsbach hat nichts auſserordentliches: 22 – 26 000 Preuſsen, ausgewählte Truppen und gut geführt, muſsten 45 – 50 000 Mann Reichstruppen und damaliger Franzosen schlagen, welche so elend geführt wurden; aber ein Gegenstand der Verwunderung und eine Schande ist es, daſs sie von 6 Bataillonen und 30 Schwadronen geschlagen wurden: mit einer Armee von solchen Truppen, unter solchen Offizieren, in welcher Seele und Geist so schwach, alle Federn so matt waren, durfte man keinen Flankenmarsch im Angesichte einer tüchtigen Armee machen.

9) Die Bewegungen des Königs von Preuſsen sind einfach natürlich, und verdienen weniger Lob, als der Gegner Tadel verdient: sie waren ihm geradezu vorgeschrieben durch diesen thörichten Marsch, dessen Ausführung weder durch ein in Stellung befindliches Beobachtungs-Corps gedeckt, noch durch Flankeurs und eine Avantgarde aufgeklärt wurde, so daſs man in einem hügeligen Lande und einer nebeligen Jahreszeit vor Ueberraschungen hätte sicher sein können.

Neunte Bemerkung: Die Stellung des Herzogs von Bevern in der Schlacht bei Breslau ist fehlerhaft, insofern sie Breslau nicht deckte. Dieser General hatte Stellungen zur Rechten dieser Stadt verschanzt, und der Prinz von Lothringen würde, wenn er besser manoeuvrirt hätte, vor diesen Verschanzungen keinen Flintenschuſs abgefeuert haben. Er würde seinen rechten Flügel unter Nadasdy noch näher an die Oder geschoben und das verschanzte Lager vollständig umgangen haben, indem er seine Operationslinie verlegte, die nach Schweidnitz aufgab und an deren Stelle die nach Oberschlesien nahm. Es lag nicht im Interesse des preuſsischen Generals, eine Schlacht zu liefern, da er den König mit Verstärkungen erwartete; es handelte sich für ihn nur darum ein Lager, welches Breslau deckte, zu behaupten. Man kann kaum begreifen, daſs er diese Aufgabe nicht gelöst hat, nachdem er fast zwei Monate Zeit gehabt hatte, dieses Lager auszuwählen und zu befestigen. Eine gute Armee von 35–40 000 Mann muſs in wenig Tagen, namentlich wenn sie sich an eine groſse Festung und einen groſsen Fluſs lehnt, ihr Lager für eine doppelt so starke Armee uneinnehmbar machen.

Zehnte Bemerkung: Die Schlacht bei Leuthen ist ein Meisterwerk der Bewegungen und Manoeuvers sowie von Entschlossenheit; sie allein würde genügen, um Friedrich unsterblich zu machen und ihm einen Rang unter den gröſsten Feldherren anzuweisen. Er greift eine Armee, welche stärker als die seinige, in Stellung und siegreich ist, mit einer Armee an, welche zum Theil aus eben geschlagenen Truppen besteht, und erringt einen vollständigen Sieg, ohne ihn mit einem zum Resultat aufser Verhältnifs stehenden Verluste zu erkaufen.

Alle seine Bewegungen in dieser Schlacht entsprechen den Grundsätzen der Kriegskunst; er macht keinen Flankenmarsch vor den Augen des Feindes, denn die beiden Armeen haben sich nicht in Schlachtordnung gesehen. Die österreichische Armee, welche durch die Gefechte von Neumarkt und Borna Kenntnifs von dem Anmarsche der Armee des Königs hatte, erwartet dieselbe auf den ihr gegenüberliegenden Hügeln aufmarschiren zu sehen, und während dieser Zeit setzt der König, verdeckt durch einen Hügel und Nebel und unter dem Schleier seiner Avantgarde, seinen Marsch fort und bereitet sich, den äufsersten linken Flügel der österreichischen Armee anzugreifen.

Ebenso wenig verletzt er einen ebenso geheiligten Grundsatz, den, seine Operationslinie nicht Preis zu geben; sondern er wechselt dieselbe, was für das geschickteste Manoeuver, das die Kriegskunst lehrt, angesehen wird. In der That, eine Armee, welche ihre Operationslinie wechselt, täuscht den Feind, der nun nicht mehr weifs, wo ihr Rücken und ihre schwachen Punkte sind, durch die er sie bedrohen kann. Durch seinen Marsch gab Friedrich die Operationslinie von Neumarkt auf und nahm die nach Oberschlesien: die Kühnheit und Schnelligkeit der Ausführung, die Unerschrockenheit der Generale und Soldaten entsprachen der Geschicklichkeit des Manövres. Denn hier that Daun, als er einmal im Gefecht war, alles, was er thun mufste, hatte aber keinen Erfolg. Dreimal versuchte er seinen linken Flügel und sein Centrum durch eine Schwenkung links rückwärts aus dem Gefecht zu nehmen, er liefs selbst seinen rechten Flügel vorrücken, um die Operationslinie nach Neumarkt zu beunruhigen, von der er voraussetzte, dafs der König sich noch auf sie stütze; er that also alles, was unter solchen Umständen vorgeschrieben erscheint. Aber die Kavallerie und die Massen der Preufsen erreichten jedesmal seine Truppen, ehe diese Zeit gehabt hatten, sich zu entwickeln. Allerdings ist es auch wahr, dafs der König durch die Umstände wunderbar unterstützt wurde; alle schlechten Truppen, die aus dem Reich, standen auf dem linken Flügel der österreichischen Armee: nun ist aber der Unterschied von Truppe und Truppe ein ungeheurer.

Viertes Kapitel.
Feldzug von 1758.

I. Operationen der französischen und der hannöverschen Armee; Schlacht bei Krefeld (23. Juni); Schlacht bei Lutterberg (7. Oktober). — II. Operationen in Mähren und Böhmen; Belagerung von Olmütz. — III. Operationen der Russen und Schweden; Schlacht bei Zorndorf (25. August). — IV. Operationen in Sachsen; Schlacht bei Hochkirch (14. Oktober). — V. Operationen in Schlesien; Winterquartiere. — VI. Bemerkungen.

I. Der Herzog Ferdinand von Braunschweig übernahm das Kommando der Armee des Herzogs von Cumberland am 27. November 1757; er traf in Stade, dem Hauptquartier derselben, ein; er liefs dem Herzog von Richelieu, der die französische Armee kommandirte und sein Hauptquartier in Lüneburg hatte, ankündigen, dafs der König von England die Konvention von Kloster Zeven nicht anerkenne. Die Feindseligkeiten wurden eröffnet, aber die Strenge der Jahreszeit bestimmte beide Armeen am 24. December ihre Winterquartiere zu beziehen. Der Herzog von Richelieu liefs, um seine linke Flanke anzulehnen, am 16. Januar Bremen durch den Ritter von Broglie besetzen. Er wurde abberufen und durch den Grafen von Clermont ersetzt, einem Prinzen aus dem Hause Condé, welcher den Oberbefehl am 15. Februar übernahm. Einige Tage darauf eröffnete Herzog Ferdinand den Feldzug mit einer Armee von 50 Bataillonen und 60 Schwadronen, zusammengesetzt aus den Truppen von Hannover, Hessen, Braunschweig und anderer kleiner Fürsten. Prinz Heinrich von Preufsen, welcher in Sachsen kommandirte, unterstützte seine Operationen mit einer Division von 10 Bataillonen und 15 Schwadronen. Die Armee des Grafen von Clermont, ganz aus Franzosen bestehend, war 80 Bataillone und 110 Schwadronen stark; sie war im Besitz der Festungen Minden, Hameln, Nienburg und am Rhein von Wesel und Düsseldorf. Am 22. Februar marschirte der Herzog Ferdinand auf Verden und überschritt am selben Tage die Aller und Weser, obgleich diese beiden Flüsse mit Eis gingen. Die Bestürzung war grofs in allen französischen Cantonnements; sie zogen sich zurück, der linke Flügel auf Osnabrück, das Centrum auf Minden, der rechte Flügel auf Hameln. Am 8. März schlofs der Feind Minden ein, welches 5000 Mann Besatzung hatte, und nahm es vor den Augen des Grafen von Clermont, welcher erst wieder Ruhe fand, nachdem er am 3. April bei Düsseldorf über den Rhein zurückgegangen war; er hatte in einem vierwöchentlichen Feldzuge Westfalen, Hannover, Hessen, seine Lazarethe und Magazine verloren, ohne dafs er ein Gefecht geliefert oder zu liefern versucht hatte, obgleich seine Kräfte denen des Feindes überlegen waren. Das Hauptquartier der französischen Armee wurde in Wesel aufgeschlagen und die Truppen wurden auf dem linken Ufer des Niederrheins in Cantonnements verlegt. Der Herzog von Broglie besetzte mit dem französischen Kontingent, welches zur Disposition der Königin von Ungarn stand, Frankfurt und Hanau; der Prinz Soubise übernahm das Kommando dieser Armee, welche durch 6000 Würtemberger verstärkt sich auf 30000 Mann belief.

Am 29. April überschritt der Herzog Ferdinand den Rhein auf der Brücke von Recs, zwischen Emmerich und Wesel, und marschirte mit dem gröfseren Theile seiner Truppen auf Cleve, indem er den Prinzen von Isenburg mit 5000 Mann zur Beobachtung des Prinzen Soubise an der Lahn zurückliefs. Am 10. Juli sah sich der Herzog Ferdinand der französischen Armee gegenüber, welche ihren rechten Flügel an den Rhein, den linken an den Kanal von Geldern gelehnt hatte und als vorgeschobenen Posten vor dem Centrum Kloster Kamp besetzt hielt. Am 12. griff er Kloster Kamp an und bemächtigte sich desselben nach einem lebhaften Gefechte. Der Graf von Clermont räumte auf der Stelle alle seine Positionen und ging nach Neufs zurück. Da er aber Befehle von seinem Hofe erhielt, ging 'er wieder vor und lagerte sich am 19. hinter den Resten des zur Verbindung der Maas und des Rheins ausgehobenen Kanals den rechten Flügel bei Fischeln, den linken bei Anrath. Seine Stellung war gut, sie war sehr stark; seine Flanken waren an Sümpfe gelehnt, welche auf der Seite des rechten Flügels sich bis zum Rheine hin erstreckten. Der Herzog Ferdinand stellte sich ihm gegenüber auf, den linken Flügel bei Hüls, den rechten bei Kempen: er hatte 38 Bataillone und 52 Schwadronen. Obgleich so schwächer an Zahl zögerte er doch nicht anzugreifen; er liefs 16 Bataillone und 20 Schwadronen zurück, um den rechten französischen Flügel zu beobachten, 6 Bataillone und 6 Schwadronen, um das Centrum zu beobachten, umging mit 16 Bataillonen und 26 Schwadronen in grofser Entfernung durch kaum passirbares Terrain den linken Flügel vollständig und erschien im Rücken des Gegners, um ihn zur Schlacht zu bringen. Die französische Kavallerie schlug sich mit grofser Unerschrockenheit, aber sie erlitt beträchtliche Verluste. Der Graf von Clermont befahl den Rückzug. Dieser schmachvolle Tag kostete ihm 7000 Mann. Seine Armee sammelte sich im Lager bei Köln. Der Herzog Ferdinand bemächtigte sich der Stadt Düsseldorf und schlofs Wesel enge ein. Der Graf von Clermont wurde abberufen und durch den Marschall von Contades ersetzt. Der Marschall von Belle-Isle war Kriegsminister. Die Armee wurde schleunig verstärkt und wiederhergestellt, ebenso wie die des Prinzen Soubise, welche noch immer am Main stand.

Der Prinz Soubise schob den Ritter von Broglie mit 14 Bataillonen und 10 Schwadronen an die Lahn vor, um den Prinzen Isenburg zu vertreiben. Diese beiden Divisionen, an Kräften sich so wenig gleich, trafen bei Sangerhausen aufeinander. Der Prinz Isenburg wurde geschlagen und verlor 1000 Mann. Am 23. Juli rückte der Ritter von Broglie in Cassel ein; der Prinz Soubise folgte ihm dorthin. Während dieser Zeit liefs der Marschall von Contades Chevert mit 8000 Mann über den Rhein gehen und befahl ihm auf Wesel und die Brücken von Recs zu marschiren, um diese zu verbrennen, was die verbündete Armee in eine gefährliche Lage gebracht hätte; aber

Chevert wurde nach einem sehr hartnäckigen Gefechte geschlagen und gezwungen wieder zurückzugehen. Am 10. August ging der Herzog Ferdinand wieder auf das rechte Ufer des Rheins zurück und wurde durch eine englische Division verstärkt. Contades verlegte sein Hauptquartier nach Wesel; am 19. August marschirte er nach Recklinghausen, um sich bei Lippstadt mit Soubise zu vereinigen; aber dieser Prinz machte eine entgegengesetzte Bewegung, er richtete seinen Marsch nach Hannover. Der Herzog Ferdinand, welcher sein Hauptquartier in Münster hatte, schob sich zwischen beide Armeen und stellte sich ihrer Vereinigung entgegen. Er liefs seinen linken Flügel vorgehen, um Cassel zu überfallen, wo alle Magazine des Prinzen Soubise waren, aber dieser kehrte bei Zeiten zurück, was am 7. Oktober zur Schlacht bei Lutterberg führte. Die Hälfte der Armee des Herzogs Ferdinand unter den Befehlen des General Oberg wurde hier geschlagen; der Prinz Soubise nahm ihm 28 Geschütze und etwa 1000 Gefangene ab. Der Herzog Ferdinand ging selbst auf das linke Ufer der Lippe über. Der Marschall von Contades versuchte Münster zu überfallen: es war eine Erwiederung auf den Versuch des Herzogs Ferdinand gegen Cassel; aber der Versuch scheiterte und Contades entschlofs sich über den Rhein zurückzugehen und auf dem linken Ufer seine Winterquartiere zu nehmen. Der Prinz Soubise wollte sich in Cassel behaupten; aber von dem Marschall von Contades im Stiche gelassen, entschlofs er sich an den Main zurückzugehen, wo er um Frankfurt und Hanau Cantonnements bezog.

II. Während dieses Feldzuges operirte der König von Preufsen mit drei Armeen, welche zusammen 129 Bataillone und 213 Schwadronen ausmachten, eine von 64 Bataillonen und 123 Schwadronen, welche er persönlich befehligte und mit der er in Mähren einrückte; die zweite von 38 Bataillonen und 34 Schwadronen, welche er unter den Befehlen des Prinzen Heinrich in Sachsen liefs; endlich eine dritte von 20 Bataillonen und 35 Schwadronen, welche er unter den Befehlen des General Dohna in Ost-Preufsen zusammenzog, um gegen die Russen zu operiren; 31 Bataillone standen aufserdem als Besatzungen in den schlesischen Festungen und 15 Schwadronen waren zu der Armee des Herzogs Ferdinand detachirt. Die beträchtlichen Subsidien, die er von England empfing, erlaubten ihm in den Werbungen sehr thätig zu sein.[23] Er hatte gegen sich in diesem Feldzuge die österreichische Armee des Feldmarschall Daun, in einer Stärke von 90 Bataillonen und 110 Schwadronen, die Reichsarmee, welche vereint mit zwei österreichischen Divisionen die böhmische Armee von 45 Bataillonen und 50 Schwadronen bildete, und schliefslich die Armeen von Rufsland und Schweden zusammen 80 000 Mann stark. Er mufste mit 135—140 000 Mann Widerstand leisten gegen 235— 240 000 Mann, aber die feindlichen Truppen gehörten verschiedenen Nationen

---

[23] Erst im Herbste 1758 entschlofs sich der König zum ersten Male, und nur mit schwerem Herzen, die Zahlung der Subsidien von England anzunehmen.

an und handelten ohne Uebereinstimmung jede für sich auf Grenzstrichen, die weit von einander entfernt waren. In diese Rechnung sind weder die französischen Streitkräfte, noch die Armee des Herzogs Ferdinand einbegriffen, welche an der Weser und dem Rhein operirten. Der Herzog Ferdinand hielt nicht nur die Franzosen im Zaume, sondern auch die Kontingente von Würtemberg und anderer kleiner Fürsten von den Ufern des Rheins, welche andernfalls die Stärke der Reichsarmee in Böhmen erhöht hätten.

Beim Beginne des Frühlings stand der König noch in Schlesien, der Prinz Heinrich kommandirte in Sachsen und der General Dohna in Ostpreußen.[24]) Der König entschloß sich in Mähren einzurücken, Olmütz zu belagern und zu nehmen. Der Feldmarschall Daun stand in Böhmen beschäftigt mit der Verschanzung aller Pässe; 8000 Oesterreicher standen als Besatzung in Schweidnitz. Am 1. April schloß der König die Festung ein, eröffnete die Laufgräben und nahm eines der Werke mit Sturm, was die Uebergabe der Festung am 15. April herbeiführte. Am 1. Mai brach er von Troppau auf; am 6. ließ er Olmütz durch den Feldmarschall Keith mit 16 Bataillonen einschließen; der Belagerungstrain wurde in Neisse versammelt. Um die Belagerung zu decken, stellte er drei Corps auf, eins von 7 Bataillonen und 3 Schwadronen unter den Befehlen des Markgrafen Carl bei Neustadt; eins von 15 Bataillonen und 17 Schwadronen unter den Befehlen des Prinzen Moritz bei Aschmeritz; eins von 21 Bataillonen und 28 Schwadronen bei Prossnitz an der Straße nach Wien; in diesem Lager blieb er selbst; General Fouquet, welcher mit seiner Division den Belagerungstrain auf dem Marsche zu begleiten hatte, kam in Krönau, 54 km von Olmütz,[25]) am 20. Mai an; darauf wurden die Laufgräben eröffnet.

Daun war endlich nach Mähren geeilt und hatte sich bei Leitomischl, 90 km westlich Olmütz, gelagert; er schob den Grafen von Laudon nach Konitz und den General Deville über Wischau hinaus vor, wodurch er die Straße nach Brünn und nach Wien sperrte. Nachdem er die Verstärkungen, die er erwartete, erhalten hatte, hob er, gedrängt durch die Befehle seines Hofes, daß er Olmütz zu Hülfe eilen solle, sein Lager am 9. Mai auf, marschirte nach Zwittau und lagerte auf der Höhe bei Gewitsch, während der General Janus sich dem Prinzen Moritz näherte. Am 16. Juni nahm er Stellung vorwärts von Wischau an der Chaussee nach Wien, 13 km von Prosnitz und 31 km von Olmütz. Am 22. ließ er 1200 Mann Verstärkung sich in die Festung einen Weg bahnen, sogar auf der Troppauer Straße selbst; die Belagerung nahm indessen ihren Fortgang und trotz der Thätigkeit des General Marschall, welcher in der Festung kommandirte, war diese schon auf das Aeußerste gebracht.

---

[24]) Ostpreußen war schon im Herbste 1757 definitiv aufgegeben; die preußischen Streitkräfte unter Dohna hielten während des Winters und Frühjahrs die Schweden in Stralsund eingeschlossen.

[25]) Napoleon verwechselt hier das Städtchen Krönau, welches 6—7 Meilen westlich Olmütz liegt, mit dem gleichnamigen Dorfe, welches nordwestlich Olmütz 4 km vom Glacis entfernt ist.

Aber der preußischen Armee fehlte es an Munition und Lebensmitteln; ein Transport von 4000 Fuhrwerken, gedeckt von 8000 Rekruten und 1000 Pferden wurde in Neisse zusammengestellt. Der Feldmarschall Daun entwarf einen Plan, ihn aufzuheben und dadurch die Belagerung von Olmütz scheitern zu machen, ohne eine Schlacht zu wagen. Er entsendete mehrere Divisionen unter den Befehlen Laudons, um alle Gebirgspässe zwischen Schlesien und Mähren zu besetzen. Der Transport, von Troppau am 27. aufgebrochen, marschirte auf einer einzigen Strafse und nahm einen Raum von 35—45 km ein; am folgenden Tag, am 28., griff Laudon denselben mit seiner Avantgarde vergeblich an, er wurde zurückgewiesen und verlor 500 Gefangene. Unterdessen wurde der König unruhig, er entsendete am selben Tag, am 28., Zieten, um dem Transport entgegen zu gehen; dieser General vereinigte sich mit dem Transport am selbigen Abend, von da an erschien derselbe sicher gestellt. Aber am 30. griff Laudon, welcher mit allen seinen Kräften auf den Höhen von Domstädtl Stellung genommen hatte, Zieten an, schnitt ihn von Olmütz ab, warf ihn nach Troppau zurück und nahm oder verbrannte den Transport, mit Ausnahme von 200 Wagen, worunter die mit der Kriegskasse, welche glücklich das preufsische Lager erreichten. Am 1. Juli hob der König die Belagerung auf; er schleppte 5000 Fuhrwerke mit sich, alle Pässe nach Schlesien waren von Laudon stark besetzt; der König fafste den Entschlufs, sich nach Böhmen zurückzuziehen. Am 6. Juli kam er nach Leitomischl; am 9. hatte er dort die ganze Armee beisammen; am 14. lagerte er bei Königgrätz, gedeckt durch die Elbe und in Verbindung mit Schlesien. Am 25. setzte er sich in Bewegung, um Böhmen zu räumen, und am 10. August kam er in Schlesien bei Landshut an. Er überliefs seine Armee dem Markgrafen Carl und marschirte mit 18 Bataillonen und 35 Schwadronen gegen die Russen, welche Küstrin belagerten.

III. Die Czarin war mit dem Rückzuge des Feldmarschall Apraxin nach der Schlacht von Jägerndorf unzufrieden gewesen; sie entliefs den Minister, der ihn angeordnet hatte, in Ungnaden und befahl ihrer Armee über den Njemen zu gehen und ihre Winterquartiere in Ostpreufsen auf dem rechten Ufer der Weichsel zu nehmen.

Im Laufe des März besetzte General Fermor, der neue Oberbefehlshaber der russischen Armee, deren Stärke sich auf 70 000 Mann belief, die Städte Elbing und Thorn; am 27. Juni ging er über die Weichsel und nahm die Richtung auf Posen. Der preufsische General Dohna marschirte am 18. Juni von Stralsund, welches er blokirt hielt, ab und lagerte mit 20 Bataillonen und 35 Schwadronen am 6. Juli bei Schwedt. Am 1. Juli erreichten die Russen Posen, am 26. Meseritz; am 10. August gingen sie bei Landsberg über die Warte; am 13. schlossen sie die Stadt Küstrin auf dem rechten Ufer der Oder ein und bombardirten sie; ihre Schlachtlinie wurde von 40 Bataillonen und 35 Schwadronen gebildet. Romanzof mit 8000 Mann besetzte Schneidemühl. Browne mit einer Reserve-Division traf bei Landsberg ein.

Dohna lagerte am 6. August in der Nähe von Frankfurt a. O.; am 16. bei Reitwein; am 17. zwischen Manchenow und Gorgast. Am 21. traf der König in Küstrin ein. Am 22. lagerte die Division unter dem Prinzen Moritz, welche er mitbrachte, gegenüber Küstrin auf dem linken Ufer der Oder; am 23. ging er einige Meilen unterhalb Küstrin auf das rechte Ufer hinüber. Der russische General hob auf der Stelle die Belagerung auf und sammelte seine sämmtlichen Bagagen und Fuhrwerke bei Klein Cammin, einem Dorfe an der Strafse nach Landsberg, 9 km von Küstrin; er bildete aus den Fuhrwerken ein verschanztes Lager, liefs 4000 Grenadiere und 20 Geschütze zu dessen Vertheidigung zurück und lagerte mit dem Reste der Armee vorwärts von Zorndorf. Im Laufe des 24. stiefs Browne mit der Reservedivision zu ihm.

In der Nacht vom 24. zum 25. stellte sich die russische Armee, 54000 Mann mit etwa 100 Geschützen stark, 6000 m von dem Lager bei Klein-Cammin, an der Schäferei von Quartschen auf in einem einzigen Karré von rechteckiger Form. Der König mit 35000 Mann manoeuvrirte den ganzen 24.; am Abend ging er über den kleinen Flufs, die Mitzel, und stand dem russischen Karré gegenüber. Am 25. Morgens marschirte er links ab und schob sich zwischen Zorndorf und Küstrin, um den rechten Flügel des Karrés mittelst der schrägen Schlachtordnung anzugreifen; dies bekam ihm schlecht. Die Russen durch diesen Flankenmarsch herausgefordert, gingen gegen die vordersten Angriffskolonnen vor; dieselben wurden geworfen und in Unordnung gebracht. Endlich nach verschiedenen Schwankungen, vielen falschen Bewegungen und thörichten Scharmützeln, welche der scharfe Blick des General Seydlitz und die Unerschrockenheit seiner Kavallerie wieder gut machten, wurde der russische linke Flügel gebrochen und der Sieg blieb den Preufsen. Die Russen verloren 18000 Mann todt, verwundet und gefangen, und 60 Geschütze; der König hatte 10000 Mann aufser Gefecht.

Am 26. sammelte General Fermor, mit dem Rücken an den Wald von Drewitz gedrängt, seine Truppen wieder, aber er war von seinem Gepäck und den 4000 Grenadieren im Lager von Klein-Cammin abgeschnitten. In der Nacht vom 27. zum 28. marschirte er zwischen dem Lager des Königs und der Festung Küstrin hindurch und erreichte das Lager von Cammin, wo er bis zum 31. blieb; am 1. September marschirte er nach Landshut. Der König sah allen diesen Bewegungen ruhig zu; er hatte zu viel gelitten, um eine Beunruhigung der Russen auf ihrem Rückzuge zu versuchen. Am 2. September marschirte er mit 15 Bataillonen und 35 Schwadronen ab, um in Sachsen zu operiren, und liefs den Rest der Armee unter dem General Dohna mit dem Befehle zurück, den Russen zu folgen. Der General Fermor bewirkte unmerklich seinen Rückzug. In den ersten Tagen des September schlofs der General Palmbach Kolberg ein und bombardirte es; am 11. Oktober war er im Besitze des gedeckten Weges; aber am 22. zog die Armee sich zurück, da der General Dohna bis Stargard vorgerückt war; die Belagerung wurde aufgehoben.

Die Schweden thaten wenig in diesem Feldzuge. Am 6. September waren sie auf Prenzlau marschirt; sie wurden dort durch den General Wedell mit 8 Bataillonen und 5 Schwadronen aufgehalten. Ende Oktober, als dieser General nach Sachsen abberufen wurde, entsendete Dohna den General Manteuffel, um sie zu beobachten. Später kehrte Dohna nach Pommern zurück, schlofs Demmin und Anclam ein und nahm den Schweden, welche er nach Stralsund zurückwarf, 2500 Gefangene ab; er nahm seine Winterquartiere in Pommern und Mecklenburg.

IV. Der Prinz Heinrich, mit 33 Bataillonen und 43 Schwadronen, hielt Dresden mit einer Garnison besetzt und beobachtete die böhmische Grenze; sein Lager und sein Hauptquartier waren zu Gross-Sedlitz, während die Reichsarmee unter den Befehlen des Herzogs von Zweibrücken Böhmen besetzt hatte; sie war, verschiedene österreichische Divisionen einbegriffen, 50 Bataillone und 80 Schwadronen stark, aber schlechte Truppen, und hatte ihre Hauptkräfte bei Saatz. Während der Monate Februar und März unterstützte Prinz Heinrich die Armee des Herzogs Ferdinand mit einer Division, die er im April wieder zurückzog. Am 15. April marschirte er mit 18 Bataillonen und 26 Schwadronen nach Plauen, während er den General Hülsen in der Stellung bei Freyberg zurückliefs, um die Pässe nach Böhmen zu bewachen und seine Verbindung mit Dresden sicher zu erhalten; aber der Herzog von Zweibrücken blieb in der Defensive und hütete sich wohl irgend etwas zu unternehmen. Auf diesem Standpunkte blieben die Dinge während des Mai, Juni und Juli.

Unterdessen war Daun der Armee des Königs bei ihrem Rückzuge aus Mähren gefolgt; am 17. August lagerte er bei Zittau, der ersten Stadt in der Lausitz und entsendete Laudon gegen Frankfurt a. O., um die Verbindungen des Königs mit seinen andern Armeen zu durchschneiden. Er liefs in Schlesien den General Harsch mit 12000 Mann und beauftragte den General Deville mit 6—7000 Mann Neisse zu blokiren. Seinerseits entsendete der Markgraf Karl, welchen der König im Lager von Landshut in Schlesien an der Spitze seiner Armee zurückgelassen hatte, Zieten mit 7 Bataillonen und 26 Schwadronen, um Laudon zu beobachten. Er beauftragte Fouquet mit 11 Bataillonen und 10 Schwadronen, Schlesien zu decken, und brach selbst am 20. von Landshut auf, wo Fouquet bis zum 4. November stehen blieb. Am 23. kam er nach Löwenberg. Der Feldmarschall Daun marschirte am 20. von Zittau nach Görlitz. Laudon rückte am 25. in Peitz ein; seine Streifschaaren kamen bis Frankfurt, aber die Annäherung Zietens machte alle seine Pläne scheitern. Am 26. verliefs Daun Görlitz und marschirte nach der Elbe, in deren Nähe er am 1. September bei Nieder-Rödern lagerte. Der Herzog von Zweibrücken hatte das Fort Sonnenstein einschliefsen lassen; der Oberst Grape, welcher dort kommandirte, ergab sich Ende August; die Garnison von 1400 Preufsen wurde kriegsgefangen. Die Reichsarmee besetzte das Lager von Pirna.

Der König brach nach dem Rückzuge der Russen am 3. September von Küstrin auf und traf am 9. im Lager von Gross-Sedlitz unter den Mauern von Dresden ein. Daun, der seinen Plan durchkreuzt sah, ging nach Stolpen; hier hatte er den linken Flügel gegen Pirna, den rechten bei Löbau, hinter sich Böhmen. Laudon nahm Stellung bei Radeberg, um die Strafse von Bautzen nach Dresden zu durchschneiden. Unterdessen wurde Neisse belagert; der König fühlte die Nothwendigkeit, diesem Schlüssel von Schlesien zu Hülfe zu eilen. Daun stand bei Stolpen in einem unangreifbaren Lager. Am 14. September nahm der preufsische General Retzow in Radeberg, welches Laudon geräumt hatte, Nachtquartier. Am 26. rückte der König in Bischofswerda und Bautzen ein, und am 1. Oktober lagerte Retzow bei Weissenberg. Daun verliefs darauf Stolpen und nahm am 6. Oktober ein Lager bei Kittlitz, in der Nähe von Hochkirch, quer über die Strafsen von Bautzen nach Löbau und von Bautzen nach Görlitz. Der König hatte seine Bäckerei in Bautzen eingerichtet; am 10. marschirte er in vier Kolonnen nach Hochkirch und lagerte hier unter den Augen der österreichischen Armee, obgleich deren Artillerie das von ihm besetzte Terrain durchaus beherrschte. Er stellte seinen rechten Flügel vorwärts Hochkirch auf und seinen linken nach der Seite der Strafse von Bautzen nach Görlitz auf einer sanften Hügelkette, welche sich längs des Baches, der nach Wurschen hinabfliefst, ausdehnt; sein erstes Treffen bildete ein umgekehrtes Z, dessen erster Haken (12—1400 m lang) das Dorf Hochkirch deckte und gegen die Berge Front machte; der zweite Haken war 26—2800 m lang, und der dritte, welcher die Front nach Weissenberg hin hatte, 800 m. Dieses erste Treffen von 4400 m war mit 26 Bataillonen und 50 Schwadronen besetzt; auf 400 m dahinter stand das zweite Treffen in einer Stärke von 4 Bataillonen und 35 Schwadronen; drei Bataillone waren in das Dorf Hochkirch gelegt, zwei Bataillone Garde cantonnirten im Dorfe Wawitz, wo ungefähr in der Mitte der Schlachtlinie das Hauptquartier war. Der grofse Park war in gleicher Höhe aufgestellt; zwei starke Batterien von Zwölfpfündern standen die eine auf dem rechten, die andere auf dem linken Flügel des ersten Treffens. Der General Retzow mit 16 Bataillonen und 30 Schwadronen stand vorwärts Weissenberg, 5000 m vom linken Flügel des Königs entfernt und von demselben durch die Chaussee von Bautzen nach Görlitz und das kleine Löbauer Wasser getrennt. Ein Dutzend Schwadronen und drei oder vier Bataillone besetzten Zwischenpunkte auf Höhen, um die Verbindung zwischen den beiden preufsischen Lagern zu erhalten; 6 Bataillone und 5 Schwadronen waren in Bautzen, um die Bäckerei zu bewachen.

Die Armee des Feldmarschall Daun hatte ihr Lager 2000 m vorwärts des Dorfes Kittlitz, den linken Flügel an den Berg von Hochkirch gelehnt, den rechten bei dem Dorfe Nostitz an das kleine Löbauer Wasser; von diesem war 1600 m weiter vorwärts der Strohmberg besetzt und Batterien auf demselben errichtet. Dieser Berg hat eine weithin beherrschende Lage. Die ganze Schlachtlinie hatte 7200 m Länge. Auf seiner Linken hatte Daun das Corps von Laudon, welches die Berge von Hochkirch und alle Gehölze bis zum Dorfe Meschwitz besetzt hatte, so dafs es einen Haken bis in den Rücken des preufsischen rechten Flügels bildete. Die Kuppen von Hochkirch waren von diesem Dorfe 1000 m entfernt. Der Strohmberg, hinter welchem der rechte Flügel der österreichischen

Armee seinen Stützpunkt hatte, lag 2400 m vom linken preufsischen Flügel entfernt. Auf dem rechten Ufer des Löbauer Wassers stand der Prinz von Durlach dem Lager bei Weifsenberg gegenüber.

Die zahlreichen leichten Truppen der österreichischen Armee behaupteten sich in allen Gebüschen auf den Abhängen des Hochkircher Berges bis auf 600 m Entfernung vom preufsischen Lager. Am 12. sendete der König zwei Detachements von 7 Bataillonen ab, um Lebensmittel von Bautzen und Dresden holen zu lassen. Er schien während des 13. unruhig über die schlechte Stellung seines Lagers und erwartete nur das Eintreffen seiner Lebensmittel, um die Bewegung auszuführen, die er auf Görlitz und Schlesien plante. Aber am 13. mit Sonnenuntergang liefs Daun seine Armee ins Gewehr treten und marschirte, mit seinem rechten Flügel manœuvrirend, links ab auf Wegen, welche er in den Gehölzen der Hochkircher Berge hatte anlegen lassen, um sich mit Laudon zu vereinigen und den ganzen rechten Flügel des Königs zu umschliefsen. Diese Bewegung vollzog sich mit einer solchen Ordnung und in so tiefer Stille, dafs der König nichts davon erfuhr, obgleich sie auf 600 m von seinen Posten vor sich ging. Eine Division von 8 Bataillonen und 5 Schwadronen unter den Befehlen des General Colloredo ging zur Beobachtung gegen die Front der preufsischen Armee auf der Seite von Kohlwesa vor. Der rechte österreichische Flügel, unter dem Herzog von Arenberg, marschirte in entgegengesetzter Richtung, wie der linke, und schob sich rechts fast bis an das Löbauer Wasser bei dem Dorfe Weicha, jenseit der Chaussee nach Görlitz: der rechte und der linke Flügel waren so auf 10 000 m von einander getrennt. Die Truppen verbrachten die Nacht mit der Ausführung dieser Bewegung und am 14. um 5 Uhr Morgens begann der linke Flügel den Angriff. Laudon wendete sich auf Steindörfel, nachdem er den rechten Flügel des Königs vollständig umgangen hatte, und schickte von rückwärts Schützen gegen das Dorf Hochkirch. Daun rückte in drei Kolonnen gegen die Front des ersten Hakens an: die preufsischen Truppen wurden in ihrem Lager überrascht; halb angekleidet verliefsen sie dasselbe; drei Grenadier-Bataillone eilten dem Angriffe Laudon's entgegen, indem sie glaubten einen Angriff leichter Truppen abzuweisen; aber bald von allen Seiten umzingelt, wurden sie fast vollständig vernichtet. Das Regiment von der Spitze des zweiten Treffens schwenkte herum und ging Laudon entgegen; es wurde ebenfalls eingeschlossen und geschlagen. Die Oesterreicher bemächtigten sich des Dorfes Hochkirch und der grofsen Batterie des rechten Flügels. Der König führte persönlich seine Reserven vor, um dieses Dorf wieder zu nehmen; nach verschiedenen Schwankungen des Gefechtes scheiterte der Versuch. Auf die Nacht folgte ein sehr dichter Nebel; als derselbe sich verzog, sah man die österreichische Armee schon vorwärts von Hochkirch formirt. Die preufsische Armee fand sich von allen Seiten umfafst; Laudon marschirte gegen die Defileen von Drehsa; aber Möllendorf kam noch zur rechten Zeit dorthin, um diesen wichtigen Punkt zu behaupten und die Armee zu retten. Der Herzog von Arenberg griff von seiner Seite erst um 8 Uhr Morgens an; er schlofs mehrere isolirte Bataillone ein, welche aufgestellt waren, um die Verbindung mit dem Lager bei Weifsenberg zu erhalten, bemächtigte sich der grofsen Batterie des linken Flügels, aber setzte seinen Angriff nicht fort. Der General Retzow vereinigte sich von Weifsenberg her mit dem linken Flügel der Armee des Königs, der nunmehr seinen Rückzug ruhig ins Werk setzte und auf den Kuppen des Schaf-Berges Halt machte. Daun ging in sein Lager zurück, und die beiden Armeen standen sich so mehrere Tage gegenüber, 12 000 m von einander entfernt. Der König verlor 10 000 Mann, eine grofse Zahl seiner Generale, darunter den Feldmarschall Keith, und fast seine ganze Artillerie. Die Oesterreicher verloren 5000 Mann.

V. Vor Neifse waren die Laufgräben eröffnet; die Chaussee von Bautzen nach Görlitz wurde durch den Feldmarschall Daun gesperrt. Zehn Tage nach seiner Niederlage, am 24., machte der König die Spree abwärts marschirend einen heimlichen Marsch und erreichte vor Daun die Gegend von Görlitz; am 3. November war er in Schweidnitz; am 5. wurde die Belagerung von Neifse aufgehoben. Sobald Daun sah, dafs es ihm ohne eine Schlacht zu wagen nicht möglich sei, den König am Marsche nach Schlesien zu hindern, begnügte er sich, ihn durch Laudon zu verfolgen und eine Division durch die Gebirge zur Verstärkung des Belagerungscorps vor Neifse abzusenden; mit dem Gros seiner Armee wendete er sich zur Elbe, überschritt dieselbe am 6. November bei Pirna und lagerte auf den Höhen bei Loschwitz, während die Reichsarmee nach Freyberg zog; er liefs Dresden auffordern und schlofs es ein. Der Prinz Heinrich hatte den König nach Schlesien begleitet. Die Preufsen, auf der einen Seite durch die Reichsarmee, auf der andern durch den Anmarsch Daun's in ihrem Lager bei Gamig bedroht, räumten dasselbe und deckten sich hinter dem Planenschen Grunde; am 2. November gingen sie über die Elbe und stellten sich hinter Dresden auf. Am 10. November liefs Schmettau die Vorstädte in Brand stecken; Daun forderte die Stadt auf. Unterdessen brach der König, nachdem er Neisse befreit hatte, am 8. November auf, um an die Elbe zurückzukehren; am 15. kam er in Lauban an, von wo er auf Dresden marschirte. Bei seiner Annäherung zog Laudon sich nach Zittau zurück. Daun sprengte das Schlofs Sonnenstein und ging nach Böhmen zurück. Die Reichsarmee, welche auf Leipzig marschirt war, hatte verschiedene Treffen mit den preufsischen Divisionen, welche der König nach Torgau geschickt hatte. Von beiden Seiten gingen die Armeen in die Winterquartiere. Am 10. December verliefs der König Dresden und am 14. traf er in Breslau ein. Die preufsische Armee cantonnirte während des Winters wie folgt: Fouqué mit 25 Bataillonen und 30 Schwadronen in der Gegend von Ratibor; Zieten mit 36 Bataillonen und 35 Schwadronen bei Löwenberg; 16 Bataillone und 30 Schwadronen in der Gegend von Breslau; 41 Bataillone in der Gegend von Dresden; 30 Schwadronen in der Gegend von Leipzig; 3 Bataillone und 3 Schwadronen auf verschiedenen Beobachtungsposten; endlich der General Dohna mit 21 Bataillonen und 35 Schwadronen in Pommern: was zusammen 142 Bataillone und 190 Schwadronen giebt. Die österreichische Armee cantonnirte in den

Kreisen Saatz, Leitmeritz, Bunzlau, Königgrätz und in Mähren. Das Hauptquartier war in Prag. Die Reichsarmee nahm ihre Winterquartiere in Franken.

VI. **Eilfte Bemerkung**: 1) Der Graf von Clermont räumt einen Landstrich von 500 km in einer so schwierigen Jahreszeit, mit einer stärkern Armee, ohne einen Streich zu thun, er läfst vor seinen Augen eine Festung wie Minden wegnehmen, ohne einen Versuch zu ihrer Unterstützung zu machen; alles dies ist wenig ehrenvoll, nicht allein für den Feldherrn, sondern selbst für die Generale der Armee; denn gewifs, wenn Broglie, Saint-Germain, Chevert, Armentières verlangt hätten sich zu schlagen, wenn die Meinung der Generale und Kommandeure sich laut dahin geäufsert hätte, dafs man Widerstand leisten, wenigstens die Waffenehre retten müsse, so würde der Oberbefehlshaber sich dem nicht haben versagen können.

2) Der Herzog Ferdinand machte ohne Zweifel einen glänzenden Feldzug; aber der Widerstand, den er dabei traf, war so gering, dafs sein Ruhm nicht grofs wäre, wenn er nicht bessere Beweise für seine Talente und seine Geschicklichkeit hätte. 1) Sein Uebergang über den Rhein verstiefs gegen die Grundregeln; er blieb mehrere Tage auf dem linken Ufer dieses Flusses, getrennt von zwei Dritttheilen seiner Armee. 2) Er würde besser gethan haben, Wesel zu belagern und zu nehmen, oder Soubise anzugreifen und zu schlagen, um ihn zum Zurückgehen auf das linke Ufer des Rheines zu zwingen. Er beachtete diesen nicht, so dafs Soubise vorging: ganz Hessen fiel ohne Gefecht. Der Plan des Herzogs war fehlerhaft. Wenn es Chevert gelungen wäre, sich der Brücke von Rees zu bemächtigen, wäre seine Armee verloren gewesen; und es wäre Chevert gelungen, wenn ihn der Marschall von Contades nicht mit 7—8000, sondern mit 18—20 000 Mann entsendet hätte. Wir sprechen hier über diese Dinge, indem wir uns nach den Grundsätzen der damaligen Zeit richten; denn wenn dieser Marschall ein grofser Feldherr gewesen wäre, so würde er mit seiner ganzen Armee in einigen Eilmärschen sich auf die Brücken seines Gegners geworfen und ihm so den Rückzug abgeschnitten haben. 3) Der Plan des Herzogs Ferdinand zur Schlacht bei Krefeld ist gegen die Regel, welche sagt: „Man mufs die Flügel seiner Armee nie soweit von einander trennen, dafs der Gegner sich in die Zwischenräume einschieben kann." Er hat seine Schlachtlinie in drei Theile zerlegt, welche von einander durch Lücken und Defileen getrennt waren: er hat eine ganze Armee mit einem Corps umgangen, welches in der Luft stand, keine Anlehnung hatte und welches hätte umzingelt und gefangen genommen werden müssen.

Zwölfte Bemerkung: 1) Durfte der König von Preufsen zum Beginne des Feldzuges Olmütz belagern? Nein; wenn er es erobert hätte, so hätte er es zwei Monate darauf geräumt, oder er wäre genöthigt gewesen, eine starke Besatzung darin zu lassen, was ihn eben so sehr geschwächt hätte. Nicht um Olmütz zu erobern mufste er die Monate April, Mai und Juni, wo die Russen noch fern vom Kriegsschauplatz waren und ihm Frist liefsen, verwenden, sondern um Daun zu schlagen, seine Armee zu vernichten. Er konnte es; sie war beim Beginn des Feldzuges noch schwach;²⁶) und wenn dies geschehen war, mufste er gemeinschaftlich mit dem Prinzen Heinrich die Armee des Herzogs von Zweibrücken vernichten und sich in Böhmen fest einrichten.

2) Aber selbst unter der Voraussetzung, dafs der König von Preufsen Olmütz hätte belagern müssen, so mufste er doch, um damit zu Stande zu kommen, Daun's Armee schlagen. Er hatte das Beispiel der Katastrophe vor sich, der er bei Prag zum Opfer gefallen war; damals aber hatte er sich zur Belagerung Prag's hingezogen gefühlt durch die natürliche Verlockung eines grofsen Erfolges und durch die Hoffnung 40 000 Mann gefangen zu nehmen, womit Alles zu Ende gewesen wäre. Der Besitz Prags an sich war wichtig, er sicherte ihm den Besitz Böhmens; aber wozu sollte Olmütz nützen?

3) Der König will Olmütz nehmen: er kommt dem feindlichen General durch schöne Bewegungen zuvor, schliefst den Platz am 6. Mai ein, und dennoch kommt sein Belagerungstrain erst am 20. an: Das sind vierzehn verlorene Tage, welche Daun die Zeit geben wieder zu sich zu kommen. Der Belagerungstrain hätte zwei Tage später ankommen müssen, und am 8. Mai hätten die Laufgräben eröffnet werden müssen.

4) Der König machte also Anspruch darauf, Olmütz zu belagern und seine Verbindungen mit Neifse, seinem Depotplatze, welcher von dem Punkte

---

²⁶) Der Tadel Napoleon's über des Königs Feldzugsplan für 1758 erscheint durchaus gerechtfertigt, wenn man sich nur auf die Quellen stützt, welche Napoleon zu Gebote standen. Aus den seitdem veröffentlichten Briefen des Königs geht indessen hervor, dafs nur die Unmöglichkeit, so, wie Napoleon vorschlägt, zu handeln, den König zu seinem Verfahren bestimmte. Zunächst war durch den aufsergewöhnlich langen und harten Winter das Gebirge so voll Schnee, dafs die Eröffnung einer direkten Operation gegen Daun noch nicht abzusehen war. Ferner war man in Oesterreich aufserordentlich thätig in Verstärkung der Daun'schen Armee, und der König durfte annehmen, dieselbe der seinigen etwa gleich zu finden. Hauptsächlich aber: der König wufste, dafs Daun sich auf einen direkten Vormarsch der Preufsen sorgsam vorbereitete und mufste erwarten, die österreichische Armee in gut ausgewählter, stark verschanzter Stellung zu finden, so dafs ein Sieg, wenn überhaupt, nur unter grofsen Opfern zu erhoffen war. Da er aufserdem zweifeln mufste, die Zeit für eine so gründliche Ausbeutung des Sieges zu haben, dafs er dadurch auf das Ganze des Krieges einwirken konnte, da er also den Zeitpunkt vor sich sah, wo er seine Armee gegen die Russen werde gebrauchen müssen, so scheute er die grofsen Opfer, die er bei einer direkten Operation gegen Daun für den Sieg bringen mufste, und wollte versuchen, diesen Sieg zu einem billigeren Preise zu erhalten. Hiezu war eine Schlacht auf einem Terrain nöthig, welches nicht Daun ausgewählt hatte. Eine solche Schlacht herbeizuführen, war der Hauptzweck seiner Operation nach Mähren. Dafs Daun ihm nach Mähren folgen würde, setzte er mit Sicherheit und mit Recht voraus. Die Eroberung von Olmütz nach der siegreichen Schlacht, wie der König hoffte, sollte dann den Oesterreichern für den Rest des Feldzuges Beschäftigung und dem Könige freie Hand gegen seine übrigen Feinde geben. Des Königs Plan basirte also auf seiner mafsgebenden Ueberzeugung, dafs er zunächst Daun nicht schlagen konnte; andernfalls würde er sicher so gehandelt haben, wie Napoleon vorschlägt.

der Belagerung sechs Märsche entfernt war, aufrecht zu erhalten in Gegenwart einer Entsatzarmee, welche der seinigen an Zahl überlegen war und gegenüber einer Macht, welche eine ungeheure Masse leichter Truppen besafs? In diesem Falle mufste er Circumvallations- und Contravallations-Linien anlegen: die ersteren hätten ihn in Stand gesetzt, die Garnison mit schwachen Kräften im Zaume zu halten; die letztern hätten allen partiellen Entsatzversuchen, welche sich etwa in die Festung werfen wollten, ein beträchtliches Hindernifs geboten. Er hätte seine Linien mit nassen Gräben verstärken können, denn Wasser ist in der Umgegend jener Festung im Ueberflusse vorhanden.

5) Der König nahm 1) seinen Belagerungstrain nicht gleich mit, 2) rechnete er bei seiner Operation auf die Nothwendigkeit zwei oder drei Transporte von Neifse, seinem Depotplatze, zu erhalten, und dennoch that er nichts, weil er nichts thun konnte, seine Verbindungen mit jener Stadt aufrecht zu erhalten: der ganze Weg ist ein beständiges Defilee zwischen Bergen; 3) stellte er drei Beobachtungscorps auf den Halbkreis gegen Böhmen, Wien und Donau; er stellte nichts auf die andere Seite des Umkreises, weil er nichts mehr dorthin zu stellen hatte. Von Neustadt bis zu seinem Lager in der Nähe von Zittau waren gute 9 km; vom Lager bei Zittau bis zu dem bei Profsnitz waren es 27 km: es wurde also ein Halbkreis von 36 km durch drei Lager von 7 Bataillonen, 15 Bataillonen und 21 Bataillonen bewacht, gegen eine Armee von 90 Bataillonen, frisch, disziplinirt, welche in diesem Feldzuge noch keinen Unfall erlitten hatte und um die Festung herum manoeuvrirte. Auch that Daun, was er irgend wollte. Er warf Verstärkungen in die Festung; er stellte 20000 Mann auf die Verbindungslinie des Königs und hielt sie 15—20 Tage dort fest; er fing die Transporte auf; und wenn er mit allen seinen Kräften nacheinander die Lager von Neustadt, Zittau und Profsnitz hätte angreifen wollen, so konnte der Erfolg nicht zweifelhaft sein; er konnte diese ganze Armee gefangen nehmen.

6) Es giebt nur zwei Mittel die Belagerung einer Festung zu decken, das eine ist, dafs man damit anfängt die feindliche Armee zu schlagen, sie vom Operationsfelde entfernt, ihre Trümmer hinter irgend ein natürliches Hindernifs, wie ein Gebirge oder einen grofsen Flufs zurückwirft, die Observations-Armee an diesem natürlichen Hindernifs aufstellt und unterdessen die Laufgräben eröffnet, die Festung erobert. Aber, wenn man die Festung vor den Augen der Entsatz-Armee erobern will, ohne eine Schlacht zu wagen, so mufs man: mit einem Belagerungstrain ausgerüstet sein, seine Munition und seine Lebensmittel für die berechnete Zeit der Belagerung bei sich haben, Contravallations- und Circumvallations-Linien anlegen, wobei man das Terrain, Höhen, Gehölze, Sümpfe, Ueberschwemmungen benutzt. Da man alsdann nicht mehr nöthig hat, mit seinen Depotplätzen die Verbindung zu erhalten, so ist nur noch die Frage, wie man die Entsatz-Armee fern hält; man bildet in diesem Falle eine Observations-Armee, welche jene nicht aus den Augen läfst, und welche, indem sie derselben den Weg nach der Festung versperrt, immer die Zeit finden wird jener in die Flanke oder in den Rücken zu kommen, wenn dieselbe durch einen heimlichen Marsch einen Vorsprung

gewänne. Oder schliefslich verwendet man unter Benutzung der Contravallationslinien einen Theil des Belagerungscorps dazu, der Entsatz-Armee eine Schlacht zu liefern. [27])

7) Aber drei Dinge zugleich thun: 1) eine Festung belagern und deren Garnison ohne Contravallationslinien im Zaume halten; 2) seine Verbindungen mit Depotplätzen, welche sechs Märsche entfernt liegen, aufrecht erhalten;

---

[27]) Von den beiden Mitteln, welche Napoleon hier als die einzigen zur sichern Durchführung einer Belagerung dienenden angiebt, hätte der König das erstere, wie schon bemerkt, gerne ergriffen: er konnte es nicht, da Daun sich anfangs fern, später im Gebirge in starken Stellungen hielt. Das zweite Mittel, die Anlage von doppelten Verschanzungen gegen die Festung und gegen eine Entsatz-Armee, hebt Napoleon auch an anderer Stelle (17. Bemerkung zu den Feldzügen Turenne's) hervor. Von Beispielen für die Wirksamkeit derselben führt er indessen nur Belagerungen aus der Zeit vor Friedrich dem Grofsen, sowie die Belagerung von Mantua 1796—1797 an. Das letztere Beispiel pafst nicht, denn einerseits wurde die Belagerung von Mantua bei dem ersten Entsatzversuche unter Aufgabe des gröfsten Theiles des Belagerungsparkes aufgehoben, und andrerseits war Mantua nach der einzigen Seite hin, von wo Entsatz kommen konnte, durch den seeartig erweiterten Mincio, über den nur ein mit einem Brückenkopfe versehener Uebergang führte, derartig abgeschlossen, dafs es nur darauf ankam, den Entsatzversuch von einem bestimmten Punkte, nicht von dem ganzen Umkreise der Festung abzuhalten. Den Beispielen aus der Zeit vor Friedrich kann heute wegen der gänzlich veränderten Verhältnisse auch nur eine sehr beschränkte Geltung zugestanden werden. Damals waren die Festungen verhältnifsmäfsig klein und die zu ihrer Eroberung, welche man zuweilen für das genügende Objekt eines Feldzuges hielt, verwendeten Armeen verhältnifsmäfsig sehr stark. Und selbst damals waren die Fälle sehr selten, wo die Belagerungsarmee alle Mittel so reichlich mitführte, dafs sie gegen eine energische Vertheidigung bis zum Schlusse ausreichten. Die Störung der nothwendigen Transporte führte auch damals öfters zur Aufhebung der Belagerung und ebenso oft wurden die deckenden Linien von der Entsatz-Armee erstürmt. Die Unmöglichkeit alle Mittel zur Durchführung der Belagerung einer Festung wie Olmütz mitzuführen leuchtet ein, sobald man bei Tempelhof die damals geltenden Zahlen über den Bedarf an Munition und die dazu gehörigen Transportmittel durchsieht und den noch weit gröfseren Bedarf für die Verpflegung der ganzen Armee hinzurechnet. Diese ungeheuren Massen zwischen zwei Verschanzungslinien einzuschliefsen ist absolut undenkbar, auch sind Rechenfehler hierbei leicht herbeigeführt durch unerwartet thatkräftige Vertheidigung, durch athmosphärische oder Terrain-Zufälligkeiten, durch Fehler im Angriff. Auf die Sicherheit des Nachschubes wird es immer ankommen und diese erreicht man nicht durch Verschanzungen (Eugen bei Landrécies 1712). Auch bei Olmütz kam es nicht zu einem eigentlichen Entsatzversuche; die Festung, schon dem Falle nahe, wurde durch die Störung des Nachschubes befreit. Ein Fehler im Angriff machte unerwartet viel Nachschub nöthig, gröfsere Aufmerksamkeit auf die Sicherung desselben hätte den Transport wohl eintreffen lassen und dadurch den Fall der Festung herbeigeführt, oder Daun, wie der König es wünschte, zu einer Schlacht im freien Terrain oder gar zu einem Angriff gegen des Königs ausgewählte Stellung genöthigt. Diese Stellung war allerdings nicht verschanzt. Es liegt im deutschen Nationalcharakter ein Widerwille gegen das Fechten hinter Verschanzungen und dieser Widerwille unterstützt die, wie Napoleon an anderer Stelle sagt, allen Soldaten natürliche Trägheit in der Anlage derselben. Aber auch die besten Verschanzungen hätten das Resultat nicht geändert, vielmehr bei der nothwendigen Ausdehnung von 4—5 Meilen eher Daun zu einem erfolgreichen Angriffe Gelegenheit gegeben.

3) die Entsatz-Armee fernhalten ohne an einem Terrain-Hindernifs oder an Circumvallationslinien Unterstützung zu finden: das ist eine falsche Kombination, die nur zu einer Katastrophe führen kann, wenn man nicht etwa doppelt so stark ist als der Gegner.

8) Der Rückzug des Königs nach Böhmen wurde zu einer Nothwendigkeit durch die Stellung, welche Daun genommen hatte und diejenige, welche Laudon besetzt hielt. Nur mit Bewunderung kann man die klare Genauigkeit und die Kaltblütigkeit betrachten, mit der sich diese Bewegung vollzog; wenn aber, wie die preufsischen Schriftsteller behaupten, Friedrich sie nur gemacht hätte, um den Krieg nach Böhmen zu verpflanzen, so wäre es eine falsche Operation gewesen. Wenn eine Armee einen Belagerungstrain und grofse Transporte von Verwundeten und Kranken mit sich schleppt, so kann sie die Wege, welche am schnellsten zu ihren Depotplätzen führen, nicht kurz genug wählen. Hier aber sprechen die Ereignisse selbst: der König hob am 1. Juli die Belagerung auf, er verwendete 14 Tage um Königgrätz zu erreichen, und 6 Tage später trat er seinen Rückzug nach Schlesien an; es ist also nicht wahr, dafs er den Krieg habe nach Böhmen pflanzen wollen; er zog sich nach Königgrätz zurück, weil er nicht anders handeln konnte; und unter diesem Gesichtspunkte ist sein Benehmen sehr lobenswerth; aber es hiefse falsche Begriffe verbreiten, wollte man dieses gebotene Benehmen empfehlen, als sei es ein freiwilliges gewesen.

Dreizehnte Bemerkung. 1) Aus den Bewegungen der Russen erkennt man, wie weit sie noch in allen militärischen Dingen zurück waren. Die aufserordentliche Langsamkeit in ihren Bewegungen ist bemerkenswerth. Ihre Schlachtordnung in der Schlacht bei Zorndorf ist ein Rechteck, dessen lange Seite 2000 m beträgt, eine barbarische Schlachtordnung, welche die Hälfte ihrer Kräfte zur Unthätigkeit verurtheilte.

2) Während der ganzen Schlacht waren sie von ihren Bagagen, die sie unter Deckung von 4000 Grenadieren bei Cammin aufgestellt hatten, getrennt. Der König von Preufsen bewegte sich zwischen diesem Lager und ihrer Armee; man hat gesagt, dafs er die Existenz desselben nicht kannte. In der That, wenn er davon gewufst hätte, so hätte es für ihn genügt, sich desselben zu bemächtigen, um die ganze russische Armee lahm zu legen. Es ist indessen unmöglich anzunehmen, dass er nicht wenigstens am Tage nach der Schlacht davon unterrichtet worden sei, da er eine grofse Anzahl Gefangener gemacht hatte; da aber, sagt man, hatte er zu grofse Verluste gehabt, um sich mit einem Angriff auf dieses Lager in Gegenwart der sich sammelnden russischen Armee abzugeben; dennoch hätte dies allein seinen Sieg vervollständigen können und hätte ihm die schönsten Trophäen desselben gegeben.

3) Keine der Absichten des Königs an diesem Tage kam zur Ausführung, alle seine Anordnungen erlagen der Gewalt der Umstände. Diese Schlacht war nur eine Reihe von unüberlegten Gefechten; die Kühnheit und Unerschrockenheit des General Seydlitz, welcher Wunder that, ersetzten alles. Die preufsische Armee war 35—36000 Mann stark; die russische

Armee 40 000 Mann, wenn man die nach Cammin entsendeten 4000 Grenadiere abzieht.

4) Der Offensivstofs der Russen gegen die linke Flanke der preufsischen Armee, als dieselbe manoeuvrirte, um den rechten Flügel der Russen zu umgehen, war gut angelegt; er gelang vollkommen, wie es immer der Fall sein wird gegenüber einer Armee, die einen Flankenmarsch macht; aber diese Bewegung hätte regelmäfsig mit Echelons und in Linie ausgeführt und durch die Kavallerie unterstützt werden müssen. Die russische Armee war damals bei weitem noch nicht ausgebildet genug, um ein solches Manoeuver durchzuführen; auch wurde sie von der preufsischen Kavallerie in die Flanke genommen.

Vierzehnte Bemerkung: 1) Der Feldmarschall Daun versäumte die Gelegenheit die preufsische Armee zu vernichten, als sie mit einer Belagerung vollauf beschäftigt und zu deren Deckung versplittert war.

2) Er liefs den König von Preufsen, der mit 5000 Fahrzeugen belastet war, seinen Rückzug ruhig und so langsam, wie er wollte, machen. Hielt er es denn für zu schwierig im Parallelmarsch an dem Könige vorbeizugehen und ihm zuvorzukommen, um sich auf schönen Hügeln, deren dieses Land so viele darbietet, quer über die Strafse zur Schlacht aufzustellen? Dies würde den König genöthigt haben, entweder seinen Transport im Stiche zu lassen, um den Marsch zu beschleunigen, oder die Schlacht in einer so ungünstigen Lage anzunehmen, dafs, wenn er sie verlor oder nur einen halben Erfolg hatte, seine Armee ruinirt war.

3) Der König von Preufsen verläfst Böhmen am 26. Juli, und trifft vor Dresden ein am 15. September; das sind 45 Tage, in denen Daun vollständig freier Herr ist zu thun, was er will. Von Königgrätz konnte er in 5—6 Märschen durch das Innere von Böhmen vor Pirna ankommen und mit dem Herzog von Zweibrücken vereinigt den Prinzen Heinrich schlagen und Dresden erobern, oder er konnte auch gegen den Markgrafen Carl marschiren und dessen Armee aufreiben. Er that nichts.

4) Nach dem grofsen Siege von Hochkirch, wo der König ohne Artillerie war, da er sie sämmtlich verloren hatte, läfst Daun seinen Gegner sich sammeln und bleibt zehn Tage ruhig stehen, 9 km von ihm entfernt.

5) Schliesslich als der König nach Schlesien geht, folgt er ihm nicht; zur ungeschickten Zeit marschirt er gegen Dresden; er kann dort nichts thun, weil er keinen Belagerungstrain hat, und aufserdem ist er dort überflüssig, weil die Armee des Herzogs von Zweibrücken mehr als hinreichend ist, um diese Stadt zu blokiren und zu belagern. Der Marsch Daun's nach Schlesien in den Rücken des Königs hätte alle Verbindungen desselben mit Sachsen unterbrochen und hätte mehr Wirkung gegen Dresden geäufsert, als die Anwesenheit seiner Armee unter den Wällen dieser Stadt thun konnte. Auf seinem Marsche nach Schlesien würde er Böhmen immer in seiner rechten Flanke gehabt haben und wäre dadurch mit seinem Lande beständig in Verbindung geblieben. Die Russen waren nicht weit entfernt: diese Bewegung, welche den Krieg an die Oder verpflanzte, hätte dieselben bestimmen können, heranzukommen und sich auf seiner Linken aufzustellen. Zehn oder zwölf

Tage hatten den moralischen Muth der preufsischen Armee nicht von dem Eindrucke der schweren Niederlage, die sie bei Hochkirch erlitten hatte, wieder befreien können; und wenn Daun, ihr nach Schlesien folgend, sie mit dem Degen in den Rippen vor sich hergetrieben hätte, so wäre er der Sieger gewesen, der den Besiegten vor sich hertrieb; der moralische Effekt von Hochkirch würde für ihn gefochten haben.

Funfzehnte Bemerkung: 1) Der König konnte nicht bei Hochkirch lagern ohne Herr des Berges von Hochkirch zu sein. Kein Adjutant in einem Regiment würde diese Vorsicht aus den Augen gelassen und sein Bataillon auf einem Terrain haben lagern lassen, welches von den Batterien des Gegners beherrscht war. Es ist unbegreiflich, wie er hartnäckig darauf hat bestehen können, sechs Tage in diesem Lager zu bleiben, da alle Höhen im Besitze des Feindes waren, Laudon ihm im Rücken stand und alle Gebüsche bis auf 600 m von seinem rechten Flügel von Daun's Schützen angefüllt waren, während dessen Batterien mit Kartätschen bis in die preufsichen Zelte hätten schiefsen können. Der König wagte es nicht, die Höhen von Hochkirch anzugreifen, weil sie von der ganzen österreichischen Armee unterstützt waren; also mufste er ein anderes Lager nehmen.

2) Wenn der Herzog von Arenberg um 6 Uhr Morgens und lebhafter angegriffen hätte, würde der König eine noch schwerere Niederlage erlitten haben.

3) Wenn Daun seine anfänglichen Erfolge mit mehr Kühnheit verfolgt hätte, so würde der König sich nicht wieder gesammelt haben; er verdiente seine ganze Armee zu verlieren. Der Verlust seines Gepäcks, seiner Zelte, der 200 Geschütze und der Elite seiner Truppen war weniger grofs, als der militärische Fehler, den er machte, als er bei Hochkirch sich lagerte; was ihn rettete, kann man nur seinem Glücke zuschreiben.

4) Man kann durchaus keinen Grund auffinden, um sein Benehmen zu rechtfertigen; da er sein Lager aufschlug, während er Daun in Schlachtordnung dastehen sah, so konnte ihm kein Verhältnifs der Stellung, die er besetzte, unbekannt sein.

5) Man mufs erstaunen, dafs Daun ihn nicht in der Nacht vom 10—11. angegriffen, sondern vier Tage mit der Schlacht gewartet hat; mufste er nicht fürchten, dafs der König seinen Fehler einsehen würde? In der That, wie konnte er hoffen, dafs derselbe mehrere Tage in einer so sonderbaren Stellung verbleiben würde?

Fünftes Kapitel.
Feldzug von 1759.

I. Operationen der französischen und der hannöverschen Armee; Schlacht bei Bergen (13. April); Schlacht bei Minden (1. August). — II. Operationen in Schlesien und Sachsen während der Monate April, Mai, Juni und Juli. — III. Operationen der Russen; Gefecht bei Kay (23. Juli); Schlacht bei Kunersdorf (12. August). — IV. Operationen in Sachsen und in Schlesien während und nach der Schlacht bei Kunersdorf; Kapitulation von Maxen (21. November); Winterquartiere. — V. Bemerkungen.

I. Die beiden französischen Armeen vom Niederrhein und vom Main blieben während des Winters in ihren Kantonnirungen: die erstere auf dem linken Rheinufer in den Landen von Cleve und Köln; die letztere auf dem rechten Ufer im Thale des Main. Der Marschall von Contades, welcher die Rheinarmee befehligte, hatte die Oberleitung über beide Armeen; sein Hauptquartier war in Wesel. Der Herzog von Broglie übernahm an Stelle des Prinzen Soubise das Kommando am Main. Der Gegner hatte auf dem rechten Rheinufer eine centrale Stellung inne. Der Waffenstillstand, welchen die beiden kriegführenden Parteien geschlossen hatten, um in ihren Winterquartieren Ruhe zu haben, lief am 16. März ab.

Am 24. zog der Herzog Ferdinand seine Armee zusammen und marschirte auf Kassel, um gegen die Main-Armee zu operiren. Er liefs den General Spörken mit einem Observationscorps auf dem rechten Ufer des Niederrhein zurück und lagerte am 30. bei Fulda, wo er bis zum 10. April verblieb. Dies gab dem Herzog von Broglie Zeit, sich in der Stellung von Bergen zu konzentriren, welche 14 km vorwärts von Frankfurt an der Strafse nach Hessen gelegen von den französischen Ingenieuren stark verschanzt war. Der Herzog Ferdinand lagerte am 12. April bei Windecken der französischen Armee nahe gegenüber, welche auf der Strafse nach Frankfurt in Schlachtordnung stand, mit dem rechten Flügel an einen Bach gelehnt, mit dem Centrum bei Bergen und dem linken Flügel bei Vilbel. Am 13. April vor Tagesanbruch setzte sich der Herzog Ferdinand in 5 Kolonnen in Marsch: er griff das Centrum bei dem Flecken Bergen mit der gröfsten Unerschrockenheit an, während der Erbprinz von Braunschweig mit dem linken den Bach entlang marschirte, um den rechten französischen Flügel zu umgehen. Seine Kräfte waren sehr überlegen, aber die Stellung von Bergen war uneinnehmbar; er wurde zurückgeworfen, verlor 5—6000 Mann und ging am Abend in sein Lager bei Windecken zurück. Es war das erste Mal in diesem Kriege, dafs die französische Armee endlich einen etwas erheblichen Erfolg errang; die Bewegung darüber war in ganz Frankreich lebhaft; man sah in Broglie einen neuen Turenne erstehen; er wurde Marschall von Frankreich. Diese Schlacht ist seine Hauptwaffenthat.

Unterdessen war der Marschall von Contades aus Paris in sein Hauptquartier geeilt und hatte die Armee aus den Kantonnirungen aufbrechen lassen; durch die Erfahrung des letzten Feldzuges über die Uebelstände, welche eine doppelte Operationslinie mit sich bringt, belehrt, ging er über den Rhein und vereinigte sich am 3. Juni bei Gießen mit der Main-Armee, indem er hinter derselben durch das von ihr besetzte Terrain hinzog. Er hatte 126 Bataillone und 125 Schwadronen. Am 8. lagerte er bei Sachsenberg, am 10. bei Korbach, am 13. an der Diemel, welche er am 14. überschritt. Die Reserve unter den Befehlen des Herzogs von Broglie lagerte am 11. bei Kassel und am 15. bei Warburg. Am 4. Juli nahm er persönlich ein Lager bei Bielefeld. Am 6. ließ er Münster durch den General von Armentières einschließen; am 8. lagerte er bei Herford. Am 9. bemächtigte sich der Herzog von Broglie durch einen kräftigen Handstreich der Festung Minden und machte 1500 Gefangene. Am 14. lagerte die ganze Armee auf dem linken Ufer der Weser, der rechte Flügel bei Minden, der linke bei Haddenhausen. Der General-Lieutenant St. Germain schloß Hameln ein. Der Herzog Ferdinand, der, sobald er die Bewegung des Marschall von Contades erfuhr, seinen Rückzug angetreten hatte, lagerte am 12. Juni bei Soest, am 14. bei Büren, am 30. bei Marienfeld, am 7. Juli bei Osnabrück. Die große Ueberlegenheit der französischen Armee war ihm ganz klar; dennoch entschloß er sich, eine Schlacht zu liefern. Er marschirte nach Stolzenau an der Weser, schlug dort eine Brücke und machte Miene, über den Fluß zu gehen. Als Mittelpunkt seiner Operationen nahm er Nienburg und ließ in seinem Rücken Bremen besetzen. Am 17. ging er vor, am linken Ufer der Weser aufwärts ziehend. Contades beeilte sich seine detachirten Corps heranzuziehen, namentlich die Reserve unter dem Herzog von Broglie, die er in das Hannöversche gesendet hatte. Am 23. ergab sich Münster. Am 28., 29. und 30. standen sich beide Armeen einander gegenüber. Der Herzog Ferdinand entsendete, da er die Stellung der Franzosen zu stark fand, den Erbprinzen mit zwei Divisionen, um den Rücken des Feindes zu beunruhigen. Der Marschall von Contades beschloß hieraus Nutzen zu ziehen, um eine Schlacht zu liefern, und entwarf in der Nacht vom 31. Juli zum 1. August seine Dispositionen. Er beauftragte den Herzog von Broglie mit dem rechten Flügel den an die Weser gelehnten linken Flügel des Feindes anzugreifen und lebhaft zu verfolgen; von diesem Angriffe erwartete er hauptsächlich den Sieg. Seine Kavallerie stellte er zwischen beide Flügel. Seine Truppen waren voll Eifer und Zuversicht. Mit Tagesanbruch ging die hannöversche Armee in acht Kolonnen aus ihrem Lager vor; um 6 Uhr Morgens stand sie vollständig formirt in Schlachtordnung. Von 5 Uhr an begann der Herzog von Broglie seinen Angriff, aber schwach, und setzte ihn ebenso fort. Die Kavallerie im Centrum ging zur Unzeit vor; sie wurde durch eine zahlreiche Artillerie und eine starke Infanterie-Reserve angegriffen; sie wich. Zwischen die beiden von einander getrennten Flügel schob sich der Feind hinein; die Franzosen hielten sich für geschlagen; sie traten den Rückzug an und gingen in ihr Lager bei Minden zurück. Der Marschall von Contades, in diesem Lager wieder angekommen, hatte nichts zu fürchten; dennoch räumte er dasselbe, als er am Tage der Schlacht selbst erfuhr, daß der Erbprinz bei Gohfeld, 15 km hinter seinem Rücken, die Detachements unter dem Herzog von Brissac geschlagen habe. Gleich am Tag darauf überschritt er die Weser auf den Brücken bei Minden und zog sich auf dem rechten Ufer nach Kassel zurück. Wenige Tage später rief der Hof ihn ab und vertraute dem Marschall von Broglie das Kommando der Armee an.

Der Herzog Ferdinand besetzte das ganze Land bis an die Lahn und liefs Münster belagern, das sich am 21. November ergab. Zu dieser Zeit wurde er dadurch, dafs er dem Könige von Preufsen ein Detachement von 13 Bataillonen zuschickte, aufser Stande gesetzt, den Feldzug thätig fortzuführen: die beiden Armeen rückten in die Winterquartiere. Der Hof von Versailles zerfiel in die Partei von Contades und in die von Broglie; das Ministerium und das Publikum erklärten sich für die eine oder die andere Partei. Die Fehler der Generale, der Offiziere und der Armee wurden bis in's Einzelne ganz unverhüllt vor den Augen des erstaunten Europa auseinandergesetzt; die Beschämung und der Mifsmuth der Franzosen wuchs.

II. Friedrich operirte in diesem Feldzuge mit 141 Bataillonen und 200 Schwadronen, 130 000 Mann. Er hatte gegen sich die österreichische Armee, 118 Bataillone und 190 Schwadronen; die Reichsarmee, 15 000 Mann, und die russische Armee mit 70 000 Mann. Er kämpfte also mit 130 000 Mann gegen 180 000; aber in diesem, wie in den vorhergehenden Jahren gehörten diese 180 000 Mann verschiedenen Nationen an und handelten unter verschiedenen unabhängigen Feldherren ohne Uebereinstimmung jede für sich auf Grenzstrichen, die weit von einander entfernt waren. Beim Beginne der Feindseligkeiten waren die Armeen des Königs folgendermafsen vertheilt: in Schlesien unter seinem persönlichen Kommando 72 Bataillone und 108 Schwadronen, von denen 18 Bataillone und 20 Schwadronen unter dem General Fouqué in Oberschlesien standen; in Sachsen der Prinz Heinrich mit 42 Bataillonen und 60 Schwadronen; in Pommern der General Dohna, gegen die Schweden und Russen beobachtend, mit 26 Bataillonen und 35 Schwadronen.

Der Feldmarschall Daun, der die österreichische Armee befehligte, lagerte mit seinen Hauptkräften an der schlesischen Grenze. Der Herzog von Zweibrücken mit der Reichs-Armee und zwei österreichischen Divisionen stand in Böhmen und Sachsen. Die Russen bereiteten sich auf einen thätigen Feldzug vor und erschienen lebhafter als in den vorhergehenden. Nach dem zwischen den Höfen von Wien und St. Petersburg vereinbarten Plane sollten ihre Armeen sich an der Oder vereinigen und gemeinsam operiren; aber die russische Armee konnte nicht vor dem Juli dort eintreffen.

Während der Monate April, Mai, Juni und Juli hatten die Armeen des Königs verschiedene Lager inne und machten einige sekundäre Operationen, ohne etwas ernstes zu unternehmen. Er schickte ein Detachement nach Mähren gegen Olmütz hin, um ein Magazin wegzunehmen, das indessen rechtzeitig geräumt wurde. Er schickte ein anderes nach Posen, um die Vorräthe, die man dort für die Russen angehäuft hatte, zu zerstören; dies gelang ihm. Der Prinz Heinrich machte auf seiner Seite einen kleinen Ausfall nach Böhmen, schlug mehrere feindliche Kolonnen, machte 1800 Gefangene und verbrannte 30 000 Fässer Mehl; aber es scheiterten alle Versuche, die er machte, um die Reichsarmee zu einer allgemeinen Schlacht zu bringen; er erschien vergeblich vor mehreren ihrer Lager, unter andern vor dem von Münchberg; stets räumte sie dieselben bei seiner Annäherung. Schliefslich am 3. Juni entsendete er den General Hülsen mit 10 Bataillonen und 20 Schwadronen, um den General Dohna auf dem rechten Oderufer zu verstärken.

Am 28. Juni hob der Feldmarschall Daun auf die Nachricht vom Anmarsche der Russen sein Lager bei Schurz auf und zog den Queifs abwärts der Oder zu, in der Absicht, die Bewegungen Soltikof's zu unterstützen und ihn durch das Corps von Laudon, 15 000 Mann, gröfstentheils Kavallerie, und durch das von Hadik, 19 000 Mann, zu verstärken. Am 13. Juli lagerte er bei Priebus auf dem halben Wege von Böhmen zur Oder. Der Prinz Heinrich lagerte bei Bautzen und der König bei Schmottseiffen in der Nähe von Greiffenberg. Am 24. Juli wurde das pommersche Observationscorps von den Russen bei Kay geschlagen. Darauf übernahm der König den Oberbefehl der Armee in Sachsen und Prinz Heinrich den der Armee in Schlesien.

III. Am 10. April war der General Dohna von der Blokade von Stralsund unter Zurücklassung des General Kleist mit 6 Bataillonen und 7 Schwadronen abmarschirt. Er lagerte am 26. Mai bei Stargard und am 12. Juni bei Landsberg a. W. Während dessen ging der General Soltikof, der die russische Armee befehligte, bei Thorn am 12. Mai über die Weichsel, erreichte Posen in den ersten Tagen des Juni und manoeuvrirte nun, um Dohna den Weg nach Schlesien abzuschneiden und sich der Oder zu nähern. Mehrere Male bot er ihm auf dem Marsche die Flanke; aber Dohna lehnte es ab, davon Nutzen zu ziehen. Der König, unzufrieden damit, setzte den General Wedell an seine Stelle. Am 23. Juli griff Wedell in der Nähe von Kay Soltikof an, um ihn an der Vereinigung mit Laudon zu hindern; er wurde zurückgeworfen, verlor 6000 Mann, ging über die Oder zurück und lagerte bei Sawade. Der Verlust der Russen war ebenso grofs; der einzige Vortheil, den sie aus ihrem Siege zogen, war, dafs sie am 25. Krossen besetzten, wo Laudon am 8. August zu ihnen stiefs. Der König, nachdem er bei Sorau die Trümmer der Armee Wedell's gesammelt hatte, wendete sich gegen die russische Armee. Er ging in der Nacht vom 10. zum 11. August in der Nähe von Briesen wieder über die Oder, liefs dort 9 Bataillone und 7 Schwadronen zur Vertheidigung seiner Brücken und des Gepäcks zurück und nahm mit 53 Bataillonen und 84 Schwadronen, 40—45 000 Mann, eine Stellung mit dem rechten Flügel bei Trettin, mit dem linken bei Bischofssee. Die russische Armee, durch das Corps Laudon's verstärkt, stand auf dem rechten Ufer der Oder in der Nähe von Frankfurt in einer Stellung, deren Front dem Flusse parallel lief.

Sobald Soltikof Nachricht von der preufsischen Armee und ihrer eben eingenommenen Stellung erhielt, veränderte er seine Aufstellung, stellte den rechten Flügel, 200 m von Frankfurt, an die Oder und seinen linken auf den Mühlberg, den er stark verschanzte. Am 12. mit Tagesanbruch setzte sich der König in Bewegung, treffenweise links abmarschirt; Moräste und ungangbare Wege hielten ihn auf. Nachdem er die neue Stellung des Feindes rekognoszirt hatte, liefs er durch seinen linken Flügel und sein Centrum die Höhe des Kleitsberges angreifen, bemächtigte sich desselben nebst einer grofsen Zahl Gefangener und nahm 70 Geschütze. Die Russen zogen sich hinter den Kuhgrund zurück und verschanzten sich dort; die ganze Artillerie ihres rechten Flügels wurde auf diesen Punkt, ihren letzten festen Halt, zusammengezogen. Laudon eilte herbei. Der König machte vergebliche Anstrengungen, den Uebergang über diesen Grund zu erzwingen; er verlor dabei die Elite seiner Armee. Der berühmte Seydlitz attakirte, die Teiche umgehend, sehr zur Unzeit; er wurde dabei verwundet, seine Kavallerie zurückgetrieben, die Schlacht verloren. Der König hatte an Todten, Verwundeten und Gefangenen die Hälfte seiner Armee aufser Gefecht; er überliefs dem Sieger 165 Geschütze. Der Verlust der Russen war allerdings gleich grofs, aber sie waren viel zahlreicher und der Verlust weniger empfindlich für sie. Die in Briesen zurückgelassenen 9 Bataillone, welche sich Frankfurts bemächtigt hatten, räumten dasselbe noch am selben Abend, als die Armee hinter die Oder zurückging und die Brücken abbrach. Am 16. lagerte die Armee bei Madlitz; den 18. nahm sie Stellung bei Fürstenwalde, um die Hauptstadt zu decken und der König rief das Corps von Kleist, welches in Pommern stand, zu sich heran. Das Zeughaus in Berlin ersetzte ihm seine Verluste an Artillerie; in wenig Tagen hob sich die Armee auf 30000 Mann. Der russische General ging am 16. über die Oder und vereinigte sich mit dem Corps Hadik's.

IV. Während die preufsische Hauptarmee gegen die Russen marschirte, war Sachsen allein den Garnisonen von Dresden, Wittenberg und Torgau überlassen. Die Reichsarmee, geführt von dem Herzog von Zweibrücken, breitete sich dort aus und bemächtigte sich am 6. August der Stadt Leipzig, am 8. August Torgau's. Der preufsische Oberst Wolfersdorf, Kommandant dieser Festung, räumte sie nach einem kräftigen Widerstande und zog sich auf Potsdam zurück. Am 20. öffnete Wittenberg seine Thore; die Garnison zog sich ebenfalls auf Potsdam zurück. Am 28. griff General Macquire, von der grossen Armee Daun's mit 15000 Mann zur Verstärkung des Herzogs von Zweibrücken entsendet, die Vorstadt von Dresden an, während dieser General selbst gleichzeitig in Meifsen einrückte; Macquire wurde abgewiesen. Der Graf Schmettau hatte die Mittel Dresden zu vertheidigen und es ist wahrscheinlich, dafs er Preufsen diese Stadt erhalten haben würde;

aber in den ersten Augenblicken der Bestürzung nach der Niederlage von Kunersdorf, schrieb ihm der König, dafs er auf keine Hülfe zu rechnen habe, dafs er nur daran denken möge seine Truppen zu schonen und durch eine gute Kapitulation ihm den Schatz von 20 Millionen zu retten, den er in seiner Obhut hatte und der in diesem kritischen Augenblicke für den König so sehr wichtig war. Am 3. September kapitulirte Schmettau und räumte die Festung. Unterdessen marschirte General Wunsch am 21. August von Potsdam mit einem kleinen Corps von 9 Bataillonen und 8 Schwadronen ab, welche er dem Grafen Schmettau zuführen sollte. Am 27. und am 31. bemächtigte er sich der Festungen Wittenberg und Torgau, wo er drei Tage bleiben mufste, um die Artillerie zu erwarten, welche aus Magdeburg am 2. September bei ihm eintraf. Am 3. brach er auf, setzte seinen Marsch fort und lagerte am 5. bei Grofsenhayn; hier aber erfuhr er, dafs die Kapitulation von Dresden unterzeichnet, die Festung übergeben sei. Wunsch in Verzweiflung rächte sich dafür an dem Corps Macquire's, das er vollständig schlug, und ging nach Torgau zurück. Friedrich verlor Dresden für immer.

Sobald Daun Nachricht von dem Siege bei Kunersdorf erhielt, marschirte er nach Triebel um sich den Russen zu nähern. Die Lage des Königs war kritisch; aber die Russen beklagten sich bitter, dafs sie zwei blutige Schlachten gewonnen und die Hälfte ihrer Armee verloren hätten, während die Oesterreicher, für welche man sich schlug, noch nicht einmal den Degen gezogen hätten.

Von einer andern Seite setzte sich der Prinz Heinrich, sobald er den Verlust der Schlacht erfuhr, am 18. August in Marsch, um dem Könige die 50 000 Mann zuzuführen, die er in Schlesien hatte. Er lagerte am 29. bei Sagan auf Daun's Verbindungslinie hinter der Neisse, wefshalb Daun nach der Einnahme von Dresden nach Sachsen aufbrach; am 13. September war er bei Bautzen. Soltikof, über diesen Marsch in ganz abweichender Richtung unzufrieden, wendete sich seinerseits zur Oder. Am 17. folgte der König Daun und marschirte nach Kottbus, der Prinz Heinrich nach Görlitz; ihre beiden Armeen trennten so die österreichischen Armeen von der russischen Armee. Der König, da er zu Kottbus hörte, dafs Soltikof Glogau belagern wolle, ging auf ihn los, machte verschiedene Bewegungen, welche den September und einen Theil des Oktober in Anspruch nahmen, und verhinderte die Russen ihr Vorhaben auszuführen. Am 24. Oktober gingen dieselben nach der Weichsel hin zurück; aber der König erkrankte, er liefs sich nach Glogau bringen und vertheilte seine Armee. Er schickte den General Hülsen mit 19 Bataillonen und 30 Schwadronen zum Prinzen Heinrich, beauftragte den Grafen Schmettau mit 9 Bataillonen und 20 Schwadronen Laudon zu beobachten und schickte Verstärkungen zu Fouqué nach Schlesien.

Der Prinz Heinrich war am 4. Oktober nach Strehla marschirt und hatte sich mit dem Corps des General Fink vereinigt; er kam hierdurch auf 69 Bataillone und 103 Schwadronen, womit er der österreichischen Armee, welche 74 Bataillone und 76 Schwadronen stark in Sachsen an Dresden gelehnt stand, die Spitze bot. Der Hofkriegsrath befahl Daun, ihn anzugreifen; aber nach seiner Gewohnheit verlor sich dieser General in Märschen, Manoeuvres und Contre-Manoeuvres. Er wollte, durch eine vereinigte Bewegung mit der Reichsarmee Torgau einschliefsen, wo der Prinz Heinrich Stellung genommen hatte: er kam damit nicht zu Stande und zog sich nach Dresden zurück, als er den Abmarsch der russischen Armee und den Marsch des beträchtlichen Detachements erfuhr, welches der General Hülsen nach Torgau führte. Nach diesen Zwischenfällen übernahm der König die Führung seiner Armee vor Dresden. Am Morgen des 14. November hatte Daun sein Lager bei Wilsdruf aufgehoben; der König schlofs daraus, dafs er im Begriffe sei in die Winterquartiere nach Böhmen zu gehen, und befahl dem General Fink mit 18 Bataillonen und 35 Schwadronen (18 000 Mann) nach Maxen zu marschiren und ihm die böhmischen Pässe zu verlegen. Fink blieb die Nacht des 16. zu Dippoldiswalde, am 17. bei Maxen. Die Bewegung eines so beträchtlichen Corps beunruhigte den österreichischen Feldherrn; er nahm Stellung bei Plauen, dicht bei Dresden, stellte das Corps des General Sincere auf die Höhen bei Hänichen und liefs die Reichsarmee bei dem Dorfe Giefshübel Stellung nehmen. Der König lagerte am 18. bei Wilsdruf; am selben Tag verstärkte Daun das Corps des General Sincere auf 30 000 Mann. Am 19. marschirte dieser General nach Dippoldiswalde, am 20. schlofs er den General Fink vollständig ein. Nach einem sehr lebhaften Gefecht zwang er ihn zu kapituliren. Dem General Wunsch war es in der Nacht des 21. gelungen mit seiner Kavallerie durchzubrechen; aber in die Kapitulation eingeschlossen mufste er zurückkommen. Die Preufsen hatten 3000 Mann Todte oder Verwundete, und 15 000 Mann streckten die Waffen; Fahnen, Geschütze, alles fiel in Feindes Hand. Fink wurde später vor ein Kriegsgericht gestellt, kassirt und zu zwei Jahren Gefängnifs verurtheilt. Einige Tage später überfiel die österreichische Armee drei Bataillone in der Nähe von Meifsen. Nach diesen ruhmreichen Thaten nahm sie ihre Winterquartiere um Dresden; die Reichsarmee hatte die ihrigen in Franken. Der König nahm seine Cantonnements auf beiden Seiten der Elbe der österreichischen Armee gegenüber; er liefs hölzerne Baracken bauen.

V. Sechszehnte Bemerkung: 1) Der Plan des Marschall von Contades für diesen Feldzug war gut und stimmt mit allen Grundsätzen der Kriegskunst überein, welche dieser General ungefähr verstanden zu haben scheint. Dennoch unterlag er mit 100 000 Mann vorzüglicher Truppen gegen 70 000 Mann von Kontingenten, weil er ohne Energie war, keine Uebereinstimmung unter den Generalen herrschte und das Hauptquartier, wie der Hof von Versailles, eine Beute der kleinlichsten Intriguen war.

2) Er bot eine Schlacht an, nachdem er sie abgelehnt hatte, er bestimmte den Zeitpunkt derselben; dennoch schlug er sich ohne alle seine Detachements herangezogen zu haben. Er mufste alle Belagerungen aufheben, und mit seinen gesammten, vereinigten Kräften den Herzog Ferdinand angreifen, der den Fehler gemacht hatte, sich um 2 Divisionen zu schwächen. Dieses einfache Verfahren würde ihm wahrscheinlich den Sieg verschafft haben.

3) Er strengte seine Truppen die ganze Nacht des 31. Juli und einen Theil des Morgens am 1. August an, um seine Schlachtlinie aufzustellen, was zu unsern Zeiten doppelt und dreifach so starke Armeen in zwei Stunden mit soviel Schnelligkeit vollziehen.

4) Da er seinen Hauptangriff auf dem rechten Flügel machte, mufste er denselben persönlich leiten und dazu die doppelte Truppenstärke verwenden, und dies nicht dem Herzog von Broglie anvertrauen, dessen Charakter er kannte.

5) Er hielt am Tage der Schlacht an den Dispositionen fest, die er am Tage vorher in einem Tagesbefehle von fünf oder sechs Seiten gegeben hatte, was das Gepräge der Mittelmäfsigkeit ist. Wenn die Armee erst einmal in Schlachtordnung steht, so mufs der kommandirende General bei Tagesanbruch die Stellung des Feindes und die Bewegungen, die er in der Nacht gemacht hat, rekognosziren, und auf Grundlage dessen seinen Plan entwerfen, seine Befehle ertheilen, seinen Kolonnen die Richtung geben.[28]

6) Bei Tagesanbruch behauptete der Herzog von Broglie, der mit dem entscheidenden Angriffe beauftragt war, dass der ihm am Tage zuvor übersandte Befehl nicht ausführbar sei, dafs der Feind sich verstärkt habe; er engagirte eine unbedeutende Kanonade, begab sich zum Marschall von Contades, und die Stunden flossen dahin in unfruchtbaren Diskussionen; hierdurch gewann der Herzog Ferdinand die Zeit, seinen linken Flügel wirklich zu verstärken; derselbe wäre zerschmettert worden, wenn der Herzog von Broglie einfach und ehrlich seinen Befehl ausgeführt hätte. Dieser General machte sich schuldig; er war übel gesinnt und eifersüchtig auf seinen Oberfeldherrn.[29]

7) Die Aufstellung der französischen Kavallerie im Centrum der Schlachtlinie ohne Beigabe von Artillerie ist fehlerhaft, da die Kavallerie das Feuer nicht erwiedert und sich nur mit der blanken Waffe schlägt;[30] so konnten

---

[28] In der Befolgung dieses Grundsatzes zeigt sich der Unterschied zwischen dem Feldherrn, der etwas kann, und demjenigen, der nur etwas weifs; des letzteren Eigenschaften können in einer Disposition, die am Tage zuvor in aller Ruhe entworfen ist, glänzen, er wird seinem Wissen einen um so ausgedehnteren Ausdruck geben, je mehr er seinem Können zu mifstrauen Ursache hat; er wird streben, für alle möglichen Fälle das beste, wissenschaftliche Mittel anzugeben, und so kann in der That eine lange Disposition auf einen Mangel in der Natur des Feldherrn hindeuten. Von den gröfsten Feldherrn sind überall nur ganz kurze Dispositionen gegeben, oder, wie namentlich von Friedrich, nur mündliche Befehle.

[29] Wenn diese Darstellung auch übertrieben ist, so mufs man doch zugestehen, dafs nichts so viel Gelegenheit zu Mifsverständnissen und Rückfragen giebt, sowohl zu thatsächlich-begründeten als zu den durch Uebelwollen der Unterführer veranlafsten, als lange vorzeitig gegebene Dispositionen.

[30] Es dürfte gleichgültig sein, ob die Kavallerie im Centrum oder auf den Flügeln steht, überall, wo sie in vorderster Schlachtlinie von vornherein der Infanterie gegenüber gestellt wird, mufs sie schwere unnütze Verluste erleiden. Die Beigabe von Artillerie, welche Napoleon hier fordert, bedeutet nur, dafs die Kavallerie eben nicht in der vordersten Linie stehen, sondern rückwärts die Erschütterung der feindlichen Infanterie abwarten mufs. Friedrich's Kavallerie

denn auch die feindliche Artillerie und Infanterie sie ganz nach Gefallen beschiefsen, ohne dafs sie hätte antworten können. Seit der Einführung der reitenden Artillerie hat die Kavallerie auch ihre Batterien. Die Artillerie ist nothwendiger für die Kavallerie als selbst für die Infanterie, für die Zeit wo sie an einem Punkte aufgestellt halten bleibt oder wo sie sich sammelt.

8) Weder der Erfolg des Feindes, noch die Verluste, welche die französische Armee erlitten hatte, waren von der Art, um den Marschall von Contades zur Räumung seines Lagers bei Minden zu nöthigen. Wenn der Herzog Ferdinand dies Lager mit Gewalt hätte nehmen wollen, wäre er zurückgeworfen worden.

9) Ebensowenig war der Unfall, welchen der Herzog von Brissac erlitt, von der Art, um auf die Stellung der Armee Einflufs zu äufsern. Der Marschall von Contades' konnte dieses Detachement durch die Corps verstärken, die er zu den verschiedenen Belagerungen brauchte. Er verlor den Kopf, gab sein Lager auf, ging über die Weser zurück und zog sich in aller Hast zurück. Ueber alle dem Redenhalten, Geistreichsein, Rathschlagen traf die französischen Armeen jener Zeit das, was zu allen Zeiten jeden getroffen hat, der ebenso verfährt: nämlich, dafs man schliefslich den schlechtesten Entschlufs fafst, welcher im Kriege fast immer der kleinmüthigste oder, wenn man will, der klügste ist.[31]) Die wahre Weisheit für einen Feldherrn liegt in einem energischen Entschlusse.

10) Beim Beginn eines Feldzuges mufs man wohl überlegen, ob man vorrücken soll oder nicht; wenn man aber die Offensive ergriffen hat, so mufs man bis auf das Aeufserste daran festhalten: denn abgesehen von der Waffenehre und dem moralischen Element in der Armee, das man durch einen Rückzug verdirbt, von der Ermuthigung, die man dem Gegner gewährt, so sind auch die Rückzüge zerstörender, kosten sie mehr Menschen und Material als die blutigsten Schlachten,[32]) mit dem Unterschiede, dafs in einer Schlacht der Gegner fast ebensoviel verliert, als Ihr, während bei

---

hatte auf den Flügeln die Aufgabe, zunächst die feindliche Kavallerie zu vertreiben und erst dann gegen die inzwischen erschütterte feindliche Infanterie vorzugehen. Bei Minden wurde die französische Kavallerie nicht auf ihrem Flecke haltend durch das feindliche Feuer zerstört, sondern in wiederholten braven Attaken gegen die avancirende Infanterie der Verbündeten, zu denen die Kavallerie trotz der noch unerschütterten Haltung der deutsch-englischen Infanterie sich genöthigt sah, wenn sie überhaupt irgend etwas gegen das Vordringen des Feindes thun wollte.

[31]) Man vergleiche hiermit das, was Friedrich der Grofse über das Abhalten eines Kriegsrathes sagt: besonders drastisch wirkt die Zusammenstellung von kleinmüthig und klug als in diesem Falle und in diesem Sinne gleichbedeutend.

[32]) Dies ist namentlich der Fall, wenn der Rückzug im feindlichen Lande aus einer durch weitvorgetriebene Offensive erreichten Stellung angetreten wird; im eigenen Lande kann man sich im Rückzuge derartig verstärken, dafs man das Uebergewicht über den im Vorrücken durch Besetzung von Etappenpunkten u. s. w. sich schwächenden Gegner erreicht. Der Rückzug der Russen im Anfange des Feldzuges 1812 und der Napoleons am Schlusse desselben sind die bezeichnendsten Beispiele.

einem Rückzuge Ihr verliert, ohne daſs er Verluste erleidet. Mit der Anzahl Menschen, welche der Rückzug nach der Lahn Frankreich kostete, hätte der Marschall von Contades ausgereicht für eine zweite Schlacht in dem Lager bei Minden und für noch eine auf dem rechten Weserufer, ehe er den Rückzug antrat; er hätte dabei neue Aussichten auf Erfolg gehabt und hätte die feindliche Armee an seinen Verlusten theilnehmen lassen.

Siebzehnte Bemerkung: Der Herzog Ferdinand entsendete vor der Schlacht bei Minden ein beträchtliches Detachement: das war ein Fehler, durch den er die Schlacht hätte verlieren müssen; aber da er trotz dieses Fehlers Sieger blieb, so hat man ihm demselben nicht angerechnet. Im Gegentheil, man hat behauptet, er habe sich geschwächt, um dadurch stärker zu werden. Diese Schmeichelei ist geistreich, aber sie ist falsch; und dieselben Schmeichler würden den Fehler bitter gerügt haben, mit Recht, wenn er die Schlacht verloren hätte.

Allgemeine Regel: „Wenn Ihr eine Schlacht liefern wollt, so zieht alle „Eure Kräfte zusammen, lasset keinen auſser Acht; ein Bataillon entscheidet „zuweilen über einen gangen Tag." [33])

Achtzehnte Bemerkung: 1) Während der Monate April, Mai, Juni und Juli waren die Russen 450 km. vom Operationsfelde entfernt: Die Armeen des Königs hätten sich an die Daun's machen können, ihn zu einer Schlacht zwingen und auſser Stand setzen können, für den Rest des Feldzuges etwas zu unternehmen. Der König that Nichts. [34])

2) Während des Monat Juli und eines Theiles des August manoeuvrirte Daun in Schlesien, während die Russen auf dem rechten Oderufer noch weit entfernt waren. Die preuſsischen Armeen standen zwischen beiden; Friedrich hat es nicht verstanden hieraus Nutzen zu ziehen und Daun zur Schlacht zu bringen, indem er ihn mit seinen beiden Armeen in einer übereinstimmenden Bewegung angriff.

3) Er hatte zu wenig Truppen in der Schlacht bei Kunersdorf. Was hinderte ihn etwa 20 000 Mann von den 50 000 des Prinzen Heinrich an sich zu ziehen? Sie wären am Tage vor der Schlacht zu ihm gestoſsen und am Tag nach dem Siege wieder abmarschirt.

4) Ferner noch, obgleich er viel schwächer war als die russische, durch das Corps Laudon's verstärkte Armee, ließ er doch 9 Bataillone zur Bewachung seiner Brücke zurück und ließ dieselben während der Schlacht auf

---

[33]) Als allgemeine Regel hat auch diese ihre Ausnahmen, die sorgfältig erwogen werden müssen und zu deren Rechtfertigung der Feldherr sich nur auf den Erfolg als entscheidendes Urtheil berufen kann; der Erfolg aber rechtfertigt in der That jede wohlüberlegte Abweichung von anerkannten Regeln. Hier konnte Herzog Ferdinand nur durch eine Detachirung gegen die Verbindungen den Gegner zur Schlacht bringen, der Sieg in dieser bewies, daſs er nicht zu viel detachirt hatte. Vor Mantua ließ Napoleon stets Truppen zurück, während er die Entsatzheere schlug, und seine Erfolge gaben ihm Recht.

[34]) Die Réflexions sur quelques changemens dans la façon de faire la guerre (Oeuvres de Fr. l. gr. XXVIII, 151) geben des Königs Gründe zu erkennen.

Frankfurt marschiren; sie nützten ihm gar nichts. Solche Entsendungen werden durch die Regeln der Kriegskunst durchaus verurtheilt.

Neunzehnte Bemerkung: 1) Die Bewegung des Fink'schen Corps nach Maxen, welche einen so traurigen Ausgang für den König nahm, war ohne Zweck. Was wollte er damit? Daun nöthigen, seinen Rückzug nach Böhmen zu beschleunigen, indem er seine Verbindung über Peterswalde bedrohte? Aber nichts durfte ihn glauben lassen, dafs Daun nach Böhmen gehen wollte. Er war im Besitz von Dresden; hätte er Sachsen geräumt, so hätte er diesen wichtigen Platz preisgegeben. Aufserdem hatte er in dem Feldzuge keinen Unfall erlitten; seine Armee war zahlreich; der König dagegen war von den Russen geschlagen, er hatte Dresden verloren; was konnte ihn also veranlassen, zu denken, dafs Daun Sachsen räumen wollte? Aber selbst, wenn dies der Fall war, war jener nicht Herr des rechten Elbufers, um sich nach Böhmen zurückzuziehen, wenn er es für angezeigt hielt?

Der Unfall von Maxen ist der beträchtlichste, den dieser grofse Feldherr erfahren hat, und es ist der unverzeihlichste Fehler, den er gemacht hat. Je mehr man die Oertlichkeiten kennt, je mehr man über die Lage der beiden Armeen nachdenkt, um so mehr überzeugt man sich, dafs diese Bewegung nur zu einer Katastrophe führen konnte. Der General Fink wurde mit 18000 Mann mitten in die österreichische Armee hinein geworfen, wo er in einem Lande voll von Bergen und Defileen, vom Gros seiner Armee mehrere Märsche entfernt war. Die Memoiren jener Zeit sagen, dafs er, ehe er seinen Befehl ausführte, die Gefahr desselben dem Könige vorgestellt habe, dafs aber dieser Fürst nicht auf ihn habe hören wollen.

2) Hier bietet sich eine Frage von der höchsten Bedeutung. Ermächtigen die Kriegsgesetze, die Grundsätze der Kriegskunst, einen General seinen Soldaten zu befehlen, dafs sie die Waffen strecken und sie dem Feinde überliefern, und sein ganzes Corps kriegsgefangen zu erklären? Diese Frage bietet in Betreff der Garnison einer Festung keinen Zweifel. Aber der Gouverneur einer Festung ist auch in einer besonderen Stellung. Die Gesetze aller Nationen ermächtigen ihn, die Waffen zu strecken, wenn er Mangel an Lebensmitteln hat, wenn die Widerstandsmittel der Festung vernichtet sind, wenn er mehrere Stürme ausgehalten hat. In der That, eine Festung ist ein Kriegsmittel, als ein Ganzes an sich, welches eine bestimmte Rolle, eine vorgeschriebene, begrenzte und bekannte Aufgabe hat. Eine kleine Zahl Menschen vertheidigen sich unter dem Schutze dieser Befestigung, sie halten den Feind auf, sie erhalten das ihnen anvertraute Depot unverletzt gegen die Angriffe einer grofsen Zahl Menschen. Aber wenn die Befestigungen zerstört sind, wenn sie der Garnison keinen Schutz mehr bieten, so ist es gerecht und vernünftig, den Kommandanten zu ermächtigen, dafs er thue, was er für das geeignetste im Interesse seiner Besatzung hält. Ein entgegengesetzes Verfahren wäre ohne Zweck und hätte aufserdem das Mifsliche, die Bevölkerung einer ganzen Stadt, Greise, Weiber und Kinder, jedem Unglück auszusetzen. In dem Augenblicke, wo eine Festung eingeschlossen wird, wissen der Fürst und der Feldherr, welcher mit der Vertheidigung dieser Grenze beauftragt ist, dafs diese Festung nur für eine bestimmte Zeit die

Garnison schützen und den Feind aufhalten kann, und dafs nach Ablauf dieser Zeit, nach Zerstörung der Vertheidigungsmittel, die Garnison die Waffen strecken wird. Alle civilisirten Völker stimmen in dieser Frage überein und man hat stets nur über die bessere oder schlechtere Vertheidigung eines Kommandanten, ehe er kapitulirte, gestritten. Allerdings giebt es Generale, darunter Villars, welche der Ansicht sind, dafs ein Kommandant sich nie ergeben dürfe, sondern dafs er, auf's Aeufserste gebracht, die Festungswerke in die Luft sprengen und sich in der Nacht durch die Belagerungsarmee durchschlagen müsse; oder falls das erstere nicht ausführbar sei, müsse er wenigstens mit der Garnison einen Ausfall machen und die Mannschaft retten. Die Kommandanten, welche dieses Verfahren unternommen haben, sind mit drei Viertheilen ihrer Garnison zu ihrer Armee durchgekommen.

3) Daraus, dafs die Gesetze und das Herkommen bei allen Nationen die Kommandanten von Festungen ausdrücklich ermächtigt haben, die Waffen unter Festsetzung günstiger Bedingungen niederzulegen, und dafs dieselben niemals irgend einen General ermächtigt haben, seine Soldaten unter andern Umständen die Waffen strecken zu lassen, kann man schliefsen, dafs kein Fürst, keine Republik, kein Kriegsgesetz sie dazu ermächtigt habe. Der Souverain oder das Vaterland verlangen von dem Offizier niederen Grades und vom Soldaten Gehorsam gegen ihren General und ihre Vorgesetzten in Allem, was mit dem Besten oder der Ehre des Dienstes in Uebereinstimmung ist. Die Waffen werden dem Soldaten in die Hand gegeben unter Leistung des Fahneneides, sie bis in den Tod zu vertheidigen. Ein General hat Befehle und Instruktionen erhalten, die ihm vorschreiben, seine Truppen zur Vertheidigung des Vaterlandes zu gebrauchen; wie kann er die Macht haben, seinen Soldaten zu befehlen, dafs sie ihre Waffen abgeben, und sich Ketten anlegen lassen?

4) Es giebt kaum irgend eine Schlacht, wo nicht einige Compagnien Voltigeure oder Grenadiere, oft einzelne Bataillone, für den Augenblick in Häusern, Kirchhöfen oder Gehölzen eingeschlossen worden sind. Der Hauptmann, oder der Bataillons-Kommandeur, welcher, sobald das Faktum, dafs er eingeschlossen sei, konstatirt ist, seine Kapitulation abschliefsen würde, würde Verrath an seinem Fürsten und seiner Ehre üben. Es giebt kaum irgend eine Schlacht, wo nicht unter ähnlichen Verhältnissen ein tüchtiges Benehmen den Sieg entschieden hätte. Nun steht aber ein General-Lieutenant zur Armee in demselben Verhältnifs, wie ein Bataillons-Kommandeur zu seiner Division. Die Kapitulationen, welche ein umzingeltes Corps, sei es in einer Schlacht, sei es in einem im Gange befindlichen Feldzuge abschliefst, sind ein Vertrag, dessen vortheilhafte Punkte sämmtlich zu Gunsten derjenigen Individuen sprechen, die ihn abschliefsen, und dessen nachtheilige Punkte sämmtlich dem Fürsten und den anderen Soldaten der Armee zur Last fallen. Sich einer Gefahr dadurch entziehen, dafs man die Lage seiner Kameraden gefährlicher macht, ist augenscheinlich eine Feigheit. Ein Soldat, der zu einem Offizier sagen wollte: „Da ist mein Gewehr, lafst mich fort, nach Hause gehen," wäre ein Deserteur vor dem Feinde, die Gesetze würden ihn zum Tode verdammen. Was thut aber ein Divisions- oder Bataillonskom-

mandeur, oder Hauptmann Anderes, wenn er sagt: „Laſst mich fort nach Hause gehen, oder nehmt mich bei Euch auf und ich überliefere Euch meine Waffen?" Es giebt nur eine ehrenwerthe Art, wie man kriegsgefangen werden kann, nämlich, wenn man einzeln, mit den Waffen in der Hand, jedoch nicht mehr im Stande sie zu gebrauchen, ergriffen wird. Auf diese Weise wurden Franz I., König Johann und so viele Tapfere von allen Nationen Gefangene. Bei dieser Art seine Waffen abzugeben, giebt es keine Bedingungen, es könnte mit Ehren keine geben: man bekommt das Leben geschenkt, weil man unvermögend ist, es seinem Gegner zu nehmen, welcher seinerseits es einem unter der Verpflichtung gleicher Wiedervergeltung schenkt, weil das Völkerrecht es so will.

5) Die Gefahren, welche darin liegen, die Offiziere und die Generale zur Ablieferung der Waffen auf Grund besonderer Kapitulation in irgend einer andern Lage zu ermächtigen, als wenn sie die Garnison einer Festung bilden, sind unbestreitbar. Es heiſst den kriegerischen Geist einer Nation zerstören, ihr Ehrgefühl schwächen, wenn man den Feigen, den Furchtsamen oder selbst den Tapfern, welche den Kopf verloren haben, eine solche Hinterthür öffnet. Wenn die Kriegsgesetze scharfe und beschimpfende Strafen aussprächen gegen jeden General, Offizier und Soldaten, welcher auf Grund einer Kapitulation seine Waffen niederlegen würde, so würde sich dieses Auskunftsmittel, um aus einer übeln Lage herauszukommen, niemals dem Geiste eines Soldaten darbieten; sie würden nur Hülfe in der Tapferkeit oder der Hartnäckigkeit sehen, und was hat man mit diesen nicht alles ausgerichtet.

6) Wenn die 28 Bataillone Elite-Truppen, welche bei Höchstädt die Waffen streckten, überzeugt gewesen wären, daſs sie hierdurch ihren Namen befleckten, ihre Familien brandmarkten, selbst der Strafe der Decimirung sich aussetzten, so würden sie sich geschlagen haben; und wenn auch ihre Ausdauer das Schicksal des Tages nicht geändert hätte, so würden sie doch sicher den Anschluſs an den linken Flügel wieder erreicht, und einen Rückzug gewonnen haben. Wenn die baiersche Infanterie, welche mit Auszeichnung das Dorf Allerheim in der Schlacht bei Nördlingen vertheidigt und die Angriffe des groſsen Condé abgewiesen hatte, mit Turenne nicht anders hätte kapituliren können, als indem sie sich Schimpf und die Strafe der Decimirung zuzog, so hätte sie nicht daran gedacht, ihre Stellung aufzugeben; eine Stunde später würde sie eingesehen haben, daſs sie von Johann von Weerdt nicht abgeschnitten sei; die Baiern würden das Schlachtfeld behauptet, den Sieg gewonnen haben; Condé würde von seiner Armee wenig Leute auf diese Seite des Rheins gebracht haben.

7) Was soll denn aber ein General thun, der von überlegenen Kräften eingeschlossen ist? Darauf können wir keine andere Antwort geben, als die des alten Horaz. In einer auſserordentlichen Lage ist ein auſserordentlicher Entschluſs nöthig; je hartnäckiger der Widerstand ist, desto mehr Chancen wird man haben, Unterstützung zu bekommen oder durchzubrechen. Welche Thaten, die unmöglich schienen, sind schon von entschlossenen Männern ausgeführt worden, welche keinen andern Ausweg mehr hatten, als den Tod! Je mehr Widerstand Ihr leistet, desto mehr Leute tödtet Ihr dem Gegner,

und desto weniger wird dieser an demselben oder dem folgenden Tage haben, um sie gegen die andern Corps der Armee zu führen. Einer andern Lösung scheint uns diese Frage nicht fähig, ohne den kriegerischen Geist einer Nation zu zerstören und sich den gröfsten Unglücksfällen auszusetzen.

8) Darf die Gesetzgebung einen General, welcher fern von seiner Armee von sehr überlegenen Kräften eingeschlossen ist und schon einen hartnäckigen Kampf ausgehalten hat, ermächtigen, in der Nacht seine Armee sich auflösen zu lassen, indem er jeden Einzelnen sich selbst Rettung suchen läfst und allen einen mehr oder weniger entfernten Versammlungspunkt angiebt? Diese Frage kann zweifelhaft sein; aber immerhin ist es nicht zweifelhaft, dafs ein General, welcher in einer verzweifelten Lage einen solchen Entschlufs fassen würde, drei Viertheile retten würde, und dafs, was noch werthvoller ist als die Menschen, er sich vor der Schande bewahren würde, seine Waffen und Fahnen dem Gegner zu überliefern auf Grund eines Vertrages, welcher den Individuen Vortheile gewährt zum schwersten Nachtheile der Armee und des Vaterlandes.

9) In der Kapitulation von Maxen giebt es einen sehr eigenthümlichen Punkt. Der General Wunsch hatte sich bei Tagesanbruch mit der Kavallerie einen Ausweg geöffnet; eine der Bedingungen der Kapitulation war, dafs er in das Lager zurückkehre und die Waffen strecke; dieser General hatte die Einfalt, dem Befehle, welchen ihm der General Fink gab, zu gehorchen: Dies war ein Mifsgriff der Subordination; ein General, der in des Feindes Gewalt ist, hat keine Befehle mehr zu geben; wer ihm gehorcht, begeht ein Verbrechen. Man kann sich nicht enthalten, hier zu bemerken, dafs, da Wunsch mit einem starken Corps Kavallerie durchkommen konnte, auch die Infanterie durchkommen konnte; denn in einem bergigen Lande wie bei Maxen, hatte sie es leichter in der Nacht zu entkommen als die Kavallerie.

Die Römer hoben die Kapitulation auf, welche mit den Samnitern abgeschlossen war; sie verweigerten es, die Gefangenen auszuwechseln oder loszukaufen. Dieses Volk hatte einen Instinkt für alles Grofse: nicht ohne Grund hat es die Welt erobert [35]).

---

[35]) Die Frage der Berechtigung einer Kapitulation, welche Napoleon hier in seiner 19. Bemerkung behandelt, ist unstreitig eine der schwierigsten. Duo si faciunt idem, non est idem. Wer wollte die Kapitulationen der französischen Festungen im Jahre 1815 mit der Uebergabe von Strafsburg und Toul 1870, wer die von Magdeburg 1806 und der von Danzig 1807 auf dieselbe Stufe stellen? wer mag Baýlen 1808 und Sedan 1870, wer Prenzlau und Lübeck 1806, wer Ulm 1805 und Villagos 1849 unter eine gleiche Kategorie fassen?

Für die Festungen gesteht Napoleon das Recht der Kapitulation zu, doch auch hier neigt er sich augenscheinlich zu Villars Ansicht hin, dafs der Kommandant die Verpflichtung habe, die Garnison mittelst eines Durchbruches zu retten; er versichert, dafs die Kommandanten, welche dieses Verfahren unternommen haben, mit drei Viertheilen ihrer Garnison zu ihrer Armee durchgekommen seien. Leider giebt er die Fälle nicht an, wo ein solches Verfahren stattgefunden hat. Soll das Beispiel zutreffen, so mufs doch die Bedingung gestellt werden, dafs die Festung auch wirklich eingeschlossen war, und nicht wie Sebastopol auf einer Seite vollständig frei lag. Uns ist aus neuerer Zeit nur der Durchbruch aus Menin erinnerlich, durch welchen Scharnhorst seinen Ruhm

Sechstes Kapitel.
Feldzug von 1760.

I. Operationen der französischen und der hannöverschen Armee; Gefecht bei Korbach (10. Juli); Gefecht bei Amöneburg (16. Juli); Gefecht bei Ossendorf (31. Juli); Gefecht bei Kloster Kamp (16. Oktober). — II. Operationen in Sachsen und Schlesien während der Monate April, Mai, Juni und Juli. Kapitulation des Lagers bei Landshut (23. Juni); Einnahme von Glatz (25. Juli). — III. Operationen in Sachsen und Schlesien während der Monate August, September, Oktober; Schlacht bei Liegnitz (15. August). — IV. Operationen der Russen; Besetzung von Berlin (9. Oktober). — V. Operationen in Sachsen im Spätherbst; Schlacht bei Torgau (3. November). — VI. Bemerkungen.

I. Die grofse französische Armee, 90 000 Mann stark, hatte ihre Winterquartiere am Main unter den Befehlen des Marschalls, Herzogs von Broglie, und die des Grafen von Saint-Germain, 30 000 Mann stark, am Niederrhein.

---

gründete. Und Menin war eine kleine Festung, deren Besatzung in einer halben Stunde das Thor passirt und sich wieder formirt haben konnte. Bei Ciudad Rodrigo 1810 brach nur die spanische Kavallerie aus der Festung heraus, die Infanterie ergab sich. Wenn die Besatzung eines Forts im Gebirge ein Schlupfloch findet, um sich im letzten Moment davon zu schleichen, so ist wenig daraus zu folgern. Wenn eine starke Besatzung sich den Weg bahnt, wird man den Dienst beim Belagerungscorps ungünstig beurtheilen. Wie würde Napoleon seine Truppen vor Mantua beurtheilt haben, wenn es Wurmser gelungen wäre, durchzubrechen und Rovera die Hand zu reichen? Was würde er von Lefebre gesagt haben, wenn die Besatzung von Danzig sich einen Weg auf die frische Nehrung und nach Ostpreufsen gebahnt hätte? Je gröfser die in einer Festung eingeschlossene Truppenmasse ist, um so schwieriger ist ein solches Unternehmen, wenn die einschliefsende Armee nicht unverhältnifsmäfsig schwach oder nachlässig ist.

Gewifs mufs eine Kapitulation auf freiem Felde anders beurtheilt werden, aber auch hier liegen die Fehler meistens vor, nicht in der Kapitulation, und auch hier steigt die Schwierigkeit mit der Gröfse der Massen. Hätte Wimpffen bei Sedan noch die Möglichkeit vor sich gesehen, bei einem Durchbruche auch nur die Hälfte seiner Armee zu retten, er würde nicht kapitulirt haben; aber diese Möglichkeit war nicht vorhanden. Wären die französischen Truppen entschlossen gewesen, bis auf den letzten Mann sich zu wehren, so wurden sie eben hingeschlachtet, und der Verlust, den sie mit solchen Opfern den Deutschen beigebracht hätten, würde mit dem französischen Verluste in gar keinem Verhältnisse gestanden haben. Es hat sich kaum eine berechtigte Stimme erhoben, welche diese Kapitulation für ungerechtfertigt, für eine verächtliche Feigheit erklärt. Die Konsequenz hiervon müfste auch zu Volkskriegen wie im Alterthum führen, wo nicht nur die Krieger, sondern alle Volksangehörigen sich dem Untergange weiheten.

Im praktischen Falle hat Napoleon auch nicht nach den hier aufgestellten erbarmungslosen Theoremen gehandelt. Bei Baylen war nur die Hälfte der kapitulirenden Truppen unter Dupont eingeschlossen, die andere Hälfte unter Vedel hatte den Rückzug noch frei. Diese letztere Hälfte sollte über Cadix nach Frankreich transportirt werden und dort frei sein; von der andern Hälfte durften auch die Offiziere nach Frankreich zurückkehren und nur bis zur Auswechselung

Die Armee des Herzogs Ferdinand, die ihnen gegenüberstand, zählte 70 000 Mann. Am 16. Juni ging der Graf von Saint-Germain auf das rechte Rheinufer über und marschirte nach Dortmund, der Herzog von Broglie nach Homberg und Neustadt. Die beiden französischen Armeen vereinigten sich am 8. Juli in der Gegend von Fritzlar. Der Erbprinz von Braunschweig griff den Grafen von Saint-Germain, den er noch allein glaubte, in der Nähe von Korbach an; aber dieses Korps wurde durch sechs Brigaden von der Armee des Marschalls von Broglie unterstützt; der Erbprinz wurde geschlagen und verlor 15 Geschütze. Am 16. Juli nahm er in einem Gefechte bei Enzdorf seine Revanche; er überfiel die französische Brigade von Glaubitz und nahm ihr 2800 Gefangene ab. Am 30. Juli verlegte der Herzog von Broglie sein Hauptquartier nach Kassel. Saint-Germain wurde durch den General von Muy in seinem Kommando abgelöst. Der Herzog Ferdinand benutzte die gute Gelegenheit, dafs sich das Corps dieses Generals zwei Märsche von Kassel auf dem linken Ufer der Weser befand, wo es von der grofsen Armee nicht rechtzeitig unterstützt werden konnte, und schlug es. Im Gefecht bei Ossendorf verlor von Muy 12 Geschütze und 4000 Mann. Der Monat August verging unter gegenseitiger Beobachtung. Im September besetzte der Herzog von Broglie Göttingen und liefs es befestigen. Der Herzog Ferdinand lagerte hinter der Diemel und schickte von hier 15 000 Mann unter dem Erbprinzen auf das linke Rheinufer; dieses Detachement kam am 3. Oktober bei Wesel an, ging über den Rhein und nahm die Richtung auf Cleve. Der Generallieutenant von Castries, welcher in diesem Landstriche das Kommando führte, zog 20 000 Mann zusammen und ging ihm entgegen. Am 15. Oktober lagerte er hinter der Fossa Eugeniana bei Kloster Kamp: hier griff ihn der Erbprinz an, wurde aber geschlagen. Der Verlust belief sich auf jeder Seite auf 2000

---

nicht mehr gegen Spanien dienen. Die Zurücksendung der Mannschaften Vedel's aber unterblieb, und erklärte Napoleon auch die Offiziere Dupont's nicht mehr an die Kapitulation gebunden und verwendete sie sofort wieder in der Armee. Nur die vier höchstgestellten, Dupont, Vedel, Marescot und Chabert wurden auf seinen Befehl, nicht auf einen Urtheilspruch, im Gefängnifs gehalten. Auch das am 1. Mai 1812 über solche Fälle erlassene Dekret verhängte nur über den Führer die Todesstrafe, ohne die Untergebenen mit Strafe zu bedrohen.

Dafs ein Führer, welcher seine Truppe als solche nicht mehr retten kann, dieselbe sich auflösen und einzeln ihre Rettung suchen läfst, dürfte zwar bei gröfseren Massen wenig Wirkung haben (vergl. die Bemerkung zum Gefecht bei Landshut 1760), im Uebrigen aber ebenso zulässig sein, als ein Befehl, sich der Kapitulation zu fügen gegenüber einer widerstrebenden Truppe oder gar an eine nicht mit eingeschlossene Truppe durchaus unzulässig ist. In dem Falle von Maxen ist es indessen unrichtig, dafs die Kavallerie unter Wunsch bei Abschlufs der Kapitulation bereits sich den Weg in's Freie gebahnt hatte: sie hatte den Versuch gemacht, aber noch keinen Weg gefunden und kaum Aussicht, einen solchen bald zu finden. Wunsch steht durchaus nicht mit Vedel bei Baylen auf derselben Stufe.

Anerkannt mufs es werden, dafs eine Armee, welche Kapitulationen in freiem Felde als leicht zu rechtfertigen ansieht, den Keim des Unterganges in sich trägt, dafs also zu praktischen Zwecken dergleichen Kapitulationen nicht hart genug beurtheilt werden können, wenn auch andererseits die Fälle von Lübeck und Sedan eine theoretische Rechtfertigung ermöglichen.

Mann. Bei diesem Gefecht war es, wo der Ritter von Assas seine treue Hingebung bewies: „Her zu mir Auvergne! hier sind die Feinde!" Die Brücken über den Rhein bei Rees waren durch das Hochwasser fortgerissen. Der Erbprinz war verloren, wenn Herr von Castries seinen Sieg verfolgt hätte; aber er liefs sich einschüchtern und am 18. ging der Prinz über den Flufs zurück. Die Armeen nahmen ihre Winterquartiere. Hessen, Göttingen und ein Theil von Westfalen dienten der französischen Armee als Cantonnements.

II. Die Verluste des Königs in den vorhergehenden Feldzügen hatten die Elite seiner Truppen vernichtet; die Bevölkerung seiner Staaten erschöpfte sich; seine Armee wurde schwächer. In diesem Feldzuge zählte sie kaum 100 000 Mann; dennoch bildete er daraus drei Heere: eins unter seinem persönlichen Kommando hatte seine Winterquartiere in Sachsen, den rechten Flügel bei Freyberg, das Centrum bei Wilsdruf, den linken Flügel bei Meifsen, mit einem gegen Görlitz detachirten Corps; eins, welches unter Kommando des Prinzen Heinrich in Schlesien am Bober und in der Mark an der Oder kantonnirte; und eins, das schwächste von allen, welches unter den Befehlen Fouqué's das Lager bei Landshut besetzt hielt. Aufserdem legte er starke Garnisonen in die zehn Festungen in Schlesien, sowie nach Kolberg, Stettin, Küstrin, Spandau und Magdeburg. Der Wiener und der russische Hof machten aufserordentliche Anstrengungen; ihre Armeen waren beträchtlicher als je zuvor: Laudon mit 50 000 Mann befehligte in Schlesien; Daun mit 80 000 Mann, einschliefslich der Reichsarmee, lagerte unter den Wällen von Dresden, und 60 000 Russen unter den Befehlen Soltikofs rückten gegen die Oder heran.

Am 31. Mai bedrohte Laudon von Frankenstein her das Lager bei Landshut, welches Fouqué räumte, indem er sich nach Schweidnitz und Breslau wandte. Am 7. Juni schlofs er Glatz ein; da aber Fouqué vom Könige den Befehl erhielt, wieder nach Landshut zu gehen, und am 17. Juni mit 16 Bataillonen und 14 Schwadronen dorthin marschirte, so schlofs Laudon ihn mit 52 Bataillonen und 75 Schwadronen ein. Am 23. warf er ihn in einem sehr lebhaften Gefechte bis auf den Galgenberg zurück und nöthigte ihn, die Waffen zu strecken [36]). Der König verlor dadurch 10 000 Offiziere und Soldaten. Der Verlust Laudons belief sich auf 3000 Todte und Verwundete.

In Sachsen machte der König während des Mai und eines Theiles des

---

[36]) Weder Fouqué noch ein General unter seinem Kommando hat die Waffen zu strecken befohlen. Von dreifacher Uebermacht angegriffen, wehrte sich das kleine Corps aus Leibeskräften und versuchte schliefslich, als die Munition auf die Neige ging, sich durchzuschlagen. Aber jeder einzelne Haufe wurde gesprengt, niedergehauen oder einzeln gefangen genommen, Fouqué selbst schwer verwundet. Von 10 500 Mann entkamen nur 1500 einzeln in die Wälder, etwa 1000 blieben todt, der Rest fiel grofsentheils verwundet in Gefangenschaft.

Juni nur Märsche hin und her. Nachdem es ihm gelungen war, Daun von Dresden zu entfernen, schloſs er am 12. Juni diese Stadt ein, welche eine Garnison von 15 000 Mann hatte; am 18. bombardirte er sie; aber Daun eilte von Görlitz nach Bautzen und Bischofswerda herbei und erzwang die Aufhebung der Belagerung auf dem rechten Elbufer; am 29. hob der König dieselbe auch auf dem linken Ufer auf und lagerte am 31. bei Meiſsen.

In Schlesien belagerte Laudon, nach seinem schönen Gefechte bei Landshut, die Festung Glatz; er zog seinen Belagerungspark von Olmütz heran; den 25. Juli ergab sich die Festung. Diese überraschend schnelle Eroberung wurde einem Einverständniſs mit den Katholiken in der Stadt zugeschrieben. Nach diesem bedeutenden Erfolge schloſs er am 31. Juli Breslau ein.

III. Als der König die Einnahme von Glatz erfuhr, eilte er mit 64 Bataillonen und 109 Schwadronen nach Schlesien, indem er den General Hülsen in Sachsen mit 19 Bataillonen und 20 Schwadronen zurückließ; er selbst marschirte über Königsbrück und Sagan nach Bunzlau, wo er am 7. August ankam. Daun begleitete seinen Marsch zur Seite über Bautzen, Reichenbach und Schmottseiffen, und vereinigte sich mit Laudon, der bei Striegau lagerte. Der König hatte in fünf Tagen 180 km gemacht; er wollte sich mit dem Prinzen Heinrich bei Breslau vereinigen; am 9. traf er bei Liegnitz ein. Daun, Laudon und Lacy hatten das ganze rechte Ufer der Katzbach besetzt und schnitten ihm die Verbindungen mit Breslau und Schweidnitz ab. Anfangs versuchte er durch Manoeuvres sich die mit Schweidnitz wieder zu eröffnen; nachdem ihm dies mißlungen war, versuchte er Verbindungen mit Landshut herzustellen; auch dies mißlang gleicherweise. Seine Lage wurde bedenklich; er hatte kein Brod mehr und war von dreifach stärkeren Kräften umgeben; er verzichtete auf seinen Plan, nach Breslau zu marschiren, und brach am 14. August Abends von Liegnitz auf, um nach Glogau zu marschiren, sich mit Lebensmitteln zu versehen und sich auf diese Festung zu stützen [87]).

Unterdessen hatte Daun, an eben demselben Tage, beschlossen ihm eine Schlacht zu liefern, und hatte Laudon befohlen in der Nacht vom 14. zum 15. über die Katzbach zu gehen, um sich auf dem linken Ufer dieses Flusses der Höhen von Liegnitz zu bemächtigen, während er selbst gleichzeitig auf Liegnitz marschiren und so die preuſsische Armee zwischen zwei Feuer bringen würde. Um 3 Uhr Morgens war der König, der die Höhen bei Pfaffendorf erreicht hatte, im Begriff Stellung zu nehmen, als seine Feldwachen von Laudon angegriffen wurden, welcher in dem Glauben nur Parks und Gepäck vor sich zu haben, lebhaft vordrang. Friedrich ließ nur seinen rechten Flügel, der die erste Kolonne bildete, in das Gefecht eintreten; dennoch war

---

[87]) Dies war, wie ein Blick auf die Karte zeigt, nicht die Absicht des Königs, dieselbe ging vielmehr dahin, sich, es koste was es wolle, mit Gewalt den Weg über Parschwitz nach Breslau zu bahnen.

um 5 Uhr der Sieg entschieden und Laudon in die Katzbach geworfen unter Verlust von 10 000 Mann, wovon 6000 Gefangene, und 86 Geschützen. Daun traf um 5 Uhr Morgens bei Liegnitz ein, 9 km. vom Schlachtfelde; er hörte kein Geschützfeuer. Als er die Niederlage Laudon's erfuhr, ging er einen halben Marsch zurück. Dieses Ereignifs, ebenso glücklich als unerwartet, öffnete dem Könige den Weg nach Breslau; er ging bei Parschwitz über die Katzbach, marschirte nach Neumarkt und bewirkte seine Vereinigung mit der Armee des Prinzen Heinrich. Daun besetzte das Lager bei Hohenposeritz. Die Armeen manoeuvrirten gegen einander während des Spätsommers, ohne dafs sich irgend etwas Wichtiges zutrug bis zu dem Momente, wo sie nach Sachsen zurückkehrten.

IV. Die russische Armee, unter den Befehlen von Soltikof, kam in den ersten Tagen des Juni an der Weichsel und am 17. Juli bei Posen an. Der Prinz Heinrich mit 66 Bataillonen und 77 Schwadronen ging über die Oder und die Warthe, um ihre Bewegungen zu beobachten. Soltikof entschlofs sich nach mehreren verschiedenen Manoeuvres gegen die obere Oder zu marschiren, um sich bei Breslau mit Laudon zu vereinigen. Der Prinz Heinrich kam ihm zuvor: er ging bei Glogau auf das linke Oderufer zurück und marschirte nach Breslau, dessen Belagerung Laudon bei seiner Annäherung aufhob; derselbe verliefs auch die Ufer der Oder. Der Prinz Heinrich ging darauf mittelst der Brücken bei Breslau wieder über den Flufs und nahm auf dem rechten Ufer Stellung, wobei er Miene machte Soltikof anzugreifen; dieser zog sich nach dem Mifslingen seines Planes zurück, und nach langer Zögerung und verschiedenen Hin- und Hermärschen entschlofs er sich endlich, auf Berlin zu marschiren, wo seine Avantgarde am 3. und sein Gros am 9. Oktober einrückte. Das leichte österreichische Corps des General Lacy stiefs zu ihm. Aber er räumte diese Hauptstadt aus Furcht durch die sich nähernde Armee des Königs umgangen zu werden.

V. Der Herzog von Zweibrücken benutzte die Bewegung des Königs nach Liegnitz, um sich der Festung Torgau zu bemächtigen und den General Hülsen aus ganz Sachsen zu vertreiben, wo den Preufsen nur noch Wittenberg blieb; darauf[38]) zog er ab und nahm seine Winterquartiere im Reich. Sobald der König erfuhr, dafs der Feind in die Mark eingedrungen und Hülsen aus Sachsen vertrieben sei, brach er aus Schlesien auf, nachdem er sechs Bataillone nach Breslau hineingeworfen hatte. Er lagerte am 7. Ok-

---

[38]) Die Reichsarmee hatte auch Wittenberg erobert; als dann der König Ende Oktober vorrückte, ging sie nach Leipzig, von dort vertrieben nach Wechselburg und nach der Schlacht von Torgau bis Chemnitz zurück, von wo Hülsen sie Ende November in die Winterquartiere trieb. Um bei Torgau sich zu schlagen, operirte der König zwischen der Reichsarmee und Daun.

tober bei Schweidnitz, am 11. bei Sagan, am 14. bei Guben, am 16. bei Lieberose, am 23. bei Wittenberg. Daun folgte ihm und kam am 10. nach Löwenberg, am 16. nach Milkel an der Spree; am 22. traf er gegenüber Torgau ein und bezog am 29. sein Lager bei Torgau. Alle Anstrengungen, die er machte, um die Reichsarmee wieder herbeizurufen, blieben fruchtlos. Die Russen standen noch immer an der Oder, ihre Neigung ging dahin, jenseit der Weichsel in Winterquartiere zu rücken, aber sie versprachen ihre Winterquartiere an der Oder zu nehmen, wenn die Oesterreicher die ihrigen bei Torgau nähmen. Man glaubt, dafs hierdurch der König bestimmt wurde, Daun am 3. November in der starken Stellung, die er besetzt hielt, anzugreifen.

Die österreichische Armee bestand aus 64 Bataillonen und 141 Schwadronen; ihr Lager befand sich links von Torgau mit dem rechten Flügel an Süptitz; vor der Front lag ein grofser Teich und der Rohrgraben, ein sumpfiger Bach. Der König näherte sich Torgau auf der Chaussee von Leipzig mit 68 Bataillonen und 120 Schwadronen; er fand die Stellung des Feindes furchtbar stark; er entwarf einen Plan, sie auf dem rechten Flügel zu umgehen, um sie von rückwärts anzugreifen. Er theilte seine Armee in zwei Corps; er befahl Zieten mit 22 Bataillonen und 52 Schwadronen sich vor der Front Daun's am Ufer des grofsen Teiches zu entwickeln, indem er drohe, den Rohrgraben zu überschreiten, und mit den beiden andern Drittheilen seiner Armee ging er durch den Wald von Dommitsch; er warf hier die österreichischen Feldwachen über den Haufen, welche indessen seinen Marsch meldeten. Daun erkannte, dafs er im Rücken angegriffen werden solle; durch einen Contremarsch änderte er seine Front und schob seinen rechten Flügel gegen Zinna, in der Nähe von Torgau, seinen linken auf die Seite von Süptitz.

Um 1 Uhr Nachmittags trat der König aus dem Walde heraus, aber nur mit 10 Grenadier-Bataillonen, einigen Schwadronen und einer Batterie von 20 Geschützen. In demselben Augenblick entwickelte sich Zieten, den rechten Flügel an den Teich gelehnt; er wurde durch ein lebhaftes Geschützfeuer des österreichischen zweiten Treffens empfangen, welches nach rückwärts Front machte. Der Lärm dieses Feuers versetzte den König in Aufregung; er fürchtete, dafs Zieten erdrückt werden würde; er fafste den Entschlufs seine zehn Grenadier-Bataillone in zwei Treffen aufzustellen und unter dem Schutze seiner zwanzig Geschütze die feindliche Linie anzugreifen. Die zehn Bataillone und die zwanzig Geschütze verschwanden in einem Augenblicke unter dem Feuer der ganzen Linie Daun's und dem Kartätschfeuer aus 200 Geschützen. Die Brigaden des zweiten und dritten Treffens griffen ein nach Mafsgabe ihrer Entwickelung aus dem Walde heraus, sie erfuhren dasselbe Schicksal. Der Herzog von Holstein mit seiner Kavallerie stellte das Gefecht durch eine glänzende Attake her; aber der König war nichts destoweniger gezwungen, den Rückzug anzutreten und das Schlachtfeld zu räumen. Zieten, der das Feuer sich entfernen hörte, schlofs daraus, dafs der König geschlagen sei; er marschirte links ab, um zu versuchen sich mit ihm zu vereinigen; es gelang ihm das Dorf Süptitz zu gewinnen, an dem Teiche vorbei zu kommen und sich mit fünf Bataillonen von der Reserve des Herzogs von Holstein in Verbindung zu setzen, wodurch er nunmehr 28 frische Bataillone hatte, die noch nicht gefochten hatten. Die Sonne war untergegangen; er bemächtigte sich des ganzen Höhenzuges von Süptitz und machte sich zum Herren des Schlachtfeldes. Der König, von diesem glücklichen Ereignisse in Kenntnifs gesetzt, kehrte eiligst zurück; er stellte, während der Nacht, zehn schwache Bataillone zusammen aus den Trümmern von vierzig, die in der Schlacht gefochten hatten.

Unterdessen empfing Daun, der verwundet worden war, in Torgau die Glückwünsche über seinen Sieg, als um 9 Uhr Abends er die schliefsliche Sachlage erfuhr. Er ordnete sogleich den Rückzug an, der um Mitternacht begann; mit Tagesanbruch ging er hinter die Elbe zurück. So blieb der Sieg den Preufsen. Am 4. besetzte der General Hülsen Torgau mit 10 Bataillonen und 25 Schwadronen. Die Oesterreicher verloren in dieser Schlacht 20 000 Mann, wovon 8000 Gefangene, und 45 Geschütze. Der Verlust der Preufsen belief sich auf 16 000 Mann, wovon 5000 Gefangene. Am 11. December bezogen beide Armeen ihre Winterquartiere auf Grund einer gegenseitigen Abmachung, durch welche der König ganz Sachsen mit Ausnahme eines kleinen Theiles der Umgegend von Dresden erhielt.

VI. Zwanzigste Bemerkung: Die Vertheilung der französischen Armeen während des Winters — das Hauptcorps auf dem rechten Rheinufer, das kleinere auf dem linken Ufer des Niederrheins — entspricht den Grundsätzen der Kriegskunst.

Der erste Marsch, welchen der Marschall von Broglie anordnete, ist den Regeln zuwider. Der Herzog Ferdinand konnte den Grafen von Saint-Germain leicht schlagen und in den Rhein werfen, da er allein fünf oder sechs Märsche von der grofsen Armee entfernt lagerte.

Die Entsendung des Erbprinzen über Wesel war eine falsche Operation; seine Kräfte waren zu wenig beträchtlich, um den Operationen der französischen Armee das Gesetz zu geben; und dabei war es doch eine bedeutende Schwächung für die Hauptarmee, die schon an sich viel schwächer war als die des Marschalls von Broglie. Wenn dieser lebhaft vorwärts gegangen wäre, würde der Herzog Ferdinand die Folgen eines solchen Fehlers erfahren haben, der den Franzosen den Besitz von Westfalen sichern, die feindliche Armee gegen die Elbe zurückwerfen mufste.

Einundzwanzigste Bemerkung: Der Plan des Königs, eine grofse Stadt wie Dresden mit einer Garnison von 15 000 Mann zu belagern unter den Augen einer Armee, welche noch gar nicht geschlagen war und ohne die ersten Tage der Einschliefsung zur eigenen Deckung mittelst guter und starker Circumvallationslinien zu benutzen, hat den Ausgang gehabt, den er haben mufste; aber Daun konnte ihm denselben unheilvoller machen.³⁹)

Der schwere Schlag, den der König bei Landshut erhielt, ist dem von Maxen ähnlich. Wie stark auch immer das Lager von Landshut sein mag, es ist nicht stark genug, um ein Armeecorps gegen dreifache Kräfte sicher zu stellen: so hatte Fouqué geurtheilt. Er wäre unter den Kanonen einer der schlesischen Festungen ebenso gut aufgestellt gewesen als bei Landshut. Während so Laudon 12000 Mann mit einer Armee von 36000 Mann fortnahm, stand der Prinz Heinrich drei Märsche davon⁴⁰) mit 40000 Mann, welche nichts thaten. Wenn Fouqué mit unter seinen Befehlen gestanden und einen Theil seiner Armee ausgemacht hätte, so wäre der Prinz um so viel stärker gewesen und Fouqué würde keinen Unfall erlitten haben. Der König hat dies Unglück verdient. Rechtfertigt dies die Kapitulation Fouqué's? Nein, nein, nein! Niemals eine Kapitulation im freien Felde, wenn Ihr Soldaten und eine Armee haben wollt. Eine Kapitulation, welche Euch 60000 Mann retten würde, könnte doch den Schaden nicht aufwiegen, welchen die Verletzung dieses Grundsatzes dem Staate zufügen würde.

Zweiundzwanzigste Bemerkung: Alle Operationen des Königs im August um Liegnitz waren sehr gefährlich für ihn: er hatte keine Basis, keinen Stützpunkt; er war von dreifach stärkeren Kräften umgeben; der Zufall allein hat ihn gerettet. Nur seinem Glück hat er den Sieg über Laudon verdankt; es zog ihn aus der bedrängten Lage, in der er sich befand. Er hatte hier mehr Glück als Verstand.⁴¹)

Nach der Schlacht bei Liegnitz und seiner Vereinigung mit dem Prinzen Heinrich hätte er Daun dreist angreifen, ihn schlagen und nach Böhmen werfen sollen; dies hätte ihm die Schlacht bei Torgau erspart und den Feldzug beendet.

Dreiundzwanzigste Bemerkung: Das Benehmen Daun's trägt stets dasselbe Gepräge. 1) Er bewirkt die Aufhebung der Belagerung von

---

³⁹) Daun war ziemlich weit entfernt, als der König, in der Hoffnung eines rascheren Erfolges, den Versuch machte, Dresden zu erobern. Eine doppelte Linie von Verschanzungen um Dresden auf beiden Ufern des Elbstromes, das hätte eine Ausdehnung gegeben, welche die schwache Armee des Königs nie vertheidigen konnte, ganz abgesehen davon, dafs das gegen Dresden fast überall abfallende Terrain für die Anlage einer Verschanzungslinie gegen den Entsatz so ungünstig wie möglich ist.

⁴⁰) Prinz Heinrich stand seit dem 19. Juni den Russen gegenüber bei Landsberg a./Warthe, 30 Meilen von Landshut.

⁴¹) Dafs des Königs Lage bis zur Schlacht bei Liegnitz so gefährlich war, wufste Niemand besser als er selbst; aber seine Charakterstärke, seine Entschlossenheit und Geschicklichkeit liefsen ihn den drohenden Gefahren stets entgehen und, als allerdings das Glück ihm eine günstige Gelegenheit bot, benutzte er dieselbe mit soviel Einsicht und Energie, dafs man seinen Feldherrngaben doch wohl ebensoviel Antheil an dem Erfolge beimessen kann als dem Zufall.

Dresden auf dem rechten Ufer, und geht doch nicht am selben Tag über die Elbe, um den König lebhaft anzugreifen und zu versuchen, ob er sich nicht der Belagerungsbatterien desselben auf dem linken Ufer bemächtigen könne. 2) Bei Liegnitz, wo er an der Spitze so beträchtlicher Kräfte steht, läfst er Laudon allein, ohne durch ein Zwischencorps Verbindungen mit ihm herzustellen, so dafs er in Uebereinstimmung mit ihm angreifen und jede Stunde von den Ereignissen auf seinem rechten Flügel unterrichtet sein konnte. Die Kriegskunst lehrt, dafs man einen Flügel umgehen und umfassen soll, ohne seine Armee zu trennen.

Vierundzwanzigste Bemerkung: Die Russen lieferten in diesem Feldzuge keine Schlacht; sie marschirten hin und her ohne Resultat. Wenn ihre Bewegung auf Berlin mit der schwedischen Armee, der Reichsarmee und der österreichischen gemeinschaftlich gemacht worden wäre, würde sie den Krieg entschieden haben; aber so wie sie gemacht wurde, war sie nur gefährlich. Es herrschte die gröfste Erbitterung zwischen den Russen und den Oesterreichern.

Fünfundzwanzigste Bemerkung: 1) Der Entschlufs des Königs in der Schlacht bei Torgau die Armee Daun's von rückwärts her anzugreifen, erscheint um so zweckmäfsiger, als durch diese Bewegung sein linker Flügel sich an die Elbe lehnte, und er Wittenberg und Magdeburg in den Rücken nahm; aber dafs er den dritten Theil seiner Kräfte unter Zieten detachirte, ist allem entgegen, was dieser Fürst in den andern Schlachten gethan hat, wie allen Grundsätzen der Kriegskunst. Zieten hätte isolirt geschlagen werden können und scheint Friedrich dies so sehr gefühlt zu haben, dafs die Furcht hiervor ihn zu den vereinzelten, übereilten Angriffen bestimmte, welche seine Armee ruinirten.

2) Aber selbst dieser Grund scheint nicht genügend, um ihn in Betreff dieses zweiten Fehlers zu rechtfertigen; der Charakter Daun's war ihm wohl bekannt, und Zieten hatte eine so starke Kavallerie, dafs er immer seinen Rückzug bewirken konnte, wenn er lebhaft angegriffen wurde; und wenn der König fürchtete, dafs Zieten sich zu tief einlassen möchte, so war es doch ganz klar, dafs, so lange dieser General nicht sein Geschützfeuer hörte, er es nicht thun würde; also mufste er sich eine oder zwei Stunden gedulden und das Eintreffen seiner ganzen Armee abwarten, ehe er angriff.

3) Ein dritter Fehler, den der König in dieser Schlacht beging, war die Hartnäckigkeit, mit der er nach dem Verluste seiner Grenadier-Divisionen mit den theilweisen und nicht gleichzeitigen Angriffen gegen die feindliche Linie fortfuhr. Auf diese Weise lieferte er seine Bataillone auf die Schlachtbank wie sie nach einander ankamen und ohne Hoffnung auf Erfolg; anstatt dafs er, wenn er sie vereinigt hätte, einen zweiten Angriff mit ihnen machen konnte, von dem er sich Erfolg versprechen durfte, wenn er ihn durch die ganze Kavallerie des Herzogs von Holstein unterstützen liefs.

In dieser Schlacht verletzte Friedrich die Grundsätze der Kriegskunst sowohl im Entwurf des Planes, wie in der Ausführung: von allen seinen

Schlachten ist es diejenige, in der er die meisten Fehler gemacht hat, und die einzige, in der er kein Talent zeigte.⁴²)

---

⁴²) Das Urtheil, welches Napoleon hier über des Königs Disposition und seine Führung in der Schlacht fällt, dürfte als zu hart jetzt allgemein anerkannt sein. Gewifs ist der König davon nicht freizusprechen, dafs er sich aus zu grofser Besorgnifs für Zieten, den er nicht im Stiche lassen wollte, im Angriffe und dessen wiederholter Erneuerung übereilte. Wenn man aber erwägt, dafs durch die Energie dieser Angriffe und die Geschicklichkeit, mit welcher Kavallerie und Infanterie zur gegenseitigen Unterstützung verwendet wurden, zwei Drittheile der Daun'schen Armee fast völlig aufgelöst, mindestens dermafsen mitgenommen wurden, dafs sie Zieten's schliefslichem Angriffe keinen ordentlichen Widerstand mehr leisteten, so mufs man doch gestehen, dafs die Führung von Seiten des Königs ihre Aufgabe erfüllte. Hätte Zieten früher und energischer seinerseits angegriffen, so konnte die Schlacht gemeinsam früher gewonnen werden. Dafs Zieten dies nicht that, erklärt Clausewitz theils aus einer Besorgnifs Zieten's für seine rechte Flanke, mehr noch aber aus der Unsicherheit, welche sich des Führers eines abgesonderten Angriffs leicht bemächtigt. Hierin könnte man einen Fehler der Disposition sehen, wie es auch Napoleon thut. Dennoch scheint die Disposition vollkommen gerechtfertigt. Es sollte eine entscheidende Schlacht werden, Daun mufste also festgehalten und womöglich durch Zieten veranlafst werden, seine Gegenmafsregeln gegen den Angriff des Königs zu spät und übereilt zu treffen. Zieten's starke Kavallerie konnte ihn vor einem Offensivstofse schützen. Das Bedenkliche eines so getrennten Angriffes, im Mangel an Uebereinstimmung und in der Unsicherheit des nicht zum Hauptangriff bestimmten Theiles liegend, wird, wie Clausewitz schön nachweist, in einem Heere, dessen Führer von erprobter Tüchtigkeit sind, weniger schwer wiegen. Der Verlauf der Schlacht hat auch gezeigt, dafs Zieten's Angriff nicht isolirt stattfand, sondern sich mit den Resten von der Abtheilung des Königs in Verbindung setzte, und dafs dieser Angriff vermittelst seiner Richtung eine gröfsere Wirkung äufserte, als wenn Zieten's Streitkräfte nur die misglückten Angriffe von Nordwesten her an derselben Stelle erneuert hätten. Bedenklich mag die Rechnung auf das Zusammenwirken getrennter, selbstständiger Kräfte immer sein; wo aber ein grofses Resultat nur auf diesem Wege zu erreichen ist, mufs man die Gefahr nicht scheuen; der Erfolg mufs dann gegen den Vorwurf, Fehler gemacht zu haben, schützen. Daun verfuhr bei Liegnitz ähnlich, wie der König bei Torgau, aber ohne Erfolg, also fehlerhaft.

www.ingramcontent.com/pod-product-compliance
Lightning Source LLC
Chambersburg PA
CBHW030257170426
43202CB00009B/775